上海市教育科学研究项目"智慧教育背景下小学道德与法治单价的实践研究"（立项编号：C2021138）阶段成果

上海市闵行区春申教育发展基金会资助

新时代学习方式的创新

——"互联网+"道德与法治混合式学习的实证研究

王玉兰／著

东北师范大学出版社

长 春

图书在版编目（CIP）数据

新时代学习方式的创新："互联网+"道德与法治混
合式学习的实证研究 / 王玉兰著. — 长春：东北师范
大学出版社，2021.8
ISBN 978-7-5681-8272-0

Ⅰ.①新… Ⅱ.①王… Ⅲ.①政治课—教学研究—小
学 Ⅳ.①G623.102

中国版本图书馆CIP数据核字（2021）第160078号

□责任编辑：石　斌　　　　　□封面设计：言之凿
□责任校对：刘彦妮　张小娅　□责任印制：许　冰

东北师范大学出版社出版发行
长春净月经济开发区金宝街 118 号（邮政编码：130117）
电话：0431-84568115
网址：http：∥www.nenup.com
北京言之凿文化发展有限公司设计部制版
北京政采印刷服务有限公司印装
北京市中关村科技园区通州园金桥科技产业基地环科中路 17 号（邮编：101102）
2022年4月第1版　　2022年4月第1次印刷
幅面尺寸：170mm×240mm　印张：17.25　字数：276千

定价：45.00元

序 一

　　2020年在应对特殊时期的不平凡经历中，面对"停课不停学"全员开展线上教学的要求，我们创造了几乎覆盖全体的线上教学样式。教育信息化的工作基础也发挥了很好的作用。客观上这个过程成了师生信息素养提升的培训过程，也是信息化教学的一次大规模社会实践，对运用信息化手段推进教育教学方式改革具有历史性意义。

　　曾经有一个上海市的课题报告试图初步描述"互联网时代新一代数字化学习的图像"：未来的教学，将是面对面学习和在线学习同时并存、互为补充的混合教学模式；书本知识的传授将逐步被支持个性化学习的网上学习替代；课堂将成为应用互动、体验和探究学习方式，促进知识理解和应用的场所，具有网络学习不可替代的功能；深度学习将打通课内外学习、面对面网络学习、学科与综合学习，使之成为一个整体。这份报告把以上描述称为"互联网+时代的教学新常态"。

　　本书所写的"互相网+"小学道德与法治混合式学习为我们开创信息化背景下的教学模式进行了广泛的有益尝试，是开创新常态迈出的坚实一步。作者所在的教研团队利用区域数字化教育大背景尝试在小学道德与法治学科教学中应用"互联网+"混合式学习方式，加快促进教育观念的转变，促进学校、教师和学生把面对面的教学与在线教学结合起来，让混合式学习成为新常态，让学生的知识获取方式与教学过程中的师生关系发生深刻变化。

　　其中有三个环节值得关注：一是"线上+线下"的混合式学习，在统一授课之前的预习、学情调查或授课之后的互动和辅导环节由任课老师利用网络平台发动学生参与学习互动，这使得学习者的群体学习意识得到延伸的同时，又初步尝试了虚拟的学习社区环境。二是"静态+动态"的混合式学习，学生通过电脑、平板、手机等终端接入服务平台，在静态书本资源的基础上生成了大量的作业、互动交流信息资源，一定程度上建构了伴随着智能的、泛在的教学活动的动态学习资料。三是小学思政课"源于生活、回归生活"的因素得到进一步的发展，网络媒体的广泛应用使得大量鲜活生动的社会生活资源更频繁、更有意义地使用，并推动学生将课中所学的道德与法治的知识通过与生活对接的自适应学习得以实践应用。

这一研究是在信息化背景下，基层教师主动地去适应人类学习方式变革的客观态势，积极改变基于讲授和训练的学习范式，去催生教学流程的再造，加大信息化基础建设力度的有效成果。研究从支持学生学习的角度出发，通过充分利用互联网环境，为学生提供多样化的学习资源、学习工具（提示、问答）、自我评价工具等，为学生学习方式的变革提供有效支持。与此同时，学习方式变革也催生了教师参与教学的变革，促使教师研究并开发多样化的教学资源、教学工具、教学设计案例（教学策略、教学范例）、评价工具。在网络新时代，我们需要通过现实的任务让教师学习在信息化背景下指导学生学习的理念、方法、工具和技术，成为学生学习的指导者和引领者。特别是着眼于帮助他们在各种有差异的教学情境下，运用资源和工具为学生设计并组织实施丰富、多样、有效的学习活动，促进学生的深度学习。

回顾自己的学生时代，我们这个年龄段的人几乎都因为当时特殊的时代没有在年轻时受到完整的文化基础知识教育。然而，社会生活的实际体验及自学的经历，成了这一代人具有独特意义的学习生涯。一切步入正轨，学校重新开启后参与了不同形式的补偿学校教育，这一代人最终在学校学习生活和社会体验的交替中完成了学业。同今天的学生主要以书本为媒介、间接地感知人类的经验和知识不同，我们这一代人更多的是通过直接的体验认识世界、了解人生的。这在今天看来也是一种"混合式学习"，我们也该为今天的学生创造不同形式的人生体验的机会，使这种机会与文化基础知识课程结合起来，从而使学习者的学习动机更为强烈、执着，让学习成为他们丰富和感知人生价值的生命过程。

面向未来，我们应该通过怎样的改革实践和行动探索来塑造下一代的年轻人才？要让年轻一代具备数字时代的能力，比如信息处理、批判思维、解决问题的能力，了解如何使用各种新技术，包括了解音频制作、图像处理，学会掌握社交网络、在线交流、数字居民之间的协作。年轻一代不再是单纯以文本阅读为主要信息获取形式，要让以"启屏在网、问疑索知"为特征的数字化阅读方法成为他们的学习习惯。当然，我们的改革不仅要让教育适应技术的发展，更重要的是为了让学生适应变化了的时代。一是要让教育更好地助力青少年的心智成长，培育思维力量，滋养人生，提升境界，实现精神世界的成长和升华；二是要让人们在"左书右网"、实体和虚拟、文本和超文本的双重空间中遨游和穿梭的时候，保持宁静而致远的学习态度；三是要让"知识联系生活，理论结合实际，学习观照实践"的学习原则和方式能够保持；四是要通过教育过程的充分展开让学生"情感更丰富，道德更完善，精神更健全"，成为完全意义上的人；五要"风声雨声读书声声声入耳，家事国事天下事事事关心"，"修身齐家治国平天下"，要让古往今来的有志之士以天下为己任的爱国情怀得以发扬。

这些都呼唤创新的理念和务实的行动，包括倡导"混合式学习"的理念和行动。对今天的教育而言，我们既需要突破，又需要坚守；我们既需要创新，又需要传统。我们需要在充满辩证的思维和抉择中去把握"变与不变"。

上海市教育学会会长
上海市教育委员会原副主任
2021年2月23日于上海

序 二

　　我和王玉兰老师相识于1999年深秋，因被她上的一节社会课《我国古代的四大发明》所吸引，而与她深交二十多年。那年，玉兰老师还在上海市郊一所普通农村小学任教，刚接手一个四年级班级，教语文课和社会课。我带着日本社会科教育专家市川博教授在闵行区社会课教研员张国民老师的引荐和陪同下去闵行区北桥镇中心小学听课。玉兰老师上的是社会课《我国古代的四大发明》的第二课时。学生们围绕第一课时阅读教材后产生的未解问题，拿出上节课课后调查所获的证据展开讨论，学生讨论的问题已经超出了课本内容，如："在蔡伦之前已经有了灞桥纸，为什么人们都称是蔡伦发明了造纸术？纸的发明者究竟是谁？""为什么我国那么早就发明了火药，但（圆明园被火烧那时）洋人的洋枪洋炮反而比我们的土枪土炮厉害？"玉兰老师认为，学生学习课文后生成的问题是不能忽略的，否则学生只能停留于肤浅的社会认识和爱国情感上。

　　课后，我还听说她宁可让学生少做几张语文卷，也要保证他们有充分的时间去探究他们在生活中、在与教材的碰撞中产生的问题。这样花费时间的探究反而提高了她班上学生的口头表达能力和写作能力，接手这个班级三个月，班级的语文成绩便跃居年级第一。相比很多老师挪用社会课和品德课来上语文课，玉兰老师能把大量时间花在社会课的探究活动上，这是非常难能可贵的。

　　那时，建构主义、议题教学、对话教学、深度学习、单元设计、批判性思维等概念对大部分中国人来说还很陌生，探究性学习刚开始在上海提倡，玉兰老师已经在日常教学中实践了，虽然当时的她也不清楚这些概念背后的理论，但她懂得什么是好的教学，并且有丰富的手段满足学生的好奇心和探索欲。可以看出她是一位有坚定教育信念、有勇气、有胆识的教师。

　　认识玉兰老师二十多年，世界发生了巨变。随着知识增长速度、知识传播与运用方式发生日新月异的变化，课程内容、教学方式和教育技术不断地更新迭代。小学的社会课和思想品德课先是合并为品德与社会课，继而改名为道德与法治课。玉兰老师本人也从一名郊区小学的普通教师成为闵行区教研员。面对大时代和个人身份的双重变化，玉兰老师面临很多挑战，需要不断学习，改进教学方式和工作方式。正是由于始终坚守自己的教育信念，她才能抓住每一个机遇去提升自己，挑战难题。

现代信息技术为教育提供了丰富便捷的工具，方便了教师把握学情、评估教学成效，收集教学资源、模拟或创设逼真情境。然而这样的工具如果用在只重视考试成绩、对教材亦步亦趋、习惯灌输式教学的教师手中，并不能发生真正的教学方式的创新，产生实际的育人效果。令人欣慰的是，玉兰老师对以学生为本、基于真实生活的德育有着一贯的信念和丰富的实践经验，对一切新技术既怀有强烈的好奇心，又持审慎的态度。从使用投影仪、PPT，到使用电子白板、电子书包、平板电脑教学，再到线上教学，玉兰老师紧跟教育信息化的步伐，使它们为自己的教学和科研所用。但她思考的重心始终是德育课如何使学生的真实生活与学习变得更有意义，如何调动学生在学习过程中的主动性，如何促进合作、对话与批判性思维能力的发展。这是她提出和研究"互联网+"混合式学习的立足点，这个立足点必然会让她追求"线上+线下""静态+动态""课堂+生活"浑然一体的混合。

这种混合似乎只有高度专业化的智慧型教师才能掌握。但是，作为教研员，玉兰老师不能满足于自己掌握最新的课程理念、教学方法和教学技术，还必须具有教学研究能力和课程领导力，以研促教，帮助更多教师提升专业素养，创新德育课堂。带着这种责任感，玉兰老师组建研究团队对"互联网+"混合式学习构想和实践进行反复验证，并用深入浅出的话语和丰富的课例去阐释混合式学习的内涵，构建一套普通教师能够理解和应用的混合式学习指导策略。在这个过程中，我有幸受邀参与了多次研讨。

经过反复实验证和文字表达方式的斟酌，玉兰老师终于将其研究成果出版成书，可喜可贺！对于在层出不穷的教育技术面前应接不暇的德育教师和教研员，这本书可以为解决"互联网+"教学方面的问题提供有益的思路和经验，也能为教育研究者思考信息化、智能化时代教育教学理论的发展提供实践基础。

沈晓敏

华东师范大学教授

2021年2月20日于上海

目　录

第 一 章

"互联网+"混合式学习绪论

互联网是人类社会最伟大的发明之一，诞生于20世纪60年代，它在改变人类生产、生活方式的同时，也改变了人类的交互方式、发展进程、知识获取的手段和传播途径，对于人类文明的发展而言，它比文字和印刷术的发明更具有颠覆性和创造性。

随着信息社会的发展，人们的生活方式发生了巨大的变化。对于国家和个人来说，这些变化都是翻天覆地的，在互联网上，各种大量的信息飞速地在世界各地传播，通过互联网，人们可以随时了解国内外时政动态、天气预报；科学家足不出户就可以与世界同行同步对话与交流；互联网的发展还带来了网购热潮，人们可以借助网络购物，足不出户就可以买到自己想要的商品；通过移动设备，人们可以更加方便地工作，修改、传输、组织文件，大大提高了工作效率。

"互联网+"教育是互联网思维进一步实践于教育领域的成果，推动学习形态不断地发生演变，从而焕发学习方式改革的生命力，为改革、创新、发展提供广阔的数字化平台。通俗地说，"互联网+"混合式学习是"互联网技术创新学习方式"，但这并不是两者简单地相加，而是利用信息通信技术及数字化平台，让互联网技术与传统学习模式进行深度融合，创造新的学习生态系统。

第一节 混合式学习发展源流

随着数字化和社交媒体的日益发展，知识传播的途径越来越多样化，仅仅在课堂上讲授的内容已经无法满足新时代的教学需要。探索新的教学方式是深化教育改革，全面推进素质教育，构建中国特色社会主义教育体系的必然要求。混合式学习作为一种方兴未艾的学习方式，具有重要的理论价值和现实意义。笔者从混合式学习的起源、混合式学习与因材施教、混合式学习的多种结合方式、混合式学习新理念相关文献进行研究，在查阅相关文献的基础上，厘清混合式学习的理论概念，探究混合式学习的内涵，分析不同的混合式学习模式，找出实现学习目标最优化的学习模式。

一、混合式学习的起源

混合式学习（Blended Learning）的提出源于网络学习（E-learning，也可以称为在线学习或者远程学习）的兴起，以及关于"有围墙的大学是否将被没有围墙的大学所取代"[①]的辩论的深入研究和探讨。

90年代，随着我国信息技术的发展，数字化学习逐渐兴起，它突破传统课堂学习方式在空间和时间上的限制，具有快速、高效、个性化和低成本等优势。为此，国际上展开了"有围墙的大学是否将被没有围墙的大学所取代"的激烈辩论。在2000年，美国教育部在"教育技术白皮书"[②]中提出：①E-Learning能很好地实现某些教育目标，但是不能代替传统的课堂教学；②E-Learning不会取代学校教育，但是会极大地改变课堂教学的目的和功能。这种观点在国际教育界逐渐产生共识。

21世纪后，互联网普及的程度加深，E-Learning也随之发展，E-Learning最早出现在企业培训中，并用"混合式学习"（Blended Learning）一词来形容这种学习模式，为了适应学习者在学习时间和地点上多样性的需求，开始把网上培训与传统培训结合起来，逐渐形成了课堂教学、分组讨论、专题研讨及网上远程教学相结合的一种培训方式。这种方式大大节约了企业的成本[③]，提高了培训的效率，减少了培训的开支。

随着学术界对学习方式研究的加深，"混合式学习"的模式被越来越多的学者推崇，很多学者便投入混合式学习理论的研究中来。所谓的混合式学习，就是把传统学习的优势和数字教育的优势相结合，既要发挥教师引导启发监控教学过程的主导作用，又要充分体现学生的主动性、积极性与创造性。目前国际上的共识是，只有将这两种结合起来，优势互补，才能收到最佳的学习效果。

传统的学习方式与"混合式学习"的方式各有利弊，只有通过理论的考证

---

① 刘延金，王亚莉.融合化·协同化·常态化：混合式教师培训的理论与实践［M］.成都：四川大学出版社，2018.

② 美国教育部.教育技术白皮书［M］.2000.

③ 邹蓉.混合式学习概念探究［J］.北京宣武红旗业余大学学报，2017（02）：37-40.

和时间的检验，才能让两种不同的学习方式各尽其用，并且取长补短，真正解决教育教学过程中存在的问题，从而有效地提高学习质量和学习效率，实现学习模式的最优化效果。

二、混合式学习的多种形式

1. 混合式学习是多种方式的结合体

Margare Driscoll指出混合式学习的四个不同概念[①]：①混合多种信息技术（如虚拟教室、自定进度学习、合作学习、视频音频文本等）；②混合多种教学方式实现教育目标，结合如建构主义、行为主义、认知主义等教学方法产生最佳学习成果；③利用如录像带、光盘、网络培训等线上教学技术与线下教师指导相结合；④将教学技术与实际工作任务混合。

2. 混合式学习是一种整合方法

印度的Purnima Valiathan提出"混合学习"一词用于描述一种解决方案，它结合了多种不同的交付方法，如协作软件、基于Web的课程、EPSS和知识管理实践。混合式学习还用于描述混合各种基于事件的活动的学习，包括face to face教室、实时电子学习和自主学习。但是，没有一个单一的组合可以保证不同人在不同时间、地点的有效学习。

3. 混合式学习的5R之说

美国的Harvi Singh和Chris Reed在关于获得混合学习成功白皮书中指出：简单地说，混合式学习可以被描述为一个学习计划，其中使用多个交付模式，目的是优化学习结果和实现目标的成本。然而，重要的不是不同的模式本身的混合和匹配，而是关注学习和业务成果。混合式学习的重点是通过运用"正确（right）"的学习技术来匹配"正确（right）"的个人学习方式，在"正确（right）"的时间将"正确（right）"的技能传授给"正确（right）"的人，从而优化学习目标的实现。[②]他们同时提出了关于这项定义的几个原则：首先考

---

① 解月光，张立新.信息技术教育研究进展：中国教育技术协会信息技术教育专业委员会第七届学术年会论文集（2011）［M］.北京：教育科学出版社，2011.

② Singh H, Reed C. A White Paper: Achieving Success with Blended Learning. Centra Software Retrieved, 2001（12）：206-207.

虑的是教学目标，而不是教学方法，其次应当注意不同的个体倾向于不同的学习方法，应当注意因材施教、灵活变通，在许多情况下最有效的学习策略就是即时、有效。

4. 混合式学习是面对面课堂和在线学习的有机整合

华南师范大学的李克东指出[①]，混合学习就是将面对面课堂与在线学习有机整合。混合式学习的核心就是根据具体问题采用不同的方法论去解决问题。在教学上就是使用代价最小、效益最大的方式去组合不同的信息传递方式。

由于所处的时代技术水平等不同，国内外的学者对于混合式学习进行了不同的解释，但其核心内涵都是一样的。华东师范大学教授祝智庭是国内最早系统阐述混合学习内涵的学者，其在《远程教育中的混合学习》[②]中阐述了混合学习的内涵，具有一定的代表性、普适性。混合教育的重点不是考虑混合哪些事物及如何混合，而是要明确教育的目的，为达到最佳教学效果及考虑现有物质条件的条件下，针对不同的个体以合适的时机、合适的混合方式，提供匹配教学受众的教学内容。

三、混合式学习新发展

何克抗教授指出Blending是混合或结合的意思，原有含义就是各种学习方式的结合。比如，将电视投影PPT等学习方式与黑板教学相结合或是计算机辅助与传统教学相结合，自主学习方式与合作学习方式相结合等。随着新世纪的到来，信息技术迅猛发展，混合学习的旧瓶装上了新酒。[③]

国际教育界总结多年的网络教育经验，赋予了混合式学习全新的含义。结合上述学术界对混合式学习的多种探索成果，我们认为小学道德与法治开展混合式学习将体现以下几个方面的探索：

"线上+线下"学习技术的混合：在数字化环境下，将教师面授与网络学习相结合，实时与非实时、同步与异步学习相结合，并在此基础上创建学习共

---

① 李克东，赵建华. 混合学习的原理与应用模式［J］. 电化教育研究，2004（07）：1-6.

② 祝智庭，孟琦. 远程教育中的混合学习［J］. 中国远程教育，2003（19）：30-34.

③ 何克抗. 从Blending Learning看教育技术理论的新发展：上［J］. 电化教育研究，2004（03）：1-6.

同体，实现自主学习、讨论学习、协作学习相结合，让线上和线下的学习在技术支持下浑然一体。

"静态+动态"学习资源的混合：在充分利用教材的基础上，精心开发学生学习过程生成的动态课程资源，利用互联网技术把学习资源集中到一个学习平台上，建立"一站式"学习平台，形成强大的学科知识、教学与评价的管理中心，实现隐性知识显性化、显性知识体系化、体系知识数字化、数字知识内在化。

"课堂+生活"学习环境的混合：一个理想的混合式学习模式应该综合学习环境的多种功能，能够使学习者参与多种正式、非正式学习活动。它是建立在完全以学习者为中心的基于真实生活的道德学习环境中，从信息技术到教学内容，从个人体验到协作环境，一切围绕学生全面而又有个性的发展而展开。[①]

"互联网+"混合式学习赋予了学习新的内涵，让学习由共性的标准化知识的习得转变为个性化知识的自主建构。"互联网+"混合式学习模式是一种创新，促进了传统意义上教师角色的转变，学生主体地位得以体现，教师和学生成为共同的学习设计者、参与者和促进者。

第二节　混合式学习概念及相关关系辨析

一、混合式学习与混合式教学

混合式教学和混合式学习都是教学层面的改革，两种方式都拓展了传统的教学空间与教学时间，"教"与"学"不一定发生在同一地点、同一时间，这也是在线"教"与"学"的价值所在。

---

① 李凌. 开放大学的追求与选择：国家开放大学2014年读书征文选编［M］. 北京：中央广播电视大学出版社，2015.

混合式学习是一种学习模式。随着教育技术的发展，传统课堂正在逐步被混合式学习方式所取代，通过数字化手段的使用，根据学习者原有的知识结构、个性化的学习风格，匹配合适的学习工具、学习资源、学习环境。两者的区别在于：

"混合式"教学，这种教学从外在表现形式上是采用"线上"和"线下"两种途径开展"线上"的教学，不是整个教学活动的辅助或者锦上添花，而是教学的必备活动。"线下"的教学不是传统课堂教学活动的照搬，而是基于"线上"的前期学习成果而开展的更加深入的教学活动。这种"混合"是狭义的混合，特指"线上+线下"，不涉及教学策略、教学方法、教学组织形式等其他内容。[1]

"混合式"学习与混合式教学一样，包括"线上+线下"的技术混合，还包括环境、资源的混合。两者具有共同点，但混合式学习更强调从学习者的角度，对学习活动中的手段、措施或策略进行根本性的转变，使学习思维、观念、课程、课堂、校园逐渐发生变化。学习者个体采用多种学习方式，在每个阶段采用的学习方式具有差异性，学习方式自发地从内部结构发生变化。

二、混合式学习与因材施教

因材施教出自《论语·先进》，是我国古代著名教育家孔子提出的，是指教师要从学生的实际情况、个别差异出发，有的放矢地进行有差别的教学，使每个学生都能扬长避短，从而获得最佳发展，对于我国的教育事业有着积极而深远的影响。

混合式学习不是课堂学习与网络学习方式的简单结合。美国发展训练协会的Singh和Reed指出[2]，混合式学习应在"适当的"时间，通过应用"适当的"学习技术与"适当的"学习风格相契合，对"适当的"学习者传递"适当的"能力，从而完成最佳的学习目标。满足这五个"适当"是提升混合式学习效果的关键。混合式学习有效发挥在线教学的优势，教师依据学生的不同特点、能

---

① 王静，姬真真.混合式教学中的关键问题研究［J］.电脑知识与技术，2019.

② 解月光，张立新.信息技术教育研究进展：中国教育技术协会信息技术教育专业委员会第七届学术年会论文集（2011）［M］.北京：教育科学出版社，2011.

力与个性化需求，量身定制合适的学习内容、方式与策略，进行分层分类的弹性教学。同时，线下学习任务也需要依据学生类型的差异化，进行多样化、层次化的设计，这也符合我国因材施教的教育理念。

三、混合式学习与"互联网+"混合式学习

混合式学习的理念与思想已经存在很多年。通俗地理解，就是在线学习和面授教学相结合的学习方式。更泛化地来说，就是混合式学习结合各种学习方式、技术的优势，让学习者可以在合适的条件下（学习时空、学习特征、学习环境等）取得最优化的学习效果。它既能发挥教师面授启发、监控、引导的作用，又能体现学生主动积极、个性化的特点。

"互联网+"时代下的混合式学习延续了这种"1+1>2"的教育思想，只是"混合的形式"更加丰富多样。在学习资源上，不仅有名师在线课堂、海量数字资源、在线交流的学习经验与面授资源的结合，更增加了移动网络下的碎片学习资源、快速搜索后的针对性学习内容、大数据支持的智能推送等资源。在学习环境上，从1.0的网上教育资源平台，到2.0的在线学习平台，再到3.0的支持在线协作探究、云存储、评估反馈等大型开放式网络环境支持。在学习方式上，更是从在线课堂学习+面授学习，发展到移动学习、在线协作学习、泛在学习等方式。

第 二 章

"互联网+"道德与法治混合式学习模式建构

第一节　课程与学习的新时代要求和面临的挑战

一、新时代对思政课发展的要求

2016年12月，习近平总书记在全国高校思想政治工作会议上的重要讲话中提出"因事而化、因时而进、因势而新"的"三因"理念。"三因"不仅是做好思想政治工作的重要理念，而且也是马克思主义与时俱进的理论品格和科学的思想方法的深刻概括，引发了思想政治教育界对新时代、新形势、新课堂的思考和重视。"三因"不仅是高校做好思想政治工作的重要理念，而且是小学阶段开展与时俱进的思想品德教育的思想方法的深刻概括。对小学道德与法治学科而言，把握"时"和"进"、"势"和"新"、"事"和"化"之间的辩证关系，也是开展学科教学实践和研究的重要方法和根本道理。[①]

2019年3月18日，习近平总书记主持召开学校思想政治理论课教师座谈会并发表重要讲话。他强调，新时代思政课贯彻党的教育方针，要坚持马克思主义指导地位，贯彻新时代中国特色社会主义思想，坚持社会主义办学方向，落实立德树人根本任务，坚持教育为人民服务、为中国共产党治国理政服务、为巩固和发展中国特色社会主义制度服务、为改革开放和社会主义现代化建设服务，扎根中国大地办教育，同生产劳动和社会实践相结合，加快推进教育现代化、建设教育强国、办好人民满意的教育，努力培养担当民族复兴大任的时代新人，培养德智体美劳全面发展的社会主义事业建设者和接班人。同时，他指出，在大中小学循序渐进、螺旋上升地开设思想政治理论课非常必要，是培养一代又一代社会主义事业建设者和接班人的重要保障。

---

① 因事而化　因时而进　因势而新［N］. 北京日报，2017-09-25.

2019年8月，中共中央办公厅、国务院办公厅印发《关于深化新时代学校思想政治理论课改革创新的若干意见》，明确了"坚持思政课在课程体系中的政治引领和价值引领作用，统筹大中小学思政课一体化建设，推动各类课程与思政课建设形成协同效应"的基本原则。小学阶段重在启蒙道德情感，初中阶段重在打牢思想基础，高中阶段重在提升政治素养，大学阶段重在增强使命担当，要确保育人过程的各个阶段能各有所为、各尽其力、各有所获、各见其成。同时，为未来大中小学思政课一体化建设确定了主攻方向：加强党对思政课建设的领导，完善思政课课程教材体系，建设思政课教师队伍，不断增强思政课的思想性、理论性和亲和力、针对性。

从小学到大学，从稚气孩童到翩翩少年，是一个漫长的过程。"守好一段渠，种好责任田"是对这段成长成才阶梯上每一位教育工作者的要求。作为小学阶段思政课，道德与法治如何"守好一段渠，种好责任田"？

我们"读习语，悟原理"发现，"推动思想政治理论课改革创新，要不断增强思政课的思想性、理论性和亲和力、针对性。要坚持政治性和学理性相统一，以透彻的学理分析回应学生，以彻底的思想理论说服学生，用真理的强大力量引导学生。要坚持价值性和知识性相统一，寓价值观引导于知识传授之中。要坚持建设性和批判性相统一，传导主流意识形态，直面各种错误观点和思潮。要坚持理论性和实践性相统一，用科学理论培养人，重视思政课的实践性，把思政小课堂同社会大课堂结合起来，教育引导学生立鸿鹄志，做奋斗者。要坚持统一性和多样性相统一，落实教学目标、课程设置、教材使用、教学管理等方面的统一要求，又因地制宜、因时制宜、因材施教。要坚持主导性和主体性相统一，思政课教学离不开教师的主导，同时要加大对学生的认知规律和接受特点的研究，发挥学生主体性作用。要坚持灌输性和启发性相统一，注重启发性教育，引导学生发现问题、分析问题、思考问题，在不断启发中让学生水到渠成得出结论。要坚持显性教育和隐性教育相统一，挖掘其他课程和教学方式中蕴含的思想政治教育资源，实现全员全程全方位育人"。

其中，"把思政小课堂同社会大课堂结合起来；因地制宜、因时制宜、因材施教；要加大对学生的认知规律和接受特点的研究，发挥学生主体性作用；引导学生发现问题、分析问题、思考问题，在不断启发中让学生水到渠成得出结论"对小学道德与法治开展新时代课程教学研究与改革具有重要指导意义。

2015年，习近平致国际教育信息化大会的贺信中指出，当今信息技术的发展，推动教育创新，建构网络化、数字化、个性化、终身化的教育体系，建设"人人皆学、处处能学、时时可学"的学习型社会，培养大批创新人才，是人类共同面临的重大课题。[①]

2018年4月13日，中华人民共和国教育部发布《教育信息化2.0行动计划》，指出"新时代赋予了教育信息化新的使命，也必然带动教育信息化从1.0时代进入2.0时代"。教育信息化2.0行动计划是推进"互联网+教育"的具体实施计划。目前，学校教育数字教育资源开发与服务能力不强，信息化学习环境建设与应用水平不高；教师信息技术应用能力基本具备，但信息化教学创新能力尚显不足；信息技术与学科教学深度融合不够。小学道德与法治学科作为学校立德树人的主渠道，应当充分激发信息技术对教学的革命性影响，推动教育观念更新、模式变革、体系重构，针对时代新问题举起新旗帜、提出新目标、运用新手段、制定新举措。特别是利用信息技术的发展，积极推进"互联网+教育"，坚持信息技术与教育教学深度融合的核心理念，建构网络化、数字化、智能化、个性化的，人人皆学、处处能学、时时可学的学习模式，实现更加开放、更加适合、更加人本、更加平等、更加可持续的教育，推动思政课的教育信息化发展路子。

2021年1月3日，《2020上海基础教育信息化发展蓝皮书》正式发布，第三版蓝皮书的主题为"共享泛在智慧的教育新家园"，分为未来的教育资源新样态、未来的教育生态新图景、未来的学习空间新范式、未来的学习新技术四个板块。上海市教育委员会主任王平提出对上海教育信息化发展的三点思考：一是推动教育信息化从"隐形"走向"引擎"，将信息技术从影响教育改革发展的外生变量转化为引发教育深层次系统性变革的内生动力；二是推动教育信息化从"新鲜感"走向"常态化"，教育信息化已经来到了一个"拐点"，迫切需要教育行政部门、学校和老师认真思考，"常态化"用好信息化手段，满足学生个性化发展需求，全面提高教育教学质量；三是推动教育信息化从"简单

---

① 黄丽娟，于立群.贵州省高校辅导员职业技能大赛调查与分析［J］.现代商贸工业，2016
（25）：82-84.

应用"走向"深度融合",信息化不仅仅是学习环境,要聚焦立德树人根本任务,探索适应数字时代的人才培养模式,提升师生信息素养。此次蓝皮书的发布,我们可以看到新时代教育信息化的发展优势,需要我们在日常工作中推动教学从数字化到数据化,为教师减负增效;基于学习掌握情况,规划学生学习路径,做到千人千教,推进大规模个性化教学和因材施教。

综上所述,基于数字化学习环境的课堂教学创新是当下及未来教育教学改革的大势所趋。小学道德与法治学科以"因时而进、因势而新、因事而化"理念为课程实施的指导思想,以"立德树人"为宗旨,依托"互联网+"教育信息化环境,创新"互联网+"混合式学习方式,赋予本学科新的时代内涵。面对新的时代、新的形势、新的课堂需求,我们的思考是:

(1)如何因时而进地借助技术,解决道德与法治学科课堂中交互不够广泛、对话不够深入的问题,实现"线上+线下"混合?

人类发展到今天,面临着前所未有的信息化社会的挑战。今天的世界是信息技术主宰的世界,信息技术逐步上升为推动世界经济和社会全面发展的关键因素,成为人类进步的新标志,对人们的生活方式、工作方式及学习方式都产生了重要影响。在"互联网+"教育的背景下,学生对于学习技术的需求不断地变化发展,如果教育还是一味地固守经验,就很难与学生日益发展的网络技术和学习需求相适应。可见,教育信息化时代,学生所需要的学习技术既是多样性的,又能够是便捷性的,并且具备一定的可操作性,能够根据学习者不同的学习环境和学习需求而做出调整和改变,传统的教育方式已经不能满足现代学生的需要,我们需要寻求学习方式的新突破和新发展。目前,道德与法治课堂教学中师生、生生对话以面对面为主,缺乏更加广泛的互动和有深度的对话。如何顺应信息社会发展,通过"线上+线下"混合,打开学习方式,扩大交互、加深对话,这是本学科实现"立德树人"要解决的关键问题之一。

(2)如何因势而新地整合资源,解决道德与法治学科教学中资源不够开放、单一扁平的问题,实现"静态课本+动态资源"混合?

传统的学习仍然使用纸质的教科书,虽然有电子版附加电子光盘,但用之甚少,与信息化的学习资料相比,纸质的教科书比较沉重且不环保,提供资源有限且不方便查找。随着信息技术的发展,智能手机、平板电脑等移动设备都是学生身边常用的学习工具。各类学习工具的增多,学生便可以随时随地进行泛在学习，精准地获取学习资源，提高学习效率和学习能力。《义务教育品德与社会课程标准（2011年版）》明确指出："本课程旨在培养学生的良好品德，促进学生的社会性发展，为学生认识社会、参与社会、适应社会，成为具有爱心、有责任心、良好行为习惯和个性品质的公民奠定基础。"[①]本课程要充分地开发并利用各地区有价值的课程资源，采取各种措施，积极开发和有效利用各种网络资源，注重信息技术与课程教学的整合。随着信息技术的发展，学校的格局和模式正在悄然发生变化，学生的学习需求早已不满足于静态的课本知识，各类动态学习资源建构和共享已经成为未来学校发展的主流方向。目前，道德与法治课堂教学中，学习资源以教科书和教师制作PPT为主，存在呈现单一、扁平的问题。如何顺应未来学校发展趋势，借助信息技术的力量突破传统教材的知识定义，打开学习资源，建构一个"静态+动态"混合的开放性学习系统，使得学习资源更加立体丰富，这也是本学科实现"立德树人"要解决的关键问题之一。

（3）如何因事而化地密切链接，解决道德与法治学科课堂教学中对实际生活指导力度不够大的问题，实现"课堂+生活"混合？

传统的学习环境需要教师和学生能够相约在同一时间、同一地点进行教学。这种方式由于自身受到时间和地点的限制，浪费了很多不必要的人力、物力和时间。"互联网+"教育为学生提供了一个相对便捷的学习环境，学习者和教育者不受时空限制，可随时随地进行信息的共享和交流。学习者可以不受时间、地点等条件的限制，只要学习者和教师有电脑或者其他能够在线学习的数字化设备即可，这是未来学校的发展趋势。《义务教育品德与生活课程标准（2011年版）》指出："品德与生活是一门以小学低年级儿童的生活为基础的课程，具有生活性、活动性、综合性和开放性。课程设计体现儿童与自然、儿童与社会、儿童与自我的内在整合；课程内容体现品德教育和生活教育有机融合；教学活动体现儿童的生活体验与道德体验，知识学习与社会参与、问题探

---

① 中华人民共和国教育部. 义务教育品德与社会课程标准2011年版［S］. 北京：北京师范大学出版社，2012：2-2.

究等彼此渗透、相互促进,实现生活、教学、发展的三位一体。"①目前,道德与法治课堂教学中,还存在着学生的道德认知与日常生活行为的偏差现象。如何顺应思想品德教育课程的要求,在数字化环境下加强课堂和生活的链接,打开学生生活,使课程教学源于生活、高于生活,又回归生活,增强学生的课程生活体验,也是本学科实现"立德树人"要解决的关键问题之一。

二、新时代学习面临的挑战

"互联网+"混合式学习是在数字化时代产生的学习模式的创新,具有新时代特色,也面临着时代的挑战。网络互联让学习发生了翻天覆地的变化,学习资源日新月异,知识爆炸让学习内容与日俱增,社会环境复杂多变等因素都增加了学习者的学业负担,而传统学习评价与学习文化满足不了学生的发展,这一切都已成为新时代学习面临的挑战。

1. 学习内容转变的挑战

随着科技和计算机科学知识的不断涌现,传统科学知识的边界不断地拓展。有人计算,全世界知识更新的总量,七到十年翻一番。由此可见,人类创造的知识,在短时间内急速发展起来,这是一个"知识爆炸"的时代。"知识爆炸"拓展了学习内容的边界。面对海量的信息,人们如何取舍,将碎片化的信息经过整理成为知识,知识再经过反思、解构成为思想,进而提升自身的认知层级,是当前学习者即将面临的挑战。

新时代社会主义赋予学习内容新内涵。党中央和国务院在《中共中央国务院关于深化教育教学改革全面提高义务教育质量的意见》中指出义务教育学段跨度长达9年,是在读规模最大、学龄最长的教育阶段,是与每个家庭、每个孩子的命运息息相关的教育阶段,我们要始终坚持"五育"并举,全面发展素质教育。纪念五四运动100周年大会上,习近平总书记指出:"新时代中国青年要树立对马克思主义的信仰、对中国特色社会主义的信念、对中华民族伟大复兴中国梦的信心,到人民群众中去,到新时代新天地中去,让理想信念在创业奋

---

① 中华人民共和国教育部. 义务教育品德与生活课程标准2011年版〔S〕. 北京:北京师范大学出版社,2012:1-3.

斗中升华，让青春在创新创造中闪光！"新时代、新理念、新教材要求小学道德与法治学科要做到与时俱进、肩负使命，彰显时代特色，从而使当前小学阶段思政课的学习内容更具有新时代社会主义的特色。

2. 学习个体转变的挑战

《习近平总书记教育重要论述的讲义》提出："坚持教育为人民服务，教育是党重要的事业，坚持教育为人民服务，是党全心全意为人民服务的根本宗旨，坚持教育为人民服务，要紧紧抓住人民群众最关心、最直接、最现实的利益问题，做到老百姓关心什么，期盼什么，我们就抓住什么，推进什么，使教育者获得感、幸福感、安全感，更加充实，更有保障。"[①]从习主席的论述中，我们感受到了人民群众对于教育的殷切期盼，对于学习者的殷切期盼。俗话说"望子成龙，望女成凤"，"父母之爱子则为之计深远"，家长们期望孩子受到更好的教育，取得更好的学习效果，成为更优秀的人，这对学习个体提出了更高的挑战。

终身学习，强调的是人的一生都要学习，从幼年、少年、青年、中年直至老年，学习将伴随人的整个生活历程，并影响人一生的发展。十六大报告强调："要形成全民学习、终身学习的学习型社会，促进人的全面发展。"无论是一个人还是一个民族，都需要不断地学习，不断地获取新的知识，才能引领时代的进步，这就从学习的深度和广度上对学习者提出了新的更高的挑战。

3. 学习环境转变的挑战

在"停课不停学"的要求下，教育的主场从学校转移至家庭，客厅变成了"教室"，家长变成了"班主任"，学习环境的变化对亲子关系、自我管理能力提出了新的挑战。这一代的学生物质生活更加富足，成长环境更加开放，可以得到全方位的教育和培养，他们兴趣爱好丰富，在兴趣上投入的时间也更多，外语、绘画、书法、乐器、编程……新时代对孩子综合素质有了新要求。

互联网开启教育新环境。当前，新一轮的科技革命和产业创新加速演进，人工智能、大数据等新数据运用于教育方兴未艾，"互联网+"教育迎来了更加广阔的发展空间。2020年11月23日，世界互联网大会·互联网发展论坛在浙江

---

① 教育部主编. 习近平总书记教育重要论述讲义［M］. 北京：高等教育出版社，2020.

乌镇开幕。国家主席习近平向论坛致贺信。习近平总书记指出："当今世界，新一轮科技革命和产业创新方兴未艾，带动数字技术快速发展。远程医疗、在线教育、共享平台、协同办公等得到广泛应用，互联网对促进各国经济复苏、保障社会运行、推动国际抗疫合作发挥了重要作用。"互联网对经济的影响是直观的，对教育的影响是深远的。在未来，互联网教育将提供一种新的教育环境，不受时间与空间限制，电子书包、云教材、数字图书馆、智能教育系统、AI教师、5G智能，数字技术渗透到学习的各个角落，实现学习环境的互联，这对改良现有的学习环境提出了新的挑战。

4. 学习文化转变的挑战

首先，学习文化影响或制约人们学习活动的价值观、资源、过程模式、方法能力和学习习惯等方面。传统意义上的学习，学生在学校听讲，在家中完成作业，教师和家长负责看管，遇到难题死记硬背，被动地接受，求知的过程重复家长和老师的说法，忽视了自己的思考，否定了人的认识，忽视了客观存在的能动性，忽视了人的潜能的开发。其次，传统的教育体制，教育思想的控制作用是非常巨大的。我国有1300年科举选拔人才的历史，"学而优则仕"的思想根深蒂固，致使教育倾向于片面追求学习结果和学业成绩。最后，传统文化中讲"克己"和"慎独"，在其影响下，学习者的学习更是孤军奋战。

基于以上弊端，我们倡导在混合式学习中促进"学习共同体"①的创建，强调在学习过程中，以相互作用式的学习观作为指导，通过人际沟通、交流和分享各种学习资源而建构相互影响、相互促进的基层学习集体。它与传统教学班和教学组织的主要区别在于强调人际心理相容与沟通，在学习中发挥群体动力作用，这对转变传统学习文化提出了新挑战。

根据第46次《中国网络情况发展报告》，截至2020年6月，我国网民规模达9.40亿，较2020年3月增长3625万，互联网普及率达67.0%，较2020年3月提升2.5个百分点。②在互联网浪潮中，人们的交往活动和人际关系也产生了一系列

---

① 余晓华. 试论学习共同体的构建［J］. 科学咨询，2017（19）.

② 中国互联网络信息中心CNNIC. 第46次《中国互联网络发展状况统计报告》［R］. 中国网信网，2020-09-29.

的变化，人们并未因网络变得陌生与弱化，虚拟平台使人际交往变得更加频繁与密切，并对现实社会交往实践及现实人际关系建构发挥作用。网络兼具开放性和跨界性、自由性和平等性特征，网络技术图文并茂、声像交融，其中网络频度多维，互动复杂，导致各种网络思潮泛滥，给思政教育的授课带来众多难题。如何在虚拟化的人际交往方式中去伪存真、辨别良莠是互联网时代学习文化创建的又一挑战。

5. 学习资源转变的挑战

传统教学资源是指为教学的有效开展提供的素材等各种可被利用的条件，通常包括教材、案例、影视、图片、课件等，也包括教师资源、教具、基础设施等。随着信息化的发展，学习资源进行有机整合，网络教育社区、教育博客、校园网等平台成为新兴学习资源，并且在网络上进行了共享，打破了传统意义上的教育在线的概念。

智能化、信息化的教育装备时代已经来临，教育信息化也正迎来以"智慧化"为引领的新阶段。在这个大环境下，如何为广大的教育参与者提供全面的学习资源，提高教育、教学的水平和成果就成了重中之重。近期有专门的学科网站提出"一站式学习"，为了实现教育信息化、数字化与教育参与者的合理对接，加强教育参与者之间的联系，满足不同人群的不同需求，省去中间环节，降低教育成本，以便更快、更多、更好地获取教育资源，提升信息化教育教学成果。

小学道德与法治课程的资源是开放的、多样的。这些资源不仅包括经过教育部门审批的教科书，还包括来自儿童自身的资源，利用儿童已有的经验作为新的活动资源，学校、家庭和社区为学生提供参观、考察等学习的场所，开展五花八门的活动，也是重要的学科教学资源。"互联网+"混合式学习有利于积极利用网络开拓课程资源建设的有效渠道，打破学科教学拘泥于课本的窘境，满足学习者对丰富的学习资源的需求。

6. 学习评价转变的挑战

新时代，课程改革发生了巨大的变化，需要我们重新审视学习评价。从当前全球教育发展的趋势来看，单纯以"知识传递"为价值取向的教学已不能满足当前创新型人才培养的诉求。"互联网+"教学理念应运而生，而实际教学过程中要检验教学实施的效果如何，就离不开"互联网+"教学的评价。国际教育评价协会指出"评价是教育发展的生命共同体"。美国学者斯塔弗尔比姆认为"评价最重要的意图不是为了证明，而是为了改进"，由此概括了评价具有价值判断的基本功能。[①]

我国《基础教育课程改革纲要（试行）》指出，要建立"促进学生全面发展、促进教师不断提升、促进课程不断发展"[②]的评价体系，强调对学生多方面潜能的发掘，以及教师对教学实施过程中存在问题的分析和反思。《国家中长期教育改革和发展规划纲要（2010—2020年）》也明确提出"改进教育教学评价，根据培养目标和人才理念，建立科学、多样的评价标准"[③]。由此表明，要实现"互联网+"教育的深层发展，急需建构科学合理的教学评价体系。

当前，教育评价中依然存在一些问题，例如，我们注重评价学科知识的学习，特别是课本知识的学习，忽视了学习者的实践能力、心理素质、创新精神等综合素质的考查。[④]我们仍然过多地强调共性的发展，忽视了个体化的差异。小学道德与法治学科评价，仍然以传统的考试为主，很少运用数字化的评价手段，甚至评价者只有老师一人，没有形成教师、家长、学生交互作用的评价模式，因此有必要利用新技术新手段，促进学习评价的转型。

近年来，表现性评价（performance assessment）在课堂教学与评价中受到普遍的重视和推广。表现性评价是在20世纪90年代，于美国兴起的一种评价方式，是指"教师让学生在真实或模拟的生活环境中，运用先前获得的知识解决某个新问题或创造某种东西，以考查学生知识与技能的掌握程度，以及实践、问题解决、交流合作和批判性思考等多种复杂能力的发展状况"[⑤]。从定义中我们不难看出，表现性评价需要创造一定的学习情境，唤起真实情境的运用，注重过程的评价。

---

① 孙聘. 中小学智慧教学评价指标体系构建的研究［D］. 东北师范大学，2018.

② 基础教育课程改革纲要（试行）［S］. 教育部门户网站，2001-06-08.

③ 中华人民共和国教育部. 国家中长期教育改革和发展规划纲要（2010—2020年）［S］. 教育部门户网站，2010-05-05.

④ 朱立明，宋乃庆，罗琳，等. 新时代教育评价改革的思考［J］. 中国考试，2020（09）：15-19.

⑤ 黄牧航. 历史教学与学业评价［M］. 广州：广东教育出版社，2005.

推行一种学习方式，不仅需要时间的验证，更需要与之匹配的对学习者进行评价的评价系统。"互联网+"教育是否能够满足学习者的发展需求，是否能够符合社会的发展需求等此类质疑，不仅需要理论研究的追问，更是教学评价及相关教学活动研究领域应该探讨的问题。

第二节　现代学习理论对学习与发展的重新定义

现代学习理论的新发展，为学生的学和教师的教提供了重要的启示。在实施混合式教学设计时，需要根据不同的具体情况选用理论基础。纵观学习理论的发展，不是一种替代的关系，而是一种继承、扬弃和发展的关系。代表现代学习理论的人本主义、建构主义、多元智能学习论都有合理的科学的一面，同样也有局限性的一面，并不是所有环境、所有情况下都只适用于一种学习理论。每一种学习理论都有其适合的学习内容和学习者群体。[①]不同的学习理论在不同的学习方式、学习资源、学习环境下都是一种优势互补的关系，并非相互对立，反映了人们对于学习本质的认识不断发展和加深的过程。混合式学习有意识地吸取各学习理论的合理成分，探索其对现代教学的指导价值，在多种理论优势基础上，结合时代的特点，优化互联网时代的学习方式，形成有自身特色的现代学习理论。

一、人本主义学习理论

人本主义于20世纪50—60年代兴起于美国，70—80年代得到发展，人本学派强调人的尊严、价值、创造力和自我实现，把人的本性的自我实现归结为潜

---

① 余胜泉，路秋丽，陈声健. 网络环境下的混合式教学——一种新的教学模式［J］. 中国大学教学，2005（10）：50-56.

能的发挥，而潜能是一种类似本能的性质。

人本主义最大的贡献是看到了人的心理与人的本质的一致性，主张心理学必须从人的本性出发研究人的心理。该学派的主要代表人物是A.H.马斯洛（1908—1970）和C.R.罗杰斯（1902—1987）。马斯洛的主要观点：对人类的基本需要进行了研究和分类，将之与动物的本能加以区别，提出人的需要是分层次发展的；他按照追求目标和满足对象的不同把人的各种需要从低到高安排在一个层次序列的系统中，最低级的需要是生理的需要，这是人所感到要优先满足的需要。罗杰斯的主要观点：在心理治疗实践和心理学理论研究中发展出人格的"自我理论"，并倡导了"患者中心疗法"的心理治疗方法。人类有一种天生的"自我实现"的动机，即一个人发展、扩充和成熟的趋力，它是一个人最大限度地实现自身各种潜能的趋向。[1]

人本主义学习理论主张学习应该以学习者为中心，在促进学生全面发展的同时，看到学生的个性化差异，让学生在学习的过程中，获得知识、技能及情感方面的发展，充分挖掘自身发展的各种可能性与潜力。促进人的全面发展是人本主义主张的教学根本目标，在混合式学习模式下，专家学者也在为这一目标而努力。人本主义强调在学习过程中关注个性发展，调动学习热情，给学习者充分的学习自由，让每个学生都能够有机会实现自我。

混合式学习环境中，丰富的各类资源和在线技术支持等都为学生提供了良好的学习平台，学习资源不再局限于书本，还包括各类网络视频、音频等不同格式的学习资源，这使得学习变得更有趣味性，从这方面来看，学习者的学习热情、学习动机和积极性都被调动起来了。[2]学习者可以根据自己的需要从丰富多样的学习资源中，自主选择适合自己的学习内容。除了海量的学习资源以外，各类网络软件和社交工具的不断发展和不断更新，也为混合式学习中的各类互动和知识的共享创造了更多的可能性。[3]教师利用混合式学习环境中两种学习的优势，与学生进行真正的心灵上的对话，获得教学效果反馈，从而不断

[1] 徐学俊，王文，刘启珍.心理学教程［M］.武汉：华中科技大学出版社，2015.
[2] 杜世纯.混合式学习研究［M］.北京：中国社会科学出版社，2018.
[3] 焦雪萍.美国中小学混合式学习理论及其实践研究［D］.华东师范大学，2016.

地改进自己的教学，为学生提供适度的指导，在促进学生全面发展的同时，学习者能够充分地体现出自己的主动性和创造性，让混合式学习充分地体现人本主义学习理论中的观点。

二、建构主义学习理论

建构主义学习理论是行为主义发展到认知主义以后的进一步发展。在谈到建构主义起源时，新西兰学者诺拉指出："在反对用直接教学方式以形成知识基础的原因方面，苏格拉底和柏拉图是教育上最早的建构主义者。"从建构主义的观点看，苏格拉底著名的"产婆术"无疑是建构主义教学的成功范例。杜威的理论是现代教育理论的代表，区别于传统教育"课堂中心""教材中心""教师中心"的"旧三中心论"，他提出"儿童中心""活动中心""经验中心"的"新三中心论"是建构主义思想来源之一，深刻影响着建构主义学习理论的发展。学术界认为心理学家让·皮亚杰于1966年最先提出建构主义观点，他所创立的"皮亚杰派"在认知科学领域内影响最大。皮亚杰在1970年发表了《发生认识论原理》，从认识的发生和发展这一角度对儿童心理进行了系统、深入的研究，提出了认识是一种以主体已有的知识和经验为基础的主动建构，这正是建构主义观点的核心所在。[1]

在皮亚杰上述理论基础上，许多专家、学者从各种不同角度进行建构主义的发展工作。果茨基强调学习者的社会文化历史背景的作用，提出了"最近发展区"的重要概念；科尔伯格在认知结构的性质与认知结构的发展条件等方面做了进一步的研究；斯滕伯格和卡茨等人则强调了个体的主动性在建构认知结构过程中的关键作用，并对认知过程中如何发挥个体的主动性做了认真的探索；维特罗克提出学习的生成过程模式；乔纳森等提出非结构性的经验背景；现代建构主义中的"极端建构主义""个人建构主义"也都是建构主义的新发展。所有这些研究都使建构主义理论得到进一步的丰富和完善，为建构主义理论应用于教学实践奠定了基础。[2]

① 百度文库.建构主义的学习理论［EB/OL］.https://baike.baidu.com/item/建构主义的学习理论/5219304，2020.

② 刘菊芬.高等数学教育研究［M］.九州出版社，2018.

建构主义学习理论中涉及的重要的学习要素，包括情境、写作、对话和意义建构也是混合式学习的重要的组成部分，对于混合式学习的开展发挥着不同程度的作用。首先，"互联网+"混合式学习需要为学习者提供一个被精心设计过的，并且能够符合学习的网络情境。其次，"互联网+"混合式学习利用通信技术，支持学习者与他人持续性保持互动，帮助学习者在混合式学习环境中展开协作学习。再次，混合式学习模式下除了师生对话、生生对话，还会利用数字化手段进行在线课程中的学习材料、网络界面的互动与交流，丰富学生的学习经验。最后，面对各式各样"爆炸式"的学习资源，学习者可以根据自身的情况，有针对性地选择知识学习，与自己已有知识经验中适当的观念与新知识进行结合，这样能够帮助学习者更加深入地理解知识和意义建构。

三、多元智能理论

加德纳于1983年提出多元智能理论，并在以后的实践中多次改良。他认为智能是多元的，每个人身上至少存在七项智能，即语言智能、数理逻辑智能、音乐智能、空间智能、身体运动智能、人际交往智能、自我认识智能[①]；智能的分类也不仅仅局限于这七项，随着研究的深入，会鉴别出更多的智能类型或者对原有智能分类加以修改，如加德纳于1996年就提出了第八种智能——认识自然的智能[②]。

多元智能理论为混合式学习的发展引领了一种崭新的学习理念，混合式学习为这种学习理念提供了实现的媒介和平台。从学习方式的视角来看，多元智能理论是对素质教育最好的诠释，而混合式学习中数字化手段的应用的宗旨就是遵循学习者的个性特征，创设合适的辅助手段，促进素质教育的实施。从技术作用的视角来看，混合式学习为多元智能理论现实化操作化提供了多媒体平台，创设了虚拟的学习环境，使其具有资源的丰富性、呈现方式的多样性、环境的开放性、学习的自主性、过程的交互性等特点。

---

① 珍妮丝·英格兰德·卡茨. 促进儿童社会性和情绪的发展：基于教师的反思性实践［M］
 洪秀敏等译，北京：北京邮电大学出版社，2016.
② 霍力岩. 加德纳的多元智力理论及其主要依据探析［J］. 比较教育研究，2000，21（03）：
 38-43.

四、学习环境理论

学习环境，是指供学习者学习的外部条件，是促进学习者主动建构知识意义和促进能力生成的外部条件。[①]主要包括：物理学习环境、资源学习环境、技术学习环境、情感学习环境。

关于学习环境，各种学者提出了不同的观点。Wilson（1995）指出：学习环境是一种场所，学习者在这里相互合作，相互支持，并且用多种工具和信息资源相互支持，参与解决问题的活动，以达到学习目标。荷兰学者Kirschner（1997）认为，学习环境是学习者能找到充分的信息资料和教育辅助手段的地方，借助学习环境，学习者能够有机会根据自身的情况及其与他人的关系去建构定向基础，决定他们将介入的目标与活动。乔纳森（Jonassen，1999）在《学习环境的理论基础》中认为，学习环境是以技术为支持的，在学习过程中技术是学习者探索、建构和反思学习的工具，提出了认知工具和学习策略的重要性，并且还考虑了社会背景的支持因素问题。杨开诚（2000）认为，学习环境是一种支持学习者进行建构性学习的各种学习资源（不仅仅是信息资源）的组合。其中学习资源不仅包括信息资源、认知工具、人类教师等物理资源，还包括任务情境等软资源。武法提（2000）认为，学习环境是一个动态概念，它是与动态的学习进程紧密联系在一起的，是学习活动展开的过程中赖以持续的情况和条件。武法提博士认为学习环境的要素不仅仅是支撑学习过程的物质条件（学习资源），还包括教学模式、教学策略、学习氛围、人际关系等非物质条件。何克抗、李文光（2002）两位学者认为，学习环境是学习资源和人际关系的组合。学习资源包括学习材料（即信息）、帮助学习者学习的认知工具（获取、加工、保存信息的工具）、学习空间（如教室或虚拟网上学校）等等；人际关系包括学生之间的人际交往和师生人际交往。

综合以上国内外学者对学习环境的定义，我们发现，学习环境与物理环境、学习资源、学习技术、学习情感有着密切的联系。"互联网+"混合式学习模式下的学习环境坚持以人为本的原则，利用强大的互联网交互功能为学习者

[①] 盛群力等.教学设计［M］.高等教育出版社，2005.

构建数字化物理学习环境创造支持性的条件。"互联网+"混合式学习模式下学习资源在存储、传递、提取、加工和呈现等方面都具有更独特的优势，学习者完全可以利用互联网检索所要的学习资源。同时，教师把相关的学习资源进行整理、数字化，优化整合信息资源，以增加其易用性和共享性，这便是"互联网+"混合式学习模式下所创造的资源学习环境。

我们还发现，物理学习环境仅仅提供了互联网学习的硬件设施，而软件系统的人性化、界面的友好程度及工具的完毕都需要较高级的技术支持。学习环境和学习过程密不可分，其中既有丰富的动态学习资源，又有人际互动的因素。"互联网+"混合式学习模式下创建学习共同体，满足支持自主、探究、协作或问题解决等类型的学习，促进学习者的学习观念、学习动机、情感、意志等心理因素对学习动机的激发，学习时间的维持和获得良好的学习效果有着直接的影响。"互联网+"混合式学习模式中运用学习软件，能够激发学习者的学习兴趣；各功能模块有良好的导航机制，便于学习者在学习过程中能根据学习进程进行任意的学习跳跃；同时，可以支持学习者进行小组讨论和协作学习。

第三节 "互联网+"道德与法治混合式学习的基本模式

一、基本内涵

人类发展到今天，面临着前所未有的信息化社会的挑战。当今世界出现"信息爆炸"，信息呈几何指数不断增长[1]，虚拟生活场景已经成为一种新常态。学习模式（Learning style）是假定能够使个人达到最佳学习状态的方法，起源于20

---

① 夏毓平.信息化对我国社会生活的影响［J］.沿海企业与科技，2005（06）：149-151.

世纪70年代，近年来获得普。①目前，道德与法治教学中师生、生生对话以面对面为主，缺乏更加广泛的互动和有深度的对话，获得信息的渠道、速度和质量也有待优化，虚拟学习环境的开发、应用有待尝试。小学道德与法治学科也必须适应社会发展变化，以学生为本，基于真实生活和时代发展开展道德教育。

"互联网+"道德与法治混合式学习模式是通过技术应用进行分类的，包含学习技术应用、学习资源开发、学习环境创设三大模块结构的嵌套式结构系统，在发挥信息技术优势的同时，继承和体现了传统学习方式的优势和特征。

探究性、体验性、合作性学习是线下课堂教学的主要方式。正如布鲁纳所说："不论我们教什么学科，务必让学生理解并掌握该门学科的基本结构。"学科教学的本质是探究学习，没有探究的教学与学习等于知识训练。学生掌握了基本概念和原理及其之间的关联，就可以将其作为认识及解决其他问题的工具，从而举一反三、触类旁通。大卫·科尔布（Kolb，1984）认为："学习不是内容的获得与传递，而是通过经验的转换从而创造知识的过程。"体验式学习是学生完全投入当时当地的实际体验活动中，从多个角度观察和思考实际体验活动和经历，抽象出合乎逻辑的概念和理论，并运用这些理论做出决策和解决问题，在实际工作中验证自己新形成的概念和理论。②皮亚杰学派的发展理论最基本的假设是"在适当任务中，孩子们之间的相互作用提高了他们对关键概念的掌握和理解"。学生之间的相互作用是可以更迅速地掌握知识，学生在学习任务方面的相互作用将导致他们认知水平的提高，通过讨论学习内容、解决认知冲突、阐明不充分的推理而最终达到对知识的理解。

上述提到的"探究学习"和"体验学习""合作学习"既有联系又有区别，"探究学习"和"智力因素"相关程度更高，"体验学习"和"非智力因素"相关程度更高，而"合作学习"是黏合剂，通过合作加深探究、体验。混合式学习中，我们既要承认"探究学习"的重要性，更要承认"体验学习"和"合作性"的重要性；既要重视智力因素的发展，又要重视非智力因素的发

---

① 陈桂香，王凤兰.大学生心理健康教育［M］.北京：中国农业出版社，2010.

② 王迎，殷双绪.先前学习评价：一种非正式学习评价方式的实证研究［J］.开放教育研究，2012（01）：133-137.

展。当然，学习方式创新的最终目标必须是实现学生的全面发展。

传统教学在授课时空、学习资源、交流方式、评价方法等方面的标准化、固定式，已经不能满足学生日益多元的个性化学习需求。线下传统学习的面对面探究与体验仍然不可替代，更需要通过"互联网+"混合式学习在目标设置、任务驱动、主体参与、评价反馈、个性指导等方面重新谋划部署，形成新的学习模式和规范。"互联网+"混合式学习就是一种借助互联网技术开展的综合性学习活动，学习者借助线上、线下强大的交互功能展开探究、体验、合作，主动发现、提出、分析、解决自己的问题；积极投入学习共同体，生成、捕捉各种静态、动态的稍纵即逝的学习资源；及时交流各种生活实践和体验，形成正确的道德判断和价值认同，建构并完善自己的道德思想和成长意义。

"线上+线下"学习技术应用是混合式学习的技术基础，为"静态+动态"的学习资源系统创建提供双向互动和学习资源序列化的动力支撑，为"课堂+生活"的学习环境创设提供双向链接、强化思维、深化体验的路径支撑；反之，"静态+动态"学习资源系统又为"线上+线下"的学习提供开放性对话系统，使得各种学习交互更加多元；"课堂+生活"学习环境又为"线上+线下"的学习提供了融通课内外、开阔视野、提升交互的土壤。我们期望在小学道德与法治课程中通过"互联网+"混合式学习，调动学生学习的积极性，促进合作、对话和批判性思维，促使学生的真实生活和学习更加有意义，争取在教学理念、教学方法、教学技术上都有新的突破，更加有效地实现道德与法治课程立德树人的育人目标。

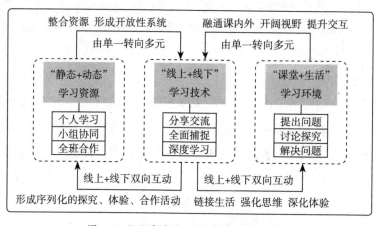

图2-1 "互联网+"混合式学习基本模式

二、基本原则

科技可以帮助未来的校园重塑和再造，也可以使学习工具、学习技术迭代升级。信息技术发展可以替代复杂运算，带来海量的信息，带来跨越时空的丰富视听感受，可以实现随时随地的便捷交互，但无法替代人的情感、情绪，以及人的信念、素养、丰富灵动的内心感受等这些心理体验和精神成长。我们怎么认知新技术对于学习的冲击和影响，怎样来定位现代学生学习的特征和原则？

1. 整体性原则

混合式学习强调以大概念为核心进行核心素养的培育，着力解决传统教学中碎片、零散的学习问题，鼓励教师通过大概念来建立混合式学习活动主题。教师要打破按教材课时、栏目进行教学的陈规，通过单元整体备课，考察各知识点的本质联系，把大概念从学科知识体系中提取出来，突出单元、单课的知识体系完整性；通过"一站式"主题学习系统，帮助学生更好地建立自己的学习网络，形成自己与他人、家庭、社会、国家、世界、自然的基本概念、基本原理及其之间的联系的理解和认识，并可以将其作为认识其他问题的工具，从而举一反三、触类旁通，提升学科核心素养。[①]

2. 驱动性原则

混合式学习强调在大概念的统领下展开大任务活动，着力解决按部就班、重复叠加的学习问题，鼓励通过信息化平台发布任务群驱动学生的真实性学习。教师围绕大概念，根据课程标准、教材要求和学生实际，制定整体目标、分解活动目标，并按实际校情、班情打破教材内容编排顺序，采取删减、融合、增补等方式重组课程内容，以结合学生的认知特征和生活经验的学习任务群，驱动真实任务情境下的学科活动。

3. 主体性原则

混合式学习强调学生作为学习的主体在学习中表现出的自发、自觉，着力解决传统教学中偏重课堂单向示范传授的问题，鼓励学生在学习中主动探究、相互合作和实践体验。通过技术应用，为学生的探究、体验、合作提供学习平

---

① 曹培杰. 复课后，构建混合式教学新生态［N］. 中国教育报，2020-05-09.

台，促进学生能广泛地参与到学习活动中去，更多地注意多种学习材料，更自然地融入适合自己智能优势和学习基础的学习共同体中，积极、主动地发现、参与，将各种线上线下的学习转化成有意义和令人兴奋的事情，使学生不单是认知成分的参与，还包含价值、情绪的色彩，充分发展自己的潜能。[①]

4. 序列性原则

混合式学习强调通过网络的力量强化教学内容的序列性，着力解决学习资源层级混乱、利用低效的问题，鼓励教师通过网络平台，将各种层级、形式、内容的线上学习资源结构化。在资源的开发和利用中，要注意信息的可辨别性，以有助于学生进行选择性知觉和参与；要注意新旧信息的联系，运用各种技能手段突出结构清晰、层次鲜明的学习组织结构；要通过信息技术将学习过程、结果表现为外部行为并对这些行为进行交互和反馈。[②]

5. 一致性原则

混合式学习强调通过评价工具的研制和使用，实现信息技术与课堂教学的深度融合，着力解决教、学、评脱节的问题，鼓励学生全员参与评价，用评价反馈指导学习，体现教学评一致性。教师围绕教学目标和学习任务，设计活动作业、学习量规、观察量表、作品分析表等评价工具[③]，利用评价标准明确混合式学习大任务的边界，引导学生利用评价工具导航进行线上、线下学习，加深双向互动，提升数字资源利用、网络学习的实效。

6. 个性化原则

混合式学习强调尊重学生的个性差异，着力解决学习空间布局固定式、标准化的问题，鼓励师生把差异变成学习资源，加强分层指导和个性发展。通过技术应用，分析各类学情资源，共同制定分层学习方案，开展"线下异质分组"和"线上同质分组"，为学生提供有针对性的教学指导[④]，建构更为灵活、开放、软硬件融合的自适应学习环境，加大对源于实际生活的学生个性化学习的支持，以满足学生个性化和多样性的道德学习需求。

---

① 刘晓明，张宝来. 小学生学习心理与学习指导［M］. 长春：东北师范大学出版社，1999.

② 刘晓明，王丽荣. 新课程与教师的心理素质［M］. 长春：东北师范大学出版社，2004.

③ 曹培杰. 复课后，构建混合式教学新生态［N］. 中国教育报，2020-05-09.

④ 同上.

三、行为分类

小学道德与法治开展"互联网+"混合式学习可以分为三种行为类型，分别指向学习技术、学习资源、学习环境的创新和突破，它们在同一学习主体或群体中发生和存在，相互关联，相互作用，融为一体。

1. 借助技术，实现"线上+线下"混合式学习

目前，线上学习因便捷、高效受到学习者的欢迎，很多学校开始尝试使用线上学习模式，手机、平板等移动客户端的开发，使学习者可以随时随地地借助移动设备进行学习。移动式教学平台正在帮助更多学生和老师，能够实现课内、课外的移动式学习。"线上+线下"混合式学习模式综合"线上""线下"两种学习方式的功能，在能够充分吸收传统教学优势的前提下，发挥线上教学优势，将移动教学所具有的可视性、交互性及可移动性充分发挥出来，通过创建学习共同体实现教学的有效协助，使学生在课上和他人进行互动，课下则能够在线上实现个性化的自主学习，促进学生学习的有效性。①

"互联网+"混合式学习的特征之一是借助技术，聚焦真实情境下的启发性问题展开学习。通过"线上+线下"的分享交流、主动探索，生成新的学习资源，开展深度学习，不断加深学生对自我、家庭、社会、国家、自然的理解。同时，推进"线上+线下"共同体学习，打通"线上+线下"的教学场景，充分调动学生的积极性和主动性，把学生自己能够学会的内容全部交给学生，由学生通过"线上"自主学习来完成，学生自己学不会的或需进一步挖掘的内容，再由教师进行有针对性的"线下"教学指导，从而提高教学效率。此外，要合理调整教学计划，适当减少集中教学时间，充分利用网络平台和数字资源，引导学生开展全流程的"线上"自主学习。

2. 整合资源，实现"静态+动态"混合式学习

课程资源的开发和利用途径是多种多样的。《义务教育品德与社会课程标准（2011年版）》指出，按照课程标准编写并经教育部审定批准的教科书应是重要的、基本的课程资源，认真学习、研究教科书及其配套的教学参考资料，

────────────

① 邱四豪. 线上+线下混合式学习模式研究 [J]. 现代职业教育，2018（01）：162.

可以为教师深入理解本课程并进一步创造课程打下基础。同时，学校和教师可以根据课程需要及本地、本校、本班的具体情况自编乡土材料。

目前，道德与法治课堂教学中，学习资源以教科书和教师制作PPT为主，存在呈现单一、扁平的问题。随着信息技术的发展，我们可以借助信息技术的力量突破传统教材的知识定义，丰富学习资源的内容和形式，呈现多样性、开放性，包括各种静态资源和动态资源。其中，静态资源包括教科书、教师指导材料、学校和社区的各种物质设施、文化教育设施、革命文物、名胜古迹、图书、玩具等。动态资源多指媒体资源，涵盖各种文化财富，如传统风俗、民间传说、历史典故、民俗节日、文化活动、节日活动、社会公益活动等；社会生活中的现象、事件、社会热点话题；自然界中的各种现象、动植物、山川海洋，以及地区的气候季节特点等。①动态学习资源开发要充分挖掘学生课前、课中、课后学习过程中生成的资源积累，适度引入课堂，加强课内外协同，形成一整套高质量的数字教育资源。

"互联网+"混合式学习的特征之二是整合资源，聚焦信息技术平台中的生成性资源展开学习。通过"一站式"学习平台服务，及时、便捷地发布、共享和交流个人学习、小组协同、全班合作的动态学习资源，建构一个从静态资源向动态交互功能跨越的学科知识、教学与评价的管理中心，实现隐性知识显性化、显性知识体系化、体系知识数字化、数字知识内在化，为学生开展个性化的深度学习提供载体，着力解决传统学习学生多元智能发展受限的问题。

3. 密切链接，实现"课堂+生活"混合式学习

《义务教育品德与社会课程标准（2011年版）》指出，本课程旨在培养学生的良好品德，促进学生的社会性发展，为学生认识社会、参与社会、适应社会，成为具有爱心、有责任心、良好行为习惯和个性品质的公民奠定基础。课程要与社会生活密切结合，并最终能够在课程中打开学生生活，使课程教学源于生活，又回归生活，增强学生的课程生活体验。

当代学习科学研究认为：学习不是简单、机械的识记过程，而是一个实

---

① 中华人民共和国教育部.义务教育品德与生活课程标准（2011年版）［S］.北京：北京师范大学出版社，2012：23.

践性、社会性和以资源为中介、满足个性需求的意义建构过程。学习环境是指学生学习活动发生的场所，是促进学生主动建构知识意义和促进能力形成的外部条件。学习者与环境的相互作用是获得知识、培养能力的必要途径。[①]鲁洁先生的生活论德育思想是建立在其对道德和生活关系认识的基础上的。道德源于生活，道德内在于生活之中，道德的学习要通过生活进行，道德为了生活。生活德育的目的就是引导人生活的建构，其建构起来的是一种更好的生活、一种更全面和更丰富的生活。要使人成为自觉的生活建构者，就要引导人关注生活、反思生活、改变生活。[②]

目前，道德与法治课堂教学中还存在着学生的道德认知与日常生活行为的偏差现象，究其原因主要是没有创建将道德学习和真实的生活链接起来的生态学习环境。"课堂+生活"混合式学习应该力求率先从突破传统课堂学习环境的局限着手，将学习情境由重视"模拟演练"转向重视"生活发展"；由重点关注"教材学习"的"问题讲解"转为关注"满足个性，贴近生活"的"实践体验"，通过学习内容、学习方式与信息技术的融合，引领学习环境的重构。

"互联网+"混合式学习的特征之三是密切链接，聚焦贴近生活的实践体验展开学习。"课堂+生活"混合式学习，强调道德教育的知行合一，借助数字环境加强学生学科活动的参与性和主动性，增强学生道德实践的生活体验。通过信息技术平台任务驱动、资源支持和线上互动，学生不仅用脑思考，而且亲身实践，用学科知识去解决生活中的问题、把握生活的意义，加深实践活动、感性活动的亲历性；不仅接受来自外部的信息，而且感受来自内部的情感，更多地体验到与自己息息相关的、镌刻着自己生命印记的内容。学习成为体验、体会、体认的一种身心统一的、完整的生命体活动，加深学生道德体验、认知，使学生产生道德批判、道德升华。

---

① 苏忱. 重构学习环境新样态［N］. 中国教师报，2019-09-18.
② 陈富珍. 品德教学应如何紧扣儿童生活［J］. 华夏教师，2018（15）：45-46.

第四节 "互联网+"道德与法治混合式学习的价值

习近平主席在党的十九大中指出："要把立德树人的成效作为检验学校一切工作的根本标准，做到以树人为核心，以立德为根本。"李克强总理2020年的政府工作报告，提出了一个"互联网+"的新概念，一石激起千层浪，教育界纷纷解读这个概念。道德与法治课程属于义务教育阶段思想政治教育课程的范畴，是增进青少年思想政治素质、道德修养和法治素养的综合性课程，具有方向性、综合性、实践性和开放性。

2020年12月18日，中共中央宣传部、教育部印发《新时代学校思想政治理论课改革创新实施方案》，文件指出思政课要突出创新性，完善课程教材建设机制，优化教材内容，创新教学方法，推动思政课在改进中加强、在创新中提高。同时提出要增强针对性，遵循思想政治工作规律、教书育人规律、学生成长规律，进一步增强思政课的思想性、理论性和亲和力、针对性[1]。

小学阶段道德与法治作为落实立德树人根本任务的关键课程，重在培养学生的道德情感，重点引导学生知晓基本国情，立足当代，紧跟形式，基于需求，铸魂育人，使之具有做社会主义建设者和接班人的美好愿望。目前，我国在小学道德与法治"互联网+"混合式学习方面的实践或研究较少，本研究将采用案例研究法和行动研究法开展实证分析，探寻新时代思政学科学习方式的创新之路。

我们的目标是以混合式学习为抓手，在道德与法治课堂内外创新学习方式，丰富学习体验，用共情激发共鸣，用信心坚定信仰，在启发中对学生进行

---

① 刘鹏茹，贾春旭.办好高校思政课的三个着力点［N］.河北日报，2019-03-29.

政治思想、道德规范和法治观念教育，不断提升思政课的有效性，让思政课真正入耳、入脑、入心，给学生心灵埋下真善美的种子，帮助他们扣好人生第一粒扣子，培养他们成为担当民族复兴大任的时代新人。

一、增强方向性：夯实根本，铸魂育人

习近平总书记指出，"青年一代有理想、有担当，国家就有前途，民族就有希望，实现我们的发展目标就有源源不断的强大力量。"[1]当今我国的教育要"以文化人、以德育人，不断提高学生思想水平、政治觉悟、道德品质、文化素养，做到以树人为核心，以立德为根本"[2]。信息化是一场革命，影响着人们的思想观念。积极适用数字化环境，提高政治觉悟、道德品质和文化素养，是我们必须面对的事实。我们不仅要积极努力地学习出现在身边的新技术，更要掌握信息时代必须具备的各种社会生活和学习技能。

道德与法治课程目标以习近平新时代中国特色社会主义思想为理论体系，要引导学生坚定理想信念，厚植爱国主义情怀，提高道德修养和法治素养，培养健全人格，弘扬奋斗精神和劳动精神，增进对伟大祖国、中华民族、中华文化、中国共产党、中国特色社会主义的认同，具有方向性。本课程着眼于学生全面发展，遵循学生成长规律，紧密联系学生思想、学习、生活实际，将知识、能力、情感、价值观的培养有机结合[3]，与时俱进地反映经济社会发展新变化，以及对青少年道德修养和法治素养的新要求。通过"线上+线下"混合式学习，人人都能及时分享交流，生成对当代社会、国情的客观认识，捕捉深度学习资源，通过"静态+动态"混合式学习资源库的建设，推动个人、小组、全班时时、处处地合作学习，把爱国情、强国志、报国行自觉融入学习和生活，引领学生形成正确的世界观、人生观、价值观，发挥道德与法治课程铸魂育人的关键作用。

---

① 徐曼，冯小桐.新时代思想政治教育创新发展研究［J］.思想政治教育研究，2019（03）：80-84.

② 杨美芳.立德树人视域下的班级生态管理细则初探［J］.科教导刊，2020（13）：185-186.

③ 教育部教材局党支部.加强教材建设　奠基教育强国［N］.中国教育报，2017-11-29.

二、增强综合性：立足素养，价值引领

《义务教育品德与社会课程标准（2011年版）》指出，本课程以学生的生活为基础。家庭、学校、社区、国家、世界是学生不断扩展的生活领域。社会环境、社会活动、社会关系是存在于这些领域中的几个主要因素。道德与法治课程的教学内容以学生生活为基础，主要包括中国特色社会主义、品德、法律常识、中华文化、心理健康等，具有综合性。本课程立足于课程核心素养，以提升学生的思想道德素养、法治素养和人格修养为主旨，坚持课程的主题学习和学生生活相结合，学科逻辑与生活逻辑相结合，体现社会环境、社会活动和社会关系的内在整合。

学生的道德、法治素养发展是在逐步扩展的生活领域中，通过与各种要素的交互作用实现的。通过"线上+线下"的混合式学习，有机融合道德与法治教育，爱国主义、集体主义和社会主义教育，历史与文化、国情教育，地理和环境教育，生活与安全教育，劳动教育等，促进学生生活经验、知识学习和社会参与的彼此渗透[1]，将这些大主题有机融入学生的成长中，从而使学生多角度、多层面地理解、认识社会事物。通过"静态+动态"混合式学习资源的应用，增强学习内容的针对性和生活性，强化思想和价值引领，加强课内外实践活动，引导学生正确认识自己，学会以正确的价值观处理人与自然、家庭、他人、社会、国家、人类文明的关系。

三、增强实践性：尊重主体，行为转化

《义务教育品德与社会课程标准（2011年版）》强调，培养学生的良好品德，促进学生的社会性发展，为学生认识社会、参与社会、适应社会，成为具有爱心、责任心、良好行为习惯和个性品质的公民奠定基础。通过"互联网+"混合式学习，让学生更好地认识社会、参与社会、适应社会，实现学生的社会性成长，也是实现该课程目标的途径之一。

道德与法治课程学习是知与行相统一的过程，注重学生在体验、探究和

---

[1] 中华人民共和国教育部. 义务教育品德与社会课程标准（2011年版）［S］. 北京：北京师范大学出版社，2012：2.

问题解决的过程中，形成良好道德品质，实现社会性发展，具有实践性。通过"课堂+生活"混合式学习环境的创建，联系学生的生活实际，尊重学生主体地位，以活动为载体，充分考虑学生的生活经验，在实践中发现和提出问题，在亲身参与中探讨和解决问题，逐渐形成探究意识和创新精神。在解决问题的过程中，把知识运用于社会，服务于社会，提高服务社会的实践创新能力，增强社会情感和遵守规则的意识，促进知行转化，在感悟生活中认识社会、学会做人。

四、增强开放性：关注发展，扩展延伸

互联网时代，学校基础教育的培养目标由标准化转向多元化，而知识的生成、获取、发展和传播方式也在互联网和信息技术的影响下发生了重大转变，这双重叠加的变化给基础教育发展带来了困境，也带来了机遇。[①]学校是教育改革中不可或缺的推动力量，未来学校要致力于突破学习时间与空间的限制，为实现教育资源的开放共享创造条件，为自主学习搭建平台，满足学生的资源需求、交互需求、评价需求以及教学管理更高效的需求，赋予教育以崭新的内容、全新的观念和科学的方法，重塑一个开放、共建、共享的教育生态系统，是未来教育的重要形态和发展趋势。[②]

道德与法治课程内容根据社会生活的发展变化和学生身心发展的需要，有弹性地吸纳鲜活的社会生活事件，面向学生的整个生活世界，具有开放性。通过"静态+动态"混合式学习资源库的创建，将教学内容从教科书扩展到学生生活的各个方面；通过"课堂+生活"混合式学习环境的创设，将课堂从教室扩展到家庭、社区及学生的其他生活空间；通过"线上+线下"混合式学习技术的开发，将教学时间与学校其他活动或学科配合，灵活而弹性地延伸。同时，通过"互联网+"学习平台的应用，推进开放的、多元的评价，发挥评价的引导作用，强化过程评价，改进结果评价，探索增值评价，更加关注评价的引导、改进和激励功能；更加关注学生的日常行为表现；更加关注学生的学习发展和进步，优化评价方式，提升立德树人的实效性。

---

① 核心素养研究课题组.中国学生发展核心素养 [J].中国教育学刊，2016（10）：1-3.

② 徐敏，金黎明.高校开展混合式教学模式的调查及影响因素分析 [J].科技风，2019（35）：
56-57，59.

第 三 章

"线上+线下"混合式学习样态构建与实证

第一节 "线上+线下"混合式学习样态构建

一、"线上+线下"混合式学习基本内涵

"线上+线下"混合式学习要创新"因时而进"工作方式，发挥"互联网+"学习的优势，不断增强课程教学的综合性。通过人人、时时、处处的信息交互、虚拟体验、同伴协作延伸拓展学习时空，实现"网上网下"多维互动，将课程的各大主题有机融入学生成长，强化思想和价值引领，加强课内外的联通，引导学生多角度、多层面去理解、认识社会事物，体现社会环境、社会活动和社会关系的内在整合，促进学生生活经验、知识学习和社会参与的彼此渗透，让学生学会以正确的价值观处理人与自然、家庭、他人、社会、国家、人类文明的关系。

《义务教育品德与社会课程标准（2011年版）》指出："本学科具有活动性，本课程目标主要通过儿童在教师指导下的活动过程中的体验、感悟和主动构建来实现。本课程倡导有效开展适宜的小组学习，调动所有学生参与，培养合作交流能力和民主意识。在小组学习中，学生是学习的主体，不仅要有个体的独立探究和思考的能力，还要具备与同伴合作的学习和探究能力。"[①]现代信息技术日趋发展的今天，打破教师"一言堂"的格局，合作学习、小组学习、分享表达已经成为课堂学习的基本形式。

"线上+线下"混合式学习，同时通过互联网突破时空限制，创建学习共同体，方便师生讨论分享，丰富学生的成长体验，具有如下基本特征：

一是全力打造一个新媒介全使用、学生全覆盖、线上线下高度融合的全媒

---

① 中华人民共和国教育部.义务教育品德与社会课程标准（2011年版）［S］.北京：北京师范大学出版社，2011：20-23.

体矩阵，使得每个学生都卷入学习，参与学习共同体建设。

二是不断创新对话和交互载体，改"单一"为"交互"，改"大众"为"分众"，使思想交流、道德学习喜闻乐见，更加贴近实际、贴近生活、贴近学生，增强学习活动对学生的吸引力。

三是更加注重通过泛在的学习和交互融合实践与学习，把社会道德要求、法律行为准则寄于具体实物、现实生活，让学生真心喜爱、终生受益。

二、"线上+线下"混合式学习基本样态

现代社会，网络照亮了另一个生活世界，交往和对话就是人们走向生活世界的通道。而网络交往中的诸多变化和趋势都与网络互动这种传播方式本质地、内在地联系在一起。网络互动不仅日益深刻地影响了人们的生活方式，也蕴藏着希望和前景，意味着新观念和新文明的崛起。[①]小学道德与法治教学中，通过"线上+线下"的网络互动，加深学生之间的交往和对话，产生新的学习共同体和相应的学习样态。

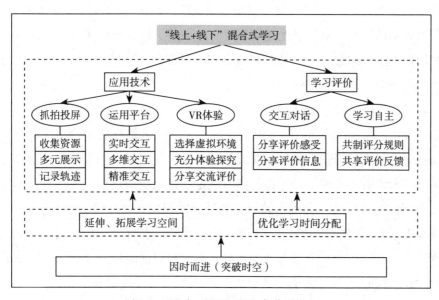

图3-1 "线上+线下"混合式学习样态

① 孟威.网络互动：意义诠释与规则探讨 [M].经济管理出版社，2004.

互动之一：运用平台，深入交互

山东师范大学教育学部副教授赵建民博士提出，线下学习与在线学习将长期共存，这种混合式学习将成为信息时代的重要教学方式。我们所倡导的网络互动的混合式学习，是运用移动自媒体的网络互动功能，使学生能随时、随地、随意地开展各种泛在学习，并将这种学习与课堂教学充分混合，形成互联网环境下人机交互和人际交互。这样的学习行为可谓是一种多维度的交互和对话方式的创新。

交互过程是"学习共同体"设计的重要组成部分。在"线上+线下"相融合的整个交互过程中，学生可以通过问卷星等网络技术，开展线上个人真实调查、小组交流互动，并针对学习过程开展真实的自我评价。与传统的交互性相比，在线教育的交互性体现在对传统单向交流授课模式的颠覆。互联网可以使信息发布突破时间和空间限制，通过在线社区或网络留言，信息发布可以在任何地点、任何时间进行。网络也使师生之间少了交流的拘谨，学生可以在情境的创设中更为真实、自由地表达自己的看法。而信息收存的辅助更是让互联网时代的沟通变得如虎添翼，学生通过对自我学习行为、学习能力的认识[1]，以及获取教师的评价，对自己产生更科学、全面的了解，进而更有针对性地在学习共同体内进行沟通交流、选择判断，逐步实现个体品德的内化与自主构建，并且在对话中进行道德实践。

1. 信息接收，实时交互

"线上+线下"混合式学习最重要的一个特性是具有良好的交互功能。以移动互联为代表的通信技术的迅猛发展和广泛普及，为信息资源的发布和访问提供了前所未有的方便手段，使得随时随地的信息访问逐渐变成现实。师生之间的距离因此被拉近，促进了教与学的灵活性和交互性。[2]师生通过丰富的信息共享渠道共同完成教与学双向互动、实时交互。在网上应用钉钉平台、晓黑板等网络工具或教学平台发布教学信息，学生可以随时展开片面的、能动式的实时互动，构成交互式学习。

---

① 杨剑飞. "互联网+教育"新学习革命［M］. 北京：知识产权出版社，2016.
② 王坚，柴艳妹. 网络教学中的信息共享机制研究［J］. 高教学刊，2015（10）：11，13.

"线上+线下"混合式学习中的信息发布有三种基本途径，有"依托交换电子信息，用户通过实时或非实时的消息传递方式进行交互"的信息发布；有"团队参与人员共享存放于多媒体数据库里的信息"的数据共享；还有"几个用户同时与一个共享的应用程序交互，相互之间能彼此感知对方，能实时观察到他人对共享应用的操作及其结果"的应用交互。[①]

2. 信息收存，多维交互

互联网为个性化的教与学提供了多维交互的条件。无论是教师还是学生都可以通过网盘、FTP（文件传输协议）等网络存储，它使得文件和文件夹能够在Internet上公开传输。通过服务器，可以像在本地计算机上一样直接访问网络服务器上的文件内容，传输和获取相应的信息。互联网上存在大量的专业组织和专业内容的公共服务器，上传了丰富的图书、影像、软件、讲义和课件等资料。

聊天软件是互联网上相互沟通的信使，也是完成共同学习任务的载体。除了单独的师生、生生间的交流，还可以利用其对感兴趣的专家学者、组织机构进行询问和了解。互联网上除了有个人的信息资源，还有大量的储存分门别类的信息资源，通过加入地址列表，订阅可以获取个性化的信息和资料。[②]

在"线上+线下"混合式学习中，学生可以充分利用网络的存储功能开展多维交互。一方面，对自己的学习进程和阶段状况、测评结果进行跟踪记载、储存；另一方面，依据个体学习状况、学习才能，获取个性化的学习建议、针对性的指点方案及指导性的家长辅导等。

3. 评价反馈，精准交互

教与学质量评价中的信息反馈是教学质量评价与学生发展之间的桥梁。桥梁的畅通与否直接决定着评价功能的体现。随着网络的飞速发展，给人类的生活学习带来了极大的便利，小学道德与法治教学反馈手段也随之被赋予了新的意义。"线上+线下"混合式学习中的学习反馈机制主要利用了便捷的网络环境，将网络的优势运用于教与学反馈进程中。同时，结合目前实际的教学反馈

---

① 王坚，柴艳妹. 网络教学中的信息共享机制研究［J］. 高教学刊，2015（10）：11，13.

② 王龙耀，王岚. 互联网在教育教学中的应用［J］. 中国教育技术装备，2014（04）：45-47.

机制，线上线下相互结合、补充。①

　　"线上+线下"混合式学习中的反馈机制主要分为两部分，一部分是目前存在的座谈会、期末考、社会实践反馈等线下的学习反馈；一部分是线上的学习反馈，如专门的论坛反馈、微博式的教学反馈、网络群的教学反馈等多种利用网络优势进行学习反馈的形式。②其具体表现为学习反馈"精准交互"的三大优点：

　　首先，学习反馈的真实可靠。由于网络的线上学习反馈不受时间与空间限制，学生可在相应的网络学习模式中，尽情地、真实地发表自己听课学习相关课程的反馈信息，提升反馈信息的真实性和可靠性。③

　　其次，学习反馈的广泛参与。学生群体是学习网络的主要使用群体之一。为此，利用网络学习平台，学习反馈的参与对象可不断地扩展，绝大部分学生都可积极参与到相应课程的教学反馈中来，避免信息反馈的片面性。④

　　再次，学习反馈的及时高效。网络学习中，学生对教师的反馈信息可及时做出反应、讨论、改进，及时性的程度高，对于提升学习效果具有较大的促进作用。

　　互动之二：VR体验，发展思维

　　所谓虚拟现实，顾名思义，就是虚拟和现实相互结合。从理论上来讲，虚拟现实技术（VR）是一种可以创建和体验虚拟世界的计算机仿真系统。它利用计算机生成一种模拟环境，使用户沉浸到该环境中。虚拟现实技术就是利用现实生活中的数据，通过计算机技术产生的电子信号，将其与各种输出设备结合，使其转化为能够让人们感受到的现象。这些现象可以是现实中真真切切的物体，也可以是我们肉眼所看不到的物质，通过三维模型表现出来。因为这些现象不是我们直接所能看到的，而是通过计算机技术模拟出来的现实中的世界，故称为虚拟现实。⑤

---

① 林梦甜. 网络环境下的教学反馈发展机制研究［J］. 电子商务，2011（12）：92，96.

② 同上.

③ 同上.

④ 同上.

⑤ 石宇航. 浅谈虚拟现实的发展现状及应用［J］. 中文信息，2019（01）：20.

虚拟现实技术已经成为促进教育发展的一种新型教育手段。传统的教育只是一味地给学生灌输知识，而现在利用虚拟现实技术可以帮助学生打造生动、逼真、可选择的学习环境，使学生通过选择自己感兴趣的虚拟场馆来增强记忆。相比于被动性灌输，利用虚拟现实技术来进行自主学习更容易让学生接受，这种方式更容易激发学生的学习兴趣。[①]基于兴趣，共同体中的学生才会花费足够的时间去充分、彻底地研究，获得虚拟现实技术中某方面的真正体验，这对于激发他们的体验感是必要的。

在体验中，许多学生的感悟都很有想象力，VR虚拟场馆中的所见与教材能产生联系，不仅是就事论事，还能与其他单元产生关联。同时，学生对于自己个性化学习的一些感受在学习共同体中进行分享、交流、评价，因个体差异，感受都有所不同，情感层次有深有浅，思维程度有高有低。不同的角度，随着情感产生碰撞，思维深度不断推进。

此外，利用虚拟现实技术还可以建立与学科相关的虚拟体验活动来帮助学生更好地探究学习，并在此过程中培养学生的多种思维。

首先，由形象思维向抽象思维转变。小学生思维的基本特点是：从以具体形象思维为主要形式逐步向以抽象逻辑思维为主要形式过渡。在此过程中，学生不仅通过联想、想象，还凭借概念、判断、推理来概括事物的本质，从而推断出事物的新概念。

其次，由再现思维向创造思维转变。在以往的学习中，学生依靠过去的记忆进行思维。现今，在"线上+线下"混合式学习样态下，学生利用VR虚拟仿真技术，穿越时空，综合过去的记忆，调动自己积累的生活经验和知识，进行创造性的加工，进而形成新的、完整的事物形象。

最后，由想象思维向虚拟思维转变。传统的学习，学生无法跨越时空与历史、人物、事件等对话，他们只能通过形象化的概括，对脑内已有的记忆表象进行加工、改造或重组。但是，在"互联网+"时代，学生可以利用VR虚拟仿真技术，建立以自我核心为实点参照，以大脑为初始虚拟折射平台，以网络信息为外部虚拟折射平台的现实思维，跨越千年，与过去、现在和未来对话，进

---

① 刘文娅. VR技术分析与应用发展 [J]. 电脑知识与技术，2019（25）：241-243.

而获得真实的体验感。

互动之三：抓拍投屏，优化学习

信息化时代下，课堂教学是教育改革的一次全新的教学转型。随着数字化校园建设的不断深入，教师信息化能力得到了前所未有的提高，越来越多的教师学习、运用信息技术开展教学，使得互联网在教育领域的普及速度更加迅猛，也使教学设备的功能得到更大的拓展，教师的信息化教学手段更为多样。为此，小学道德与法治教师要顺应信息技术教学发展的趋势，努力提高自身的适应能力，深刻认识到信息化课堂对教师提出的挑战。

小学道德与法治教师应当改变传统教学观念，关注和学习学科前沿的知识和技术，不断地进行知识更新，并利用高速发展的互联网和不断更新的信息设备提高自身的教学能力。在课堂上，学生在教师的指导下，积极利用新的教学手段和方法，涌现新的学习动力，提高学习积极性和效率，萌发课堂学习兴趣。在众多信息技术手段中，手机投屏技术在教育教学中应用优势明显。

首先，它能突破空间局限，收集、应用丰富的个性化资源。线下课堂教学中，学生在进行小组汇报时，可以操作手机，通过图片、视频、作品的投屏展示，强化学生的记忆，加速学习者大脑的信息处理过程。[①]在"线上+线下"的混合式学习样态中，学生将不受空间限制，在课堂中任意走动，选择合理的站位进行汇报。而在需要较多学生回答问题的展示环节中，利用手机投屏技术既可以节省学生上下讲台的时间，学生也可以不受场地限制问答问题和演示。

其次，现场抓拍功能能多方位展示学生学习成果。在互联网环境下，老师所用设备不受空间限制，可以用来进行实时展示、分享和点评。比如，教师布置课堂任务要求学生进行小组合作时，选择学生担任小老师。他可以拿着手机在教室里走动查看其他学生的完成情况，当看到典型时可以拍照或摄像记录于手机中，然后适时地投影至电视上，展示不同个体的作品。学生能够真实地看到自己在课堂中对知识信息的反馈情况，增强竞争意识，萌发学习的积极性和互动性。这种实时生成的教学互动手段，不仅实效性、针对性强，效率也高。

最后，手机投屏技术能灵活、动态地记录学习轨迹。手机已经成为个人与

[①] 田序海，鄢力. 体验式学与教策略 [M]. 北京：经济日报出版社，2006.

网络虚拟世界链接的主要媒介和通道，具有很强的生成性、灵活性。在合作学习中，以往没有手机投屏技术的情况下，教师只能观察学生的活动过程，并凭借自己的判断，选择典型的作品进行展示、交流，具有局限性。而借助手机投屏技术，教师在学生进行合作学习时，使用手机摄像头进行现场直播，能够真切地感受到活动的真实过程，并及时聚焦个体的反应现象。同时，借助镜头的放大或缩小，既可以观察到合作学习的整体运行状态，也可以近距离观察个别学生的反应，对合作生成的问题实时进行分析、强调，加深学生的记忆，有利于知识的提升。

在"线上+线下"混合式学习样态下，教学一线的老师要紧跟时代步伐，将先进的互联网设备和软件应用手段带入课堂，让学生更加及时准确地接收、交流知识信息。学生在教师的指导下，合理运用手机投屏技术展开学习和交流，让课堂更高效、更精彩。

三、"线上+线下"混合式学习策略机制

时代的进步使得互联网、人工智能、移动自媒体进入每个学生的学习和生活。人类进入21世纪以来，以互联网、大数据、云计算、人工智能等为标志的新一轮科技革命在全球范围兴起。2019年6月6日上午，国家工业和信息化部向中国电信、中国移动、中国联通及中国广电发放5G商用牌照，标志着中国正式进入5G时代。2020年11月23日，世界互联网大会·互联网发展论坛在乌镇举行，会上发布的《中国互联网发展报告2020》显示，截至2020年6月，我国网民规模为9.4亿，互联网普及率达67%，中国加速进入"信息化新时代"。

2019年3月8日，习近平总书记在全国高校思想政治工作会议上指出：要运用新媒体新技术使工作活起来，推动思想政治工作传统优势同信息技术高度融合，增强时代感和吸引力。[①]2020年7月26日，习近平总书记发表重要讲话，提出"要牢牢把握我国的发展性特征，牢牢把握人民群众对美好生活的向往"，深刻揭示了当代中国社会发展的历史方位。因时而进，则是牢牢把握社会主义初级阶段这个当代中国的"最大国情、最大实际"的内在要求和必然逻辑。

---

① 王飞雪.最新高校思想政治工作十二讲［M］.北京：红旗出版社，2017.

在"信息化新时代"下，中国大中小学思想政治教育如何紧扣时代脉搏、顺应时代变化开展思政教学是现阶段小学道德与法治学科的重大命题。因时而进地开展"线上+线下"混合式学习，是小学道德与法治教学创新的基本策略之一。基于"线上+线下"混合式学习着重发挥传统学习方式与在线学习方式的优势，根据学习任务合理应用互联网、移动自媒体等信息技术，使学生一直保持在连续、无缝的学习状态中，直接、及时地从服务器或是从对等网络中获取信息，打破时空限制，与其他学习者讨论交流，实现信息交互、学习互动。通过融通线上与线下，实现不同深度的融合，实现学生为主体、教师为主导的教学过程，以此拓宽儿童视野，革新促成儿童道德成长的过程与方法，让道德教育更有张力和活力。

1. 突破空间限制，深化道德学习

学习空间作为一个整体来看，是用于学习的场所。以往的学习空间是有学习活动存在的场所，最典型的就是在传统教室里开展的面对面的学习活动，学生的"学"只是限定在教师的"教"之后。随着信息技术在教育领域的广泛应用，学习空间不只局限于课堂、校园、家庭、社区、国家、世界的线下生活领域，它还涵盖线上的同伴协作、交流，以及传递知识的学习空间。学习可以发生在任意场所。

"线上+线下"的学习方式是对学习空间的延伸和拓展。通信不仅能实现人与人之间的交互，还可以实现人与电脑等移动工具、移动工具与移动工具之间的交互。在"线上+线下"混合式学习样态中，学生可以借助网络通信的便利，将实现随时、随地、随意地利用数字化手段获取学习资源，学习的空间不再拘泥于教材、课堂，它将是多元、动态、立体的。

比如，空中课堂教学视频相对是封闭的。通过网络互联，师生可以将更多真实生活中发生的道德情景引入课堂，实现道德认知、感悟、内化和外显，慢慢地将偶发的德行变成道德常态，并从中学会正确的道德学习方法和实践方法，逐渐构建良好道德品行，从而树立正确的世界观、人生观和价值观。

"线上+线下"混合式学习通过网络互联打开封闭的学习样态。利用网络通信，教师发布人人参与、随时互动的学习任务，即时呈现道德成长中的难点问题及其解决路径。学生在学习共同体中交流观点、处理问题，可以在同伴的讨论中取长补短，反思自己的学习行为和日常表现，最终通过网络平台展示自己的实践成果。在这种学习样态下，学生不仅可以突破空间限制，利用网络通信功能，传输学习资源、交流学习内容、解决学习问题，还可以通过信息交换、小组讨论，找到最优学习路径，从而优化道德学习的方式，促进学生由浅入深的深度学习。

2. 突破时间限制，优化道德学习

时间是物质存在和运动的持续性和顺序性。传统的课堂，学习时间是固定的，学习者根据学校作息时间进行学习，它只能沿着过去、现在和将来一个方向延续，具有不可逆性。特殊期间，这种一成不变的学习时间被打破，由于学生个体差异不同，他们会选择不同的最佳学习时间。我们所倡导的"线上+线下"的混合式学习样态，让任何人、任何时间，只要有网络，都可以打开手机或电脑随时学习。比如，我们尝试利用钉钉平台，推送学习视频、图片、文件等资源，学生可以根据自己的需求，随时随地地进行网络答题。这种"线上+线下"的混合式学习方式，不仅节约了学习时间，还优化了学习时间的分配。

"线上+线下"混合式学习样态下，学生穿越时空，更轻松地与过去、现在、未来产生"对话"。基于丰富的个人成长数据资源，学生可随时回顾过去某时间段里的个人成长历程，积极对比，与过去的自己"对话"。基于丰富的网络资源和同伴交流的经验，学生可以构建对未来的相关认识。学生可以与自己对话，也可以与社会事件对话。

传统学习样态下，学习者想了解过去、现在、未来发生的事件及其相关细节，他们只能通过课本阅读和凭空想象来了解。但是，在"线上+线下"混合式学习样态中，学生不仅可以通过线下的学习初步了解基本的文字资料，还可以通过线上学习获取更多的学习资源。学生想与历史对话，可以通过虚拟仿真技术，突破时间限制，虚拟现实可以模拟历史事件或场景，使学生跨越千年，回到古代，加深对历史事件的理解；学生想与现在对话，可以通过主流媒体的新闻联播、公众号、移动端了解实时动向，也可以通过网友留言来进行交流互动，表达自己的观点；学生想与未来对话，可以通过观看科幻电影，了解最新的科技成果等渠道，畅想未来世界，绘制未来蓝图。

第二节 "线上+线下"混合式学习实证例举

案例一：四年级上册第五单元《12 我们的好朋友》

活动名称：好朋友真心话

【案例呈现】

师：友谊带来善解人意的关爱，带来温暖与尊重，但是有些行为会伤害友谊，一起看看怎么回事。

（出示范例《玲玲的故事》）

师：同学们，读了故事，你是如何看待玲玲的言行的？请你给她支支招吧！

生：我认为玲玲不对。她应该向同学祝贺，并且下次自己参加比赛，赢得奖杯。

师：是呀，与朋友在一起是那么开心、美好，要用欣赏的眼光去看待他人。

（板书：嫉妒与欣赏）

师：请阅读书本第91页的其他三幅图片，你愿意跟他们成为好朋友吗？为什么？你能给他们提一些建议吗？

生1：我不愿意与凯凯成为好朋友，因为他太小气了，都舍不得把新买的足球让同学踢，我建议他与朋友分享。

生2：我不愿意与雅丽成为好朋友，因为她瞧不起新转来的同学，我建议她和新来的同学和睦相处。

生3：我不愿意与张猛成为好朋友，因为他经常欺负人，我建议他帮助弱小的同学。

师：你们的建议都很合理。是的，要想交到朋友，可不能小气，要懂得与人分享；也不能瞧不起人，要学会夸奖他人；更不能欺负弱小，要懂得与人平等相处。想一想，你觉得还有什么问题会影响友谊？

生（一起）：孤立、霸道；不守信用；传谣……

师：请你想一想，自己身上有没有以上几种情况？或者你身边发生过以上几种情况吗？请你运用iPad完成调查问卷，然后选择一个例子在小组内交流并说明。

课堂反馈：

生1：同学之间借或者送东西，然后没有做到或事后反悔，造成了小矛盾，这是不讲信用的表现。

师：你们针对不讲信用的行为，有什么好办法吗？

生：不能让小问题变成大问题；尽量事先说好，双方都做到；减少与不讲信用的人交换、互赠物品。

生2：我和好朋友之间出现了第三个人，因此被冷落了，难道我们就不能一起成为好朋友吗？

师：你们觉得朋友该如何交往呢？

生（一起）：要宽容地对待朋友，创造话题和合作；真诚地沟通与交流，表明自己的态度。

师补充：友情有时也会因为一些原因出现中断，后续看自己真正的想法。

生3：我不喜欢强强的行为。他有几次欺负我，我提醒他后，他却认为自己没有错，只是想和我玩而已。

师：你们觉得强强是欺负他人吗？我们该如何帮助他？

生（一起）：玩耍要有个度，超出这个度一定要表明自己的态度；强强应该学习交友的正确方式，有矛盾时可以请同学帮助，必要时家长、老师介入协调。

师：你愿意和有这样问题的同学交朋友吗？

（生大多表示对于瞧不起人和欺负人比较介意，不太愿意与其做朋友，除非他改正缺点）

师小结：我们要明白人无完人，要全面看待朋友。有时一些小矛盾可以使我们重新认识友情，加深友谊。

【案例分析】

本案例中，教师运用问卷星平台开展专业的在线问卷调查、测评和投票，开展线上与线下相融合的交互式对话。课前，为了更好地开展真诚友谊观教育，针对学情和教学内容，设计了"好朋友真心话"的个性化问卷星，在手机微信平台及时发布。学生可以随时随地接收问卷调查，展开个性化的实时互动、多维交互。一旦有学生开始填写"好朋友真心话"的问卷，问卷星就会自动统计分析问卷的结果，并实时更新结果信息。学生联系自身，寻找自己身上影响友谊的问题，并依据个体的学习状况，进行线上的交流、讨论，进而获取个性化的学习建议和指导，构建个性学习。此外，学生还针对课堂评价的反馈，展开精准交互。教师通过查看"好朋友真心话"的调查统计结果，快速抓取到影响友谊的调查数据，组织开展合作学习。学生在学习共同体中，针对"不守信用""嫉妒""小气"这三个突出问题相互交流、质疑、解答，更多、更快、更好、更深地掌握交朋友的方法，提升交往能力。

"线上+线下"的混合式学习样态下，学生利用问卷星平台，在交互对话中深刻认识友谊，热情赞美友谊，积极维护友谊，收获美好的友谊，有助于健康生活素养的形成。

案例二：二年级上册第三单元《9　这些是大家的》

活动名称：VR体验校园3D实景

【案例呈现】

课堂实录一：

师：小朋友们，在我们校园里的不同场所，有各种各样的公物，你们发现这些不同场所的公物各有什么作用呢？（出示3D校园图）

生：这是操场，绿树环抱，我们每天在这里尽情锻炼、玩耍。

生：这里是图书馆，我们可以在知识的海洋里遨游。

生：这是校园电视台，为我们拍出精彩的校园新闻。

师：看来，校园里的每一样公物都有各自的作用，它们都在默默地为我们服务着，我们真应该好好地感谢它们，好好地爱护它们。

课堂实录二：

师：同学们，现在你们的周围有哪些公物？出了教室，又能看到哪些公物？在操场上，又有哪些公物？同学们，校园里的公物不仅仅在我们的教室里，在我们的教学大楼里，还在我们的操场上、小花园里……可以说啊，我们的校园里到处都是公物。通过VR实景，你们能找到它们吗？

生：在教室里，有很多的公共物品，课桌、电风扇、饮水机、黑板。（现

场开展实物指认活动）

生：科技长廊里有许多模型、标本也是公物。

生：图书馆里摆放着各种各样的书籍，还有这里的桌椅，是供我们阅读时使用的，它们都是学校的公物。

生：校园电视台里有很多拍摄需要的设备，有摄像机，有话筒，还有各种灯。

师：在我们的教学楼里，除了教室之外，还有美术室、阅览室、校史陈列室、校园电视台，每个场所里都有很多公物。

课堂实录三：

在我们校园里，有三类公物，场所、设施、物品，它们都属于公物。让我们再次进入VR实景体验，选择一个场景去体验一番吧！

（出示3D校园图，学生点击观看）

生：操场很大，中心的主席台的幕布上印有“扬帆起航，放飞梦想”。每周一我们都会举行升旗仪式。

生：图书馆里有一排排的书架和数不清的图书，还有关于读书的名人、名言。我们在这里快乐阅读，感受浓浓的书墨芳香。

生：走进校史陈列室，我看到好多奖牌和荣誉证书，自豪之情油然而生！

师：刚才我们看到的、找到的能为学校教育教学服务的物品、设施和场地都是我们学校的公共财物，大家都可以使用，因为这些都是——我们大家的。

【案例分析】

本案例中，学生在教师引导下利用同一VR技术开展三个层次的学习和体验，在对校园公物的认识和体验中，培养学生不同的思维。“线上＋线下”混合式学习中应用VR技术讲究明确的学科问题导向，关注教与学的精准；讲究学习情境的营造，关注学习状态与学生生成。

课堂实录一，通过VR校园3D实景图，学生初步了解操场、图书馆、校园电视台及其中的公物作用，理解校园公物的概念，对校园公物的作用产生兴趣。学生在虚拟形象中认识到校园中的每一处场所、每一个设施、每一个物品都是公物，产生抽象的公物概念，理解各个场所中的公物都在发挥着它们共同的作用——服务师生。

课堂实录二中，学生利用线上VR技术结合校园3D实景图，将镜头从教室不断地往外推，认识到校园里到处都是公物。学生先从大家所处的教室出发，先寻找教室里的公物，然后将对教室里公物的认识迁移到其他场所，走廊、操场、图书馆等。通过这样层层剖析，随着不断放大的镜头，学生的创造性思维得到发展，知识得以巩固、深化。

课堂实录三中，当学生初步知道了校园公物不仅仅包括公共物品，还包括公共设施和场地后，需要对场所、物品、设施的公物体统产生进一步理解。学生再次利用VR技术结合校园3D实景图点击触摸屏寻找校园里的公共设施、场地和物品，进一步深入理解"公物"的概念和价值，促使学生在虚拟思维中产生联想。

案例三：三年级上册第三单元《9 心中的"110"》

活动名称：陌生人来敲门

【案例呈现】

课堂实录：

师：步入三年级以后，家长都认为我们是大孩子了，有时会留我们一个人在家。课前请同学们画一画《来敲门的陌生人》，当你一个人在家时，都有哪些陌生人来敲门呢？

组员1：有一天，我一个人在家，突然有人来敲门，外面的人说是送快递的。

组员2：那天我独自在家，突然听见一阵敲门声，我问他是谁，原来是隔壁邻居来借网。

组员3：晚上，妈妈去丢垃圾了。这时，门铃响了，是修空调的。

（小组代表把组内同学的作品进行抓拍投屏，展示给大家看）

师：看来生活中，也免不了会有陌生人来敲门。如果我们一个人在家，遇到有人来敲门，到底该不该开门呢？下面让我们看一段动画，想一想，如果你是动画中的小女孩红红，你会怎么做呢？

（学生观看动画）

师：我们先来做个现场投票，打开平板，进入江小魔灯，找到宋老师发布的任务，选一选。

（学生登录魔灯课程，进入投票，进行选择——呈现投票结果）

师：看来大部分同学要确定门外人的身份后再决定是否开门。我们来看看动画中小红跟大家的做法是不是一样。

（看动画《煤气工人来敲门》）

师：为什么家长不在家，就不能给煤气修理工开门呢？

生：因为修理煤气的人是陌生人，可以等爸爸妈妈回家后再请他来。

师：是的，你的警惕性真高。学到这里，我想请大家对刚才选择直接开门的同学说一说，我们以后要怎么做？

生1：如果是陌生人，千万不能开门呀！因为如果煤气修理工是骗子假扮的，那可就危险了。

生2：如果遇到有人上门维修各类电器的情况，一定要在家长在家的情况下才能开门。

【案例分析】

本案例中，学生有效运用手机抓拍投屏的功能，突破空间局限，收集、应用丰富的个性化资源。课前，教师在线上布置了让同学们画一画《来敲门的陌生人》，目的是引导学生利用生活中已有的经历和经验来开展教学。小组长利用手机投屏技术，对一些组内有代表性的学习资源进行抓拍、投屏展示，主动思考"生活中有哪些陌生人会来敲门"。这样既可以节省学生上下讲台的时间，学生也可以不受场地限制问答问题和演示。

利用现场抓拍功能，也可以多方位展示学生的学习成果。《陌生人来敲门》是以漫画形式形象呈现的学生来自生活中的实际经历，这一学习作业的设计符合学生学情。交流学生抓拍的学习成果时，发现大都是经常遇到的情况，比较有代表性。其中一名同学呈现的是"在家学习期间，父母不在家，隔壁邻居来借网"这样的特殊情况。对于这一特殊现象，小组长马上进行抓拍、投屏、展示给大家看，唤起他人共鸣的同时，也为下面的学习生成新的资源"是否要给这位邻居开门"。

同时，手机投屏技术还能灵活动态地记录学习轨迹。课中，当学生得出观点和应对陌生人的方法之后，教师利用魔灯平台推送任务，所有学生通过投票这种网络学习方式，真实地发表自己的想法，做出自己的选择。随后，手机及时地将获取的信息投屏至大屏幕，有利于教师改进后续指导，学生进行个性化学习。

不断地、及时地发现典型作品并拍照、摄像记录于手机中，然后适时地投影至电视上，学生的作品得到展示，并获得点评。这种实时生成的教学互动手段，可以增强线下学习的实效性、针对性，提高教学效率。

案例四：四年级下册第一单元《1 学会尊重》

活动名称：发现生活中的"平凡英雄"

【案例呈现】

课堂实录：

教师在第一课时的线上直播互动中，结合课前开展的发现特殊时期生活中的"平凡英雄"活动，让学生介绍身边值得尊重的普通人，并说说自己尊重他（她）的理由。

师：课前，我们开展了"发现生活中的'平凡英雄'"的调查活动，有好多同学在班级圈中发布了"平凡英雄"的小故事。你能不能介绍一下你尊重他（她）的理由？

生1：我非常尊重守护在小区门口的社区志愿者和保安叔叔。特殊时期，他们戴着口罩24小时轮班站岗，给来往小区的人们测量体温，登记信息。我觉得他们非常辛苦，正是因为他们的尽责，才使我们小区的居民们感到很安全。

生2：我特别尊敬奔波在城市大街小巷的快递小哥。因为在这样的特殊时期，大家都宅在家里，一些生鲜食品、生活用品只能通过网络进行购买。我妈妈也在网上买了许多日用品和食品。快递小哥不畏风吹雨打仍然辛勤工作，为人们服务。我觉得他们特别棒！

生3：我特别尊重环卫工人。因为春节期间，当大家阖家团圆的时候，他们却一直坚守在自己的工作岗位上，默默地为城市的环境付出。没有这些环卫工人就没有现在如此干净整洁的环境了。

师小结：听了你们的介绍，老师也特别感动。虽然这些"平凡英雄"都是我们身边的普通人，但是他们坚守岗位、无私奉献、舍己为人，散发着人性的光辉，值得所有人尊重。

【案例分析】

本案例中，学生利用网络通信功能，突破学习空间的限制，将自己的真实生活体验带入线上课堂。学习本课时，正值特殊时期，学习空间从传统的教室转入家庭。同时，教师运用"线上+线下"相融合的学习样态，对教材内容进行了适当的拓展。课前，教师利用钉钉软件在班级群组中创设情境，发起"发现生活中的'平凡英雄'"的话题，学生在各自钉钉小组内展开交流、讨论。

通过网络，学生便捷、快速地获取资源、展开交流。小组交流中，学生通过互联网搜索和生活经历收集特殊时期的医护人员、社区志愿者、人民群众无私奉献、团结一致的感人故事，并制作成小报上传至班级圈。学生可以随时欣赏这些感人的故事，并参与话题发表自己的观点，有助于构建更加和谐的班级学习氛围。

由此可见，在"线上+线下"混合式学习样态下，学生突破了空间限制。他们利用互联网、移动自媒体等信息技术将视野从个人、家庭拓展到社区、社会，关注到了自己身边为社会的发展默默付出的普通人，并通过照片、视频等交流，加深对平凡英雄勇于担当、默默奉献精神的深刻体验，认识到人人都应得到尊重的意义，加深对社会时事的认识和理解。

案例五：三年级上册第三单元《7 生命最宝贵》

活动名称："我的疤痕"小故事

【案例呈现】

课堂实录：

导入：课前，同学们在微信班级群中分享了自己的"疤痕故事"。现在就让我们看一看在成长过程中出现了哪些疤痕，它们是怎么造成的？我们可以从中吸取什么教训呢？（PPT出示学生在微信群中分享的"'我的疤痕'小故事"图片）

生1：小时候，我和小伙伴抢球摔跤了，他没有理睬这个伤口而是继续玩游戏，等游戏结束后才发现腿上的伤口已经流血了，还留了疤。我觉得以后在和同学争抢球的时候要更加注意安全，万一摔跤了，也要马上去卫生室找老师帮助给伤口消毒，这样伤口就不会留疤了。

生2：小时候，我在给奶奶倒热水的时候，不小心烫到了手。奶奶吓坏了，马上让我把手放在冷水里并且不断冲水，还带我去医院。经过医生的治疗，我的伤口不怎么疼了，但手上还是留下了小伤疤。我吸取的教训是，以后倒热水的时候一定要专心，不能分神。还有，我也学习到了万一烫伤后要马上冲冷水的好方法。

生3：小时候，我和其他小朋友学习溜冰。刚开始，我的溜冰技术还不是很熟练，而且，我和其他小朋友打打闹闹，一不留神就摔跤了，当时腿上就出血了。教练马上帮我给伤口消了毒，但还是留下了一个伤疤。我吸取的教训是，在体育运动中，不能和其他小朋友打打闹闹，这样很容易受伤。

师：看来，你们得到的教训很深刻，也给其他小朋友带来了安全好建议，它们都是我们爱护身体、珍惜生命的秘诀。我们不仅要吸取曾经的教训，保护身体不受伤害，也要努力做一些尝试，让我们的身体更加健康，有了好身体，才有好未来。

【案例分析】

本案例中，学生灵活运用数字化手段与过去的"我"产生对话。课前，教师在线上利用微信软件，在班级群发布"'我的疤痕'小故事"的任务。学生回顾自己的成长过程中，身上出现过哪些疤痕，它们是如何造成的、并以文字加图画的形式，将自己的"疤痕小故事"记录下来，拍照上传到微信班级群，形成线上资源与同学共享。在这一过程中，学生随时回顾过去某个时间段里的个人成长历程，积极对比，展开对话。

数字化手段也可以帮助学生与"名人"对话。学生在浏览其他同学的"疤痕小故事"时，可以通过新闻联播、公众号、移动端了解世界各地名人的"疤痕小故事"，从中吸取教训，反思并总结经验。这样的生活反思不仅是学生和"过去"的自己进行直接对话，也给"未来"的自己在生活中提出了安全小建议，将"安全记心上、生命最宝贵"的理念牢牢地印在脑海里。

由此可见，"线上+线下"混合式学习样态下，学生可以穿越时空，更轻松地与过去、现在、未来产生"对话"。在不同时空的对话中，学生能够对"疤痕小故事"产生独立思维和判断，形成批判性的学习，不仅产生爱护身体、珍爱生命的意识，更驱动实际的行动。

第三节 "线上+线下"混合式学习评价实施

传统评价更多倾向于终结性评价，与实际教学活动相分离。"线上+线下"混合式学习评价采用表现性评价方式，区别于传统学习并融合传统评价的优势，从评价主体、评价手段、评价内容等多方面来考虑，更注重通过技术的合理应用将评价融入活动实施的过程中，针对真实情境中学生学习兴趣、学习态度和学习成果进行诊断和反馈，以便及时改进教学。

"线上+线下"混合式学习表现性评价与泛在"学习共同体"的构建是相融合的，有两方面的体现：一方面，评价是判断教学目标的达成程度，评价指标具有可观察性、可衡量性、可测定性，学习共同体对评价目标有比较清晰的认识和价值认同；另一方面，评价是体现教师与学生对教学活动中学习表现的认识和判断的功能，评价指标具有关联性、层次性、整体性、目标性。

一、在评价中加深交互和对话

通过一份抽样问卷发现，68%的学校学生道德与法治学科的学业评价主要通过期末纸笔考查（笔试）的方式进行，32%的学校学生道德与法治学科的学业评价主要通过学科教师日常课堂教学评估的方式进行。其中，16%的学校教师通过学生活动作业情况来确定等第。传统的道德与法治课堂的评价方式还很单一，大部分学校对学生学业水平的评价是以一次期末考查为评价依据。然而，学生的智力水平、道德认知和品行发展本身是多维度的，一次测验质量再高，也难以完全测查出学生的真实水平，而评价不应以测验为主要手段，建立多元化评价系统是一种必然。

如果把评价看作一种交互行为，那么它是可以相互影响的双方或者多方（评价主体和对象）之间的行为。在整个交互过程中，教师需要不断根据学生交流、提交的内容评价进展情况，将过程性评价与最终的学业成绩联系起来。同时，教师可以鼓励学习者在学习共同体中进行多主体的评价。这恰恰也是学习共同体评判成果质量的原则。学习者要高度思考他们探求的目标、知识和生成的行为。这种评价和监控对于维持高水平的交互活动具有重要意义。

"线上+线下"混合式学习评价作为一种基于真实任务情境的评价，同样具有评价的互联性、互通性。信息化时代背景下，学生借助信息化技术实现师生、生生更高水平质量的对话，以保证高级思维的发展。"线上+线下"混合式学习评价需要基于真实任务情境开展讨论交流，在活动中倾听不同的声音，调整自我的经验世界，调试自我在场的姿态，重建自我对外部感觉的过程。我们只有以多元互动的评价系统超越单一的评价模式，集中多元评价于广泛的能力表现和反映道德品行发展的多重维度，才能真实测查学生的真实水平。教师应当根据教学需要与实际情况，强调教学中的对话和学生的主动参与，包括学生之间的对话、师生之间的对话及学生与文本之间的对话，赋予学生在学习和评价中的对话时空，有助于学生在学习过程中、在日常生活行为中积极发展、寻求进步、找回信心。

（一）共建平台，分享评价感受

"线上+线下"混合式学习评价关注技术通道的开发和应用，关注"教"与"学"过程中的评价平台构建，即研究哪些信息传递通道最具典型性，采用什么样的信息传递通道能更有利于促进学生有效学习和开展评价。上海市采用空中课堂与线上互动等方式进行混合式教学，通过"虚拟课堂直播间""班级圈话题互动"等方式突破空间限制，进行师生对话、生生对话。教师设计出让学生感兴趣、有话可说的评价内容，通过有效平台的开发和应用，促进师生、生生进行平等、民主对话，引导学生道德反思、道德重建和道德内化。在对话式的评价过程中，学生能够敞开心扉，将自己对知识和技能、情感、态度及价值观层面的发展和变化在共同体内共享，真正参与到道德学习中，实现自身道德的成长。

（二）共享资源，分享评价信息

"互联网+"的新时代，需要将互联网技术和教育规律有机结合和充分发挥，最大限度地发挥互联网在教育资源共建共享中的作用，让互联网更好地促进教育发展。以前，我们说"教材是学生的世界"，而现在"世界是学生的教材"。学生熟练地运用互联网学习工具开展泛在学习，筛选、处理相关信息，为课堂提供与社会时事发展相关联的动态学习资源。

华东师范大学课程与教学研究所所长崔允漷在《混合学习要从方案变革做起》中提出，基于技术的教学创新需要有明确的目标和与目标相匹配的评价任务，并将评价任务嵌入学习过程，实现教学评的一致性，这是有效教学的核心技术。

"线上+线下"混合式学习评价过程中，学生在教师的帮助下，合理利用网络平台、智能手机等数字产品，随时随地进行泛在学习和过程性评价，提高道德认知水平和公民法治素养。教师通过线上教学发布评价任务和评分规则，收集并分析学生的评价数据。学生围绕评分规则，对自己一个月以来线上交流活动中获取的"国家认同""社会参与""责任担当"等核心素养的提升进行评价和总结，获取"国家小主人"荣誉称号。

【评价目标】

（1）通过建言献策，懂得参政议政是每个公民的权利和责任。

（2）通过讨论互动，明确作为社会小公民也有监督的责任，依法行使监督权。

（3）通过调查、讨论、实践，关心国家的发展，积极参与公共事务，逐步形成国家认可，树立法治意识和国家观念。

【表现性任务】

主题："我是国家小主人"

任务：

（1）针对关心的问题，向学校提出自己的希望或者建议。

（2）针对《大理"截"了重庆口罩》新闻事件，提出自己的观点。

（3）利用钉钉平台推送评价表，学生开展线上评价。

【评分规则】

针对"国家认同""社会参与"和"责任担当"三个核心素养的评价维度，设计了不同的评价标准。"国家认同"核心素养的评价标准细化为三点："我能区分中央国家机关和地方国家机关"得一星，"我了解国家机关的法定职权"得二星，"我知道国家对人民负责，受人民监督"得三星，由自己评价；"社会参与"核心素养的评价标准细化为三点："我了解人大代表的产生方式"得一星，"我知道人大代表的职责"得二星，"我会建言献策"得三星，由自己评价；"责任担当"核心素养的评价标准也细化为三点："我明白权利行使的边界"得一星，"我知道权利违法的后果"得二星，"我懂得监督权利、监督的途径与方式"得三星，也由自己评价。

【案例呈现】

5月18日，面对即将开学，师生共创讨论主题：请围绕你关心的问题，向学校提出你的希望或者建议。在钉钉朋友圈搭建了交流平台，学生通过交流、投票，聚焦典型话题：如何就餐、如何开展课外活动。针对这一话题，提出自己的建议。

师生围绕"责任担当"这一核心素养，在钉钉视频会议中，观看话题资源：《大理"截"了重庆口罩》新闻事件，并共同创建问题资源：你怎么看待大理市区卫生局的这个决定？政府工作人员应该怎样行使权力呢？遇到这样的问题，我们应该如何监督行政机关的行为呢？在随后的交流中，学生提炼结论资源：作为国家的小主人，也要积极承担社会责任。大理市卫生局的作为是违法的，当国家机关和国家工作人员违反宪法和法律的规定时，国家执法机关应当依法行事，各司其职。

完成任务后，学生根据钉钉平台发布"我是国家小主人"评价表，对自己一个月来的线上交流活动进行评价和总结。同时，根据评价等第的描述，学生获得不同的荣誉称号：8—9星的同学获得"国家小主人"金星荣誉称号，6—7星的同学获得"国家小主人"银星荣誉称号，4—5星的同学获得"国家小主人"铜星荣誉称号。

【案例分析】

统编教材小学道德与法治五年级下册第四单元"我们的国家机构"由《8 国家机构有哪些》《9 人大代表为人民》和《10 权力受到制约和监督》三课构成，旨在引导学生关心国家大事，培养学生积极参与公共事务的意识。

本案例中，针对"我是国家小主人"这一单元综合表现性任务，学生在一个月内开展了三个子任务。第一周，师生共建畅所欲言的平台，通过线上钉钉话题圈的讨论，发扬对话民主，呈现各种观点。部分学生认为只有人大代表才能参政议政；部分学生认为自己年龄小，又没有选举与被选举权，就不需要对国家大事、社会事务建言献策。鉴于此，教师聚焦"社会参与"这一核心素养，针对开学后如何就餐、如何开展课外活动等问题展开建言献策活动。以小组为单位的学习共同体，选择一个共同关注的问题，尝试向少先队提交一份提案。这一任务旨在引导学生关心国家大事，认识到每个公民都享有对国家大事、对社会生活建言献策的权利，参政议政的权利可以通过不同的形式参与其中，不仅夯实了"社会参与"这一核心素养，而且还增加了教学中的对话与学生的主动参与。

第二周，师生运用互联网技术，共享资源，有效利用。通过新闻事件引发学生对国家的关心和认同，通过民主对话激发学生学习兴趣，发展学习能力。由于很多学生认为自己年龄较小，没有监督国家机关行使权力的责任，缺乏"责任担当"认识，教师通过线上钉钉视频会议，组织学生观看《大理"截"了重庆口罩》新闻事件，围绕三个问题展开层层深入的探讨。学生从中感受到"国家兴亡，匹夫有责"的道理，认识到作为国家的小主人，也要积极承担社会责任，当国家机关存在失职行为时，也可以通过书信、邮件、市长热线等多种形式对国家权力机关进行监督举报，真正成为国家小主人。

第三、四周，学生能够围绕评分规则，开展评价和反思，进一步落实"国家认同""社会参与""责任担当"这三个核心素养。学生的实践活动是多种多样的，尽管线上教学局限了活动范围，但并没有局限活动思维。在"我是国家小主人"活动中，学生从调查、讨论、实践中了解国家机构的职能，从而产生对国家的认同感。学生了解人大代表的职能的同时，了解国家机构各司其职的特点，懂得对参与监督的方式进行评价和总结，尝试建言献策。学生根据获得金星、银星、铜星奖励称号的相关评价数据，萌发在活动和评价中进一步积极表现的念头。

二、在评价中加强学习自主性

"线上+线下"混合式学习评价不仅重视学生的学习结果是否达到预期，更重视学生在活动过程中的情感态度、行为表现，以及付出的努力程度。比如，学生是否积极参与活动，是否主动提出问题、积极发言，完成任务中遇到的困难是否通过寻求帮助解决，其思想认识、行为方式经历了怎样的过程等。而评价的全覆盖和科学性要求与现实条件之间存在巨大差异，这是一对难以调和的矛盾，需要教师通过多种形式的评价方案来弥补。

一方面，日常课堂教学中，教师是无法对每个学生的过程表现进行观测记录和评价的。因此，需要形成学习共同体，通过成员间的相互观测、记录，完成评价任务，发挥学生的学习自主性。另一方面，"学习共同体"的成员作为学生，既有自己的学习任务，又要对同伴进行观测和评价，不可能完成繁复、大量的评价任务。因此，教师必须充分发挥互联网学习平台的优势，对课标所要求的学习态度、学习能力、学习结果的评价进行科学设计和实施，这样才能保障学习自主性的发挥。

（一）共制评分规则，导航自主学习

评价结果就是依据评分规则收集到的学生表现性信息，是具体的信息，而不是概括性的、结论性的信息。评分规则是促进学生的主动学习和教师主导教学的关键所在。"线上+线下"混合式学习评价是课堂教与学的重要组成部分，意在把收集到的学生表现信息与评分规则进行比较，找出差距，使得反馈具体而有指向性。

（二）共享评价反馈，激励自主学习

在反馈过程中，要避免泛泛的表扬和没有针对性的解释而直接给出答案的做法，要利用评分规则对学生的表现做出描述性反馈。通过课堂对话将各个水平的样例呈现给学生，学生就能够判断自己的现有水平与期望的水平之间的差距。运用规则的描述性反馈方式，而不是判断式反馈方式，能够使学生免于承受成绩等级带来的压力，更容易主动参与学习。当教师运用详细的评分规则的语言来描述学生的表现时，学生不仅能够知道自己当前的表现水平，还能够有针对性地发现并理解自己当前存在的问题，进行主动反思、主动改进。

【评价目标】

通过情景体验生活和故事演绎，引导学生换位思考，初步认识社会的复杂性，提高分辨能力，学会自护自救，初步形成安全意识。

【表现性任务】

主题："'自报家门'我能行"

任务：浙江9岁小女孩章子欣因年龄小，防范意识弱，被邻居诱拐，最终被杀害，但是，她在遇害前是有很多机会拨打110的。如果你是章子欣，你会怎么打电话呢？

【评分规则】

在"'自报家门'我能行"的表现性评价评分规则中，针对"拨打电话""求助表达"和"迅速冷静"三个评价维度，设计了不同的评价标准，

"拨打电话"的评价标准细化为三点："没能正确拨打110"得一星，"能拨打110，但中途有差错"得二星，"能正确拨打110"得三星；"求助表达"的评价标准细化为三点："没能报出家庭地址"得一星，"能报出家庭地址，但有差错"得二星，"能准确、清晰地报出家庭地址"得三星；"迅速冷静"的评价标准也划分为三点："没能在1分钟内完成任务"得一星，"能在1分钟内完成任务"得二星，"能在半分钟内完成任务"得三星。

【案例呈现】

活动前，教师准备一台模拟电话机，摆放于同桌之间。活动时，学生采用同桌互打电话的方式进行情景演绎，一名学生扮演章子欣，一名学生扮演110报警平台的警察。活动时间为1分钟。

活动后，教师利用iPad的线上投票功能，及时统计全班36名学生的个性化信息。从反馈信息中可以看出，25人能够完整、正确地写出家庭地址并且在拨打110时准确、清晰地说清楚；5人只能够填写大致的家庭地址，但能够正确拨打110，能够大致说清楚；6人在拨打110时，因为没有填写完整，紧张得无法报出家庭地址。

教师利用钉钉平台，针对三个水平表现的学生群体进行评语反馈。同时，对6名无法完整、准确报出家庭地址的学生进行线上家访，对各种原因展开分析，从学习兴趣、学习态度、学习方法等层面给予指导，家校共同开展相关教育。最后，由教师、家长模仿110中心接待员，帮助学生完成任务，达成目标。

【案例分析】

统编教材小学道德与法治三年级上册第三单元《心中的"110"》由"有点警惕性""不要上当受骗"两个话题构成，旨在引导学生时时提醒自己，把安全意识放在心中。本课的难点是学生能在拐卖、绑架、勒索、性侵等紧急情况下拨打110求助电话求助。本案例中，评分规则的制定不仅是教师用以评价学生表现的指标，也成为学生对自己的表现和对同伴进行反馈监控的手段。每个学生都可以通过评分规则对自己拨打号码、求助表达、迅速冷静这几个维度的表现进行评分，最后形成对自我的综合评价。

在评价信息的反馈交流中，教师有针对性地选取目标达成度高和在目标达成过程中有困难的学生进行展示交流。学生通过比较，找出拨打电话、求助表达、迅速冷静方面的差距。在此过程中，学生逐步应用评分规则，明晰自己的弱点和长处，充分利用自己的已有经验和所学知识进行反思，进而改善自己的表现。最后，通过针对性的线上家访和模拟练习，提升安全自救能力。

第四节 "线上+线下"混合式学习实证小结

通过将"线上+线下"混合式学习样态应用于课堂实践，我们结合理论和实证案例得出了以下结论：

一、有利于在共同体中开展合作学习

对于小学生而言，通过"线上+线下"混合式学习，构建突破时空的学习共同体对促进学生合作学习有明显效应吗？将互联网通信平台应用嵌入统编教材小学道德与法治四年级下册第一单元《1 学会尊重》"线上+线下"的混合式学习是如何促进合作学习的？将VR虚拟仿真技术应用嵌入统编教材小学道德与法治五年级上册第三单元《百年奋斗"云"探访》"线上+线下"的混合式学习是如何促进合作学习的？将移动设备的抓拍投屏功能嵌入统编教材小学道德与法治三年级上册第三单元《9 心中的"110"》"线上+线下"的混合式学习是如何促进合作学习的？

通过相关实验班和平行教学班对照，得出如下研究结果：

（一）有利于在合作中达成共同目标和利益共享

"线上+线下"的混合式学习促进了学习共同体的构建，学生在共同体中能团结互助、互相信任、互相尊重、平等交流和倾听，为了共同的学习目标而努力，形成一个相互联系、休戚与共的整体。每个人处于开放状态，成为其他人学习的参照，也能看到其他人的优势，并能通过各种方法向其他人学习。

在统编教材小学道德与法治四年级下册第一单元《1 学会尊重》案例中，学生宅家学习期间，无法实地观察、探究、体验身边的"平凡英雄"，通过网络搜索，能够快速地获取动态新闻资源，并在线上积极参与共同体的合作学习。

表3-1 "致敬平凡英雄"活动情况统计

合作学习	实验班（45人）		平行班（45人）	
获取资源	运用百度搜索引擎	88.9%	查阅资料	17.8%
	浏览主题网站	6.67%	阅读教材文本	66.7%
	线上倾听家长、同伴	4.5%	线下倾听家长、同伴	15.6%
互动交流	钉钉平台线上交流，分享自己的见解；评论他人发言	97.8%	开展线上交流	0%
	与家人分享自己的见解	51.1%	与家人分享自己的见解	22.2%

实验班学生通过网络获取各种资源，"走出"家门，走近更多在身边默默无闻的劳动者，并在线上的互动中加大了资源的分享，达成共同的学习目标：感悟身边值得尊重的普通人的故事及他们身上值得尊重的可贵之处，体会每个人都应得到尊重。从97.8%的平台交流量和51.1%的家长分享中可以发现，线上交互的活跃激发了学生对身边人们各种行为的探讨热情。在共享、合作中，学生对各种职业的"平凡英雄"有了更深的感悟和体验，感受他们默默为家庭、社会付出的可贵品质。

表3-2 "致敬平凡英雄"学生交流内容统计

实验班（45人）		平行班（45人）	
超市人员	4.44%	超市人员	44.45%
清洁工	11.11%	清洁工	55.55%
快递员	13.33%	快递员	0%
保安	71.12%	保安	0%
邻居	13.33%	邻居	0%
志愿者	8.89%	志愿者	78.78%
父母	64.65%	父母	22.22%
祖父母	13.33%	祖父母	0%

平行班学生在没有组成线上学习共同体的情况下，资源获取比较局限，停留在自己家庭内部的单一层面，无法从社区多个方面深入接触更多的"平凡英雄"。实验班学生可以在线上学习共同体中展开充分的交流，打破时空限制，与更多人沟通，分享学习成果，得到老师和同学的评价与肯定，共同达成学

习目标。

（二）有利于在异步合作中加深配合与协调

学习共同体中时常发生不同步调的异步学习。通过线上和线下的混合，学生自定进度，留有更多时间思考所要学习的知识，能够利用在线学习资源反复体验、感悟，加深同伴间的配合和协调操作，进而更全面地探究，获得更加深入、真实的学习感受。

在统编教材小学道德与法治五年级上册第三单元《百年奋斗"云"探访》案例中，有的学生无法真正走进场馆参观体验，通过借助VR虚拟仿真技术，自主选择体验。

表3-3 "百年奋斗'云'探访"各场馆探访人数

场馆名称	探访人数
甲午海战纪念馆	2
南湖革命纪念馆	3
铁人王进喜纪念馆	3
八一南昌起义纪念馆	4
中国人民抗日战争纪念馆	4
核潜艇纪念馆	8

其中，4人选择中国人民抗日战争纪念馆，他们通过欣赏文物、浏览简介、聆听讲解，在真实的体验中，拉近与历史的距离。4人分别从历史意义、观察角度等方面作为切入点，在学习共同体中分享体验、提出疑惑、进行交流，共同完成"百年奋斗'云'探访"的学习成果单。其中，由于学生存在差异性，针对"英雄母亲"邓玉芬这一历史人物是否能填入表格，大家产生了分歧：

王悦雯：我认为可以写在表格内，邓玉芬虽然是一名普通妇女，但是她一直默默地支援抗战，她的身上体现了爱国、奉献的精神。

茅梓芸：我觉得这不符合老师的要求，不够典型，不能填写在表格内。

针对两人的分歧，大家通过反复体验VR虚拟场馆，聚焦"邓玉芬的丈夫和五个儿子都死在抗日前线，却还能坚持支援抗战"的事迹展开讨论，感受到这位普通妇女不仅体现了奉献精神，还体现了民族精神，值得大家敬佩，最终填入了学习单中。

百年奋斗"云"探访

参观人 茅梓芸 李羽凡 吴韵歆 王悦雯

我参观的场馆	中国人民抗日战争纪念馆
我看到了什么	在参观中，我看到了雕塑《血肉长城》，雕塑上有军人、农民、人民群众和工人，这代表了中国的各个阶级人民都参与了战争，用自己的血肉之躯抵挡侵略者的入侵。(茅梓芸) 我看到了被誉为"英雄母亲"的邓玉芬，她在五个儿子和丈夫都战死在前线的情况下依然坚持支援抗战。(王悦雯) 我在VR解说中看到了日本人在1931年偷袭中国内地，中日战争由此开始。中国共产党在毛泽东主席的带领下，精准打击敌人，经过十四年的奋战，日本无条件投降。(李羽凡) 我看到了中国在反抗外来侵略者的过程中，运用了麻雀战、地道战、地雷战等，都取得了胜利。还有许多烈士宁死不屈，顽强拼搏。(吴韵歆)
我的疑惑	为什么那些烈士明知会牺牲还依旧英勇反抗？(李羽凡) 为什么日本人要进行南京大屠杀？(吴韵歆) 中国共产党是怎样带领军队进行游击战的？(茅梓芸) 为什么日本人最后会选择投降？(王悦雯)
VR场馆体验好不好？好在哪儿？	我觉得VR场馆很好，因为VR场馆立体感十足，转动身体还能看到不同的情景，很容易把人带入一个虚拟的世界。(吴韵歆) 我觉得很好，因为现在是疫情，VR眼镜可以让我们参观场馆，并且身临其境，像真的一样。(王悦雯) VR很好，因为有时候我们没有时间去外地参观真实场馆，VR就很方便。(李羽凡) 我认为VR眼镜参观比我们在电视机上观看更加身临其境。(茅梓芸)

图3-2 百年奋斗"云"探访学习单

平行班的学生在没有使用VR虚拟仿真技术的情况下，只能通过观看历史人物图片来想象历史，无法深切感受革命先烈的英勇奉献。而实验班的学生通过体验VR展馆，根据自己的兴趣开展异步学习。在小组合作中，学生加深了对教材的理解，进一步结合自己的想象，联系到祖国的发展，不仅能就事论事，还能与其他单元产生关联，从历史进程中的不同阶段谈体会，发展关联性思维。

基于"线上+线下"混合式学习样态，利用VR虚拟仿真技术开展的"云"探访活动，将不同时空的人相联系，利用同一虚拟学习工具，学生可以根据需要展开回看，进行反复体验等异步学习，不断推进学习的深度，从不同方面感受到革命先辈们的坚强意志和爱国精神。

（三）有利于在共同体中实现个体价值

"线上+线下"混合式学习能够提升学习共同体的内部开放性，集中体现为学生个体价值的崛起：一是在协作中自我贡献意识的增强；二是获得学习成就时，自我实现的意识增强。

在统编教材小学道德与法治三年级上册第三单元《9　心中的"110"》案例中，学生根据课前的调查，绘制漫画"陌生人来敲门"，并在课堂展现。学生通过运用手机，抓拍、投屏、展示"陌生人来敲门"的典型作品（如"邻居来敲门"）。

图3-3　学生漫画"陌生人来敲门"

随后，班级共同体中的其他学生对这幅漫画进行大胆质疑。"隔壁邻居来借网，是否可以开门？"针对这实时生成的问题，教师适时出示《章子欣失踪案》新闻视频，学生对此新闻视频进行讨论。

表3-4　"陌生人来敲门"学生观点及其价值贡献情况统计表

学生观点	价值贡献	实验班（42人）	平行班（42人）
观点A：邻居是陌生人，章子欣小朋友不应该跟着他走	社交性和亲缘性的陌生人是有区别的，邻居不是血亲，不能够对熟悉的陌生人没有戒心	38	22
观点B：在被邻居带出去的这段时间，章子欣应该能够判断他是坏人	在与陌生人交往中，要有自我判断能力，以及观察能力	30	0

学生观点	价值贡献	实验班 （42人）	平行班 （42人）
观点C：章子欣小朋友要想办法逃离	遇到危险，要勇于呼救、逃跑，有自护自救的能力	35	0

平行班的学生由于没有运用手机抓拍、投屏功能欣赏学生的作品，也没有借助网络平台创建学习共同体，对案件了解不够深入，对细节没有展开细致分析，只能从单一角度分析案例。而实验班的学生一方面已经利用互联网查阅了相关资料，并在钉钉小组群内展开互动交流；另一方面，通过运用互联网技术观看《章子欣失踪案》新闻视频，聚焦案件的细节，引起直观的感受，能够结合网上看到的其他案例，从不同角度呈现三种主要观点。通过同伴之间不同角度的想法分享，形成警惕身边陌生人、保护自身安全的各种深层次理解，在学习共同体中实现个人价值的突破，体现出以案导学的基本特征。

在"线上+线下"混合式学习样态中，常常运用移动设备抓拍功能，及时呈现学生的个体作业，一方面能够通过经典案例的交流和评价，肯定学生的观点，使其获得成就感，从而满足自我实现的价值；另一方面伴随着协作学习，学生能够相互帮助，为团体贡献自己的思维力量，个体贡献价值得到实现。

实践证明，小学生可以进行线上合作学习，并在此过程中发展合作性和自主学习的能力。通过虚拟的学习空间创造及技术的合理应用，能够增强学生的合作性、协调性，使得学习活动的频率、活动质量都得到提高。

二、有利于提升自主发展素养

对于小学生而言，通过"线上+线下"混合式学习，构建突破时空的学习共同体对提升学生自主发展素养有明显效应吗？将互联网平台个性化反馈嵌入统编教材小学道德与法治一年级下册第一单元《1　我们爱整洁》"线上+线下"的混合式学习是如何激励学生的自主学习的？将互联网平台个性化反馈嵌入统编教材小学道德与法治四年级上册第五单元《12　我们的好朋友》"线上+线下"的混合式学习是如何提升学生自主构建道德生活的？

通过相关实验班和平行班教学情况对照，得出如下研究结果：

（一）有利于激励自主学习

"线上+线下"混合式学习样态下，教师利用数字化手段对学生知识与技能的掌握程度，以及实践、问题解决、交流合作的多种复杂能力等发展状况，进行科学化、个性化的评价；学生能够通过评价对他人随时随地地进行反对、质疑，并学会倾听和回应他人的见解，有利于学生在他人的建议和鼓励中找到学习的成就感和满足感，让学习变得快乐，从而激励学生自主学习。

在统编教材小学道德与法治一年级下册第一单元《1 我们爱整洁》案例中，教师将维护教室环境整洁活动改成维护家庭课堂环境整洁，在线上开展为期一周的"居家课堂整洁"表现性评价活动，每天满星为3颗，由家长评价。

活动第一天，发现可可同学在上课时偶尔会迟到，不能够在直播开始的2分钟内进入课堂；直播课时，还会去找老师要求的书本和文具；下午上课时，出现了电子设备电力不足的情况，当天她没有得到星。可可在钉钉朋友圈提出自己的困惑，寻求同学的帮助，两位同学及时分享了自己的经验：如何在课前合理摆放桌面物品，以及介绍iPad的使用方法，可可对此点赞、回复和跟帖，并在生活中实际运用。

表3-5 "可可同学求助帖"的反馈情况统计

可可发帖	线上互动发帖		班级人数（44人）	班级人数百分比
上课时，我总是迟到，也不会自己整理桌面，还不能准备好书本，更是经常忘记给iPad充电，你们能帮帮我吗？	质疑	可可，你为什么总是要家长提醒呢？	12	27.27%
	建议	课前合理摆放桌面物品：按课表准备好这一天要用的书；保持桌面干净；课前做好准备；iPad放在左手边，书本放在正中间，文具放在右手边	25	56.82%
		iPad的使用方法：每天早晨和中午要充满电；每堂课前要关注电量		
	鼓励	可可，不要泄气，要积极学习他人整理的好方法，你会变得更好	30	68.18%
	倾听	平台反馈浏览数	44	100%

第三天，可可能在空中课堂之后迅速拿来电子设备进入直播课堂；书本、文具和电子设备摆放有序；桌面做到了整洁、有序，但是她还不会及时收纳不需要的物品，鉴于此，当天她得到了2颗星。同时，她也发现了问题，自己的桌

面空间较小，无法摆放课本、iPad、文具等学习用品，于是，她通过搜索百度引擎，积累合理收纳物品的方法，并且在钉钉班级圈内积极分享自己的宝贵经验，帮助更多的学生。

表3-6 "可可同学经验帖"的反馈情况统计

可可发帖	线上互动发帖		班级人数（44人）	班级人数百分比
合理收纳桌面物品的好方法： 1. 清理不用的物品； 2. 分类摆放书本； 3. 用后放回原位	反对	我觉得第三个方法不正确	32	72.73%
	质疑	我同意前面同学的观点，这个"原位"是指哪里呢？	26	59.09%
	回应	谢谢，方法对我很有帮助	35	79.55%
	鼓励	可可，你的进步非常大，记得每天要坚持哦	29	65.91%

在之后的几天里，可可每天都能在空中课堂之前准备好本堂课所需的书本、文具及电子设备；桌面不仅整洁，而且没有其他与学科不相干的物品，更能及时收纳物品、整理桌面，鉴于此，她得到了满星。

平行班的学生由于没有开展在线交流，学生只能从在线课堂的讲解中知道保持桌面整洁的一些方法，但是不能通过同伴交流和表现性评价在自己的实际生活中融会贯通。而实验班的学生是将课中授课和课后实践相结合，在网络互动中，基于生活中的真实问题和思考，发挥榜样的激励作用，产生自主整理课桌的意愿，并在实际生活中进行自主管理操练，提高自身的自主管理能力。

基于"线上+线下"混合式学习样态下，利用数字化手段链接生活情境开展的个性化评价，学生能够随时随地、主动地参与对话互动，在反对、质疑中形成自己对事物的价值判断，在倾听、回应中提升自己，并在他人的建议和鼓励下拥有主动学习的成就感和满足感，从而乐学善学。

（二）有利于自主构建道德生活

生活是学生自己构建起来的，其表现为外在于行、内在于心。"线上+线下"混合式学习样态下，学生会判断何时需要信息，懂得如何获取信息。在合作中，如何评价和利用信息，从而提升学生的信息素养呢？借助互联网技术，创立学习共同体，随时随地地进行个性化反馈，学生在共同体中倾听、比较他人的学习方法，集思广益、取长补短，从而乐学善学，完善自己的学习方法，找到学习的乐趣。同时，以别人的评价为反思自己的一面镜子，在反思中，不断完善自己的道德行为，构建道德生活。

在统编教材小学道德与法治四年级上册第五单元《12　我们的好朋友》案例中，课前，教师借助钉钉填表功能，创建"是什么阻碍交友的行为？"这一互动话题，学生联系自身，有的从自己身上寻找原因，有的从同学交往中发生的问题方面寻找原因。

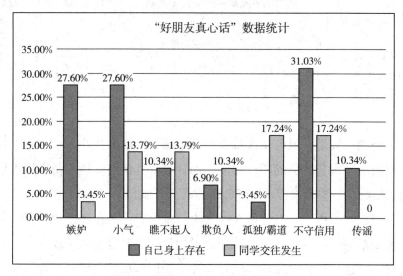

图3-4 "好朋友真心话"数据统计图

从数据统计中可见，阻碍交友的行为主要聚焦在"不守信用、嫉妒、小气"这几项上。平台上呈现出各种评价资源。例如：

生1：我认为同桌不守信用，昨天我把橡皮借给了他，但是他没有还给我。

生2：我认为小胡不守信用，有一次，小胡承诺要把钢笔送给我，可是一周过去了，还没有送给我。

生3：我认为明明不守信用，上周，明明已经送了我一本书，可是第二天又要了回去。

随后，教师在钉钉班级圈内，又创建互动话题："你会如何帮助不守信用的人呢？"乐乐通过多种渠道获取信息，并分享在班级圈内。针对这些方法，大家集思广益、进行对比，从中取长补短，形成班级"诚信交友小妙招"，从而增强了诚信意识。一周后，学生在班级圈内留言，分享交友小妙招。

表3-7 互联网平台"交友小妙招"统计情况

交友小妙招 例如：		班级人数（45人）	班级人数百分比
守信用	1. 说到做到； 2. 学习明辨是非的能力； 3. 互相信任、尊重； 4. 积累正面经验	37	82.22%
不嫉妒	1. 每个人都有优点和缺点，别人优秀很正常； 2. 化嫉妒为竞争的力量； 3. 想想自己比别人强的地方	30	66.67%
不小气	1. 经常提醒自己小气的人没有朋友； 2. 多读世界名著，知道小气的下场； 3. 从"不重要"的东西开始，培养乐于分享的心态	38	84.44%

　　反观平行班的学生，由于缺乏网络学习空间，只能借助学习单的内容开展活动，在发现问题后，无法及时有效地与他人互动、对话，无法积极深入地反思自身行为和完善自我。而实验班的学生借助互联网平台开展线上交流互动，聚焦活动的体悟，形成学习的脉络，帮助学生将个体的经验进一步交互，由点带面，从而深入理解探究"实现真正的友谊"的意义和方法。

　　随后两周，在班级中开展"摘朵友谊花"表现性评价。经相关数据统计发现，学生在学习共同体中，加深了道德认识，丰富了道德情感体验，引发道德行为，构建道德生活。

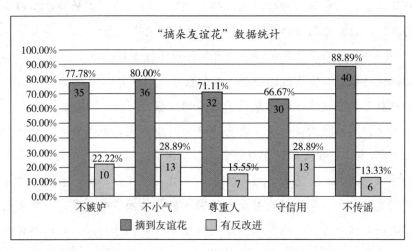

图3-5 "摘朵友谊花"表现性评价数据

"诚信"是社会主义核心价值观之一。本案例中，借助互联网技术，学生能在学习共同体中随时随地地进行个性化反馈，有利于倾听、比较、反思行为的发生，加深对"诚实守信"交友观的价值意义认同，并能反思自己的言行，注意自己的言谈举止，不轻易承诺，养成诚信的品质，收获美好的友谊。

三、有利于增强时事教育，提升学科综合素养

对于小学道德与法治课程而言，通过"线上+线下"混合式学习，构建突破时空的学习共同体对增强时事教育、提升学科综合素养有明显效应吗？通过实验课观课教师的现场评课，得出如下研究结果：

（一）有利于增强时事教育

1. 抓住时事教育时效特质，追求"速度"、体现"深度"

古人云："大学之道，在明明德，在亲民，在止于至善。"核心价值观，其实就是一种德，既是个人的德，也是国家的德、社会的德。学习《学会尊重》这一课时，正值学生网课时间。课前，××教师通过链接生活中的热点话题，第一时间将寒假发生的重大社会事件导入。学生在线上积极开展"生活中的'平凡英雄'"话题讨论。通过网络搜索，学生能够快速地获取新闻事件资源。同时，通过父母讲述、亲身探访等线下方式寻找身边的平凡英雄，如小区保安、志愿者、环卫工人等。从中，学生看到平凡人的平凡工作，体会平凡工作背后的巨大价值，发现平凡人身上的可贵品质。通过钉钉班级圈，学生时时、处处地发现、感悟、欣赏感人故事，并激发进一步探究的兴趣，引发更深层次的共鸣，激发他们心中对人人都应得到尊重的认识和情感。

——M老师评四年级下第一单元《1　学会尊重》

2. 抓住时事教育主观能动特质，鼓励观察、引导分析

"自我保护"是青少年健康成长的基本前提。《9　心中的"110"》一课中，学生运用网络搜索关于儿童安全事故的时事新闻。教师将当时的社会热门话题《浙江9岁章子欣失踪案》视频资源引入课堂，引发讨论和交流：章子欣遇到危险时该怎么应对？同时，指导学生联系自身、换位思考：当我们自己遇到危险时，该怎么办？学生在观察新闻视频中的具体细节时发现，一些表面和善的人其实并不值得信任，遇到居心不良的陌生人或熟悉的人，必须要客观、理性分析自己所处的境地。教师适机推送"儿童安全事故"线上资源，学生从不

同时间、内容的各类安全事故中认识到在纷繁复杂到社会中，还有一些不法分子出于他们的目的会对我们的安全造成威胁，从而深刻体会到提高警惕、拨打"110"的重要性。

——L老师评三年级上第三单元《9 心中的"110"》

3. 抓住时事教育发展过程特质，跟踪进展、专题总结

很多时事事件的发生发展有一个过程，这就决定了时事教育很多时候不是一次性完成的，而需要根据事件进展及时跟进。本单元"我们的国家机构"涉及的内容对学生来说比较陌生。××教师根据单元各课主要内容，聚焦"社会参与"这一核心素养，针对如何就餐、如何自觉参与线上学习、如何积极参与四史教育活动等问题建言献策，巧妙地设计"我是国家小主人"单元综合活动。学生以小组为单位选择一个共同关注的问题，尝试向少先队提交一份提案。从学生所交的提案可见，他们的想法紧扣时事背景，紧密联系生活实际，体现了现代小公民的防护知识、沟通能力和遵守公共秩序的道德意识。作为一个切入口细小、活动扎实的单元活动，呈现出新时代青少年正确应对各种社会问题过程中所应表现出的道德修养和法治素养。

——H老师评五年级下第四单元"我们的国家机构"

时事教育不是简单的时政新闻阅读。对广大教师来说，既要为学生提供原汁原味的重要讲话、呈现热点新闻事件，更要分析讲话、事件的背景和内涵。思政课的一个重要任务，就是让学生了解党和国家重大方针政策、最新国内外形势、重点热点新闻等。这就要求我们把思政教学和时事政治更好地结合在一起，增强思政课的时事性。

综上所述，"线上+线下"混合式学习着眼于学生全面发展，遵循学生成长规律，把握时事教育时效、主观能动、发展过程的特质，在第一时间把社会热点和时事传递给学生，对事件本身的前因后果、来龙去脉进行较为系统的阐释和讲解，在追求速度的同时提高了学习的深度；通过对动态学习资源的挖掘，发挥学生的主观能动性，使之勤于观察、善于思考，并运用所学知识对事物进行客观、理性、科学的分析；对单元教学事件的进展及时跟进，巧妙设计学习和评价，在若干重要节点后进行专题式总结，与时俱进地反映当今社会发展新变化，以及对青少年道德修养和法治素养的新要求。

（二）有利于提升学科综合素养

1. "互联网+"促进目标构建的综合，实现知识素养化

"友谊需要忠诚去播种，需要热情去浇灌，需要原则去培养，需要谅解去护理。"只有精当加工的真实情境、基本问题、必备知识、多样答案，以及由此进行的深度学习，才能为学生成长提供充分有益的养料。听××老师执教的《我们的好朋友》一课，印象特别深刻的是教师借助问卷星平台，通过查看"好朋友真心话"的调查统计，抓取影响友谊的调查数据，将学生自身影响友谊的问题再现于课堂上。课中，师生针对"不守信用""嫉妒""小气"三个突出问题进行线下对话，激发了学生的思考，他们有的从自身角度出发解决问题，有的则从当事人的动机和心理分析出发解决问题。教师充分尊重学生的情感认识和体验，补充法理说明，指导生活实践。这个情境的创设还原了生活问题的复杂性，引导学生多角度、多层面地去理解、认识道德问题，通过生活化和针对性的学习内容，实现了对真友谊的认识，明白友谊的重要性，从而在思想上学会珍惜，在行动上学会与朋友正确相处，实现三维目标的深度整合，提升"学会交友"学科核心素养。

———— W老师评四年级上第五单元《12　我们的好朋友》

2. "互联网+"促进知识构建的综合，实现知识系统化

我感到只有综合性活动才能有机关联并系统优化学科知识，防止知识本位化、活动形式化、学习超载化等弊端。如果学习内容的结构化加工不足，就会阻滞活动开展；活动的序列化设计不当，则会妨碍内容学习。二年级的大部分学生已经形成公物是属于大家的这种价值观，也知道要爱护校园公物，但是对不同区域、不同作用的公物缺乏系统认知。在日常学习生活中，他们常常因忽视校园公物与自己的密切性关系，内心无法主动产生对校园公物的感激、爱惜之情。××老师在执教《这些是大家的》这节课的过程中，紧紧围绕学生熟悉的校园环境，充分运用线上VR技术结合校园3D实景图，让学生在虚拟的空间中，对校园公物进行序列化调研、思考、体验、交流，从而感受到公物对学生学习生活的重要性。同时，结合线下体验的方式，将"公物的作用大""篮球架的哭诉""防护服有话说"的微视频融入课堂，使得学生能够初步将道德、生活与安全教育有机融合。例如，对照中小学生守则的相关规定，不少同学将生活中如何对待学校公物的经历真实地呈现在故事之中，并通过课后"小行动见大文明"实践活动加以落实，进一步在线上班级论坛中展开相关互动。学生参与线上线下学习，高度融合的全媒体能够实现知识与真实世界、社会实践、学生生活的广泛关联，使学生加深对校园公物的感激、爱惜之情。

——X老师评二年级上第三单元《9　这些是大家的》

3."互联网+"促进问题解决的综合，实现知识应用化

小学道德与法治学科核心素养就是看学生能否运用学科内容应对各种复杂的社会生活情境。习近平总书记在党的十九大报告中指出："树立安全发展理念，弘扬生命至上、安全第一的思想，健全公共安全体系，完善安全生产责任制，坚决遏制重特大安全事故，提升防灾减灾救灾能力。"××教师执教《生命最宝贵》这一课时，有效利用线上的微信软件，发布"'我的疤痕'小故事"任务。课前，学生通过运用数字化手段，穿越时空，与过去、现在、未来的自己或名人产生"对话"，回顾（了解）自己（名人）的成长过程中，身上出现过哪些疤痕，又是如何造成的。在不同的时空对话中，学生铭记生命第一的原则，不因好奇心的驱使而尝试危险的事。课中，学生将"疤痕小故事"在学习共同体中分享、交流，大家产生独立的思维和判断，形成批判性学习。课后，学生认识到珍惜生命是对自己负责，也是对父母为我们辛苦付出最基本的回报，在发现危险、预判危险、规避危险的生活表现中有明显改进，并能积极参与各类应急救护演习活动。本课教学知识与情境问题产生了深度关联，学生能在互联网的支持下运用所学知识分析问题和解决问题，实现了生活经验和知识学习的双向渗透，学习充满活力。

——X老师评三年级上第三单元《7　生命最宝贵》

韩震先生说，学科本质的把握，是我们论证一切问题的基础。综观目前思想政治课程性质的研究状况，基于学科核心素养，我们必须抓住本质，正确理解综合性的内涵和价值，把分散的知识信息组成有机整体，形成结构化内容，体现知识系统化、情境化、应用化和素养化。①

综上所述，"线上+线下"的混合式学习是一种"因时而进"教学方式的

---

① 董旺森，莫维芬. 构建综合性、活动型思政新课堂［J］. 教学月刊（中学版），2019（11）：6-9.

创新，通过发挥"互联网+"的优势，将道德与法治教育，爱国主义、集体主义和社会主义教育，历史与文化、国情教育，地理和环境教育，生活与安全教育，劳动教育（教育主题）等有机融合，将教育大主题有机融入学生的成长过程，使学生多角度、多层面去理解、认识道德问题，提升道德素养，实现学生生活经验、知识学习和社会参与的彼此渗透，促进学科目标构建、知识构建、问题解决的融合，实现学科综合素养的提升。

第 四 章

"静态+动态"混合式学习样态构建与实证

第一节 "静态+动态"混合式学习样态构建

一、"静态+动态"混合式学习基本内涵

"静态+动态"混合式学习要创新"因势而新"工作方式，发挥"互联网+"学习的优势，不断增强课程教学的开放性。通过人人、时时、处处的资源共建、资源分享、资源优化，建立多维立体的学习系统，实现"个人团队"多维互动，将教学内容从教科书扩展到儿童生活的各个方面；将课堂从教室扩展到家庭、社区及儿童的其他生活空间，将教学时间与学校其他活动或学科配合，灵活而弹性地延伸，建设开放性的教、学、评系统，优化评价方式，提升立德树人的实效性。

《义务教育品德与社会课程标准（2011年版）》指出："我国构建社会主义和谐社会，加快建设创新型国家的战略目标，要求基础教育更新教育观念和教育方式，大力加强社会主义核心价值体系教育，培养良好的公民素质、创新精神和实践能力。""品德与社会课程以社会主义核心价值体系为指导，以满足学生的身心需要为目标，以学生的社会生活为基础，注重学生在主动学习的过程中，初步掌握认识社会事物和现象的方法，提高道德判断和行为选择能力，发展学生主动适应社会、积极参与社会的能力。"[①]创新精神的培育和实践能力的提升需要多种智力共同发展，而全面认识社会事物和现象，正确开展道德判断和行为选择，则需要结合每个学生身心发展的特点而展开。课程教学必须关注学生的多元智能发展水平和个性特征，采取有效的策略和机制优化教与学的方式。

"静态+动态"混合式学习，通过互联网为学生提供创新实践的平台和机

---

① 孙凤华.新课程公民教育的理论与实践［M］.长春：吉林大学出版社，2013.

会，促进学生全面发展，具有如下基本特征：

一是着力打造"一站式"学习平台，全面而有效地覆盖道德与法治学习主题活动开展的各个环节，满足学生成长发展需求，通过各种方式反映学生的真实生活和思想状况，精准施策。

二是实施个性化、有差别的服务，深度分析不同学习阶段、学习水平、生活状态的学生存在的不同实际问题及问题背后的症结，通过同伴平等沟通、互动交流，在尊重学生的主体性、差异性的前提下进行优化改进。

三是密切关注社会时事，对社会热点、生活要点、学习难点问题倾注更多的精力和投入，有重点地针对不同状况的学生在理想信念、思想品德、行为养成、心理健康等方面产生的问题做好引领工作，切实解决现代学生道德成长中的实际困难。[1]

二、"静态+动态"混合式学习基本样态

世界因为互联网变得更小，信息也更透明。它在改变我们的生活方式的同时，也必将改变学生的学习方式。一个信息爆炸式增长的社会，学习资源包含着巨大的信息量，这对学生利用碎片化时间开展学习提出了挑战。小学道德与法治"静态+动态"混合式学习以静态的教材文本为基础，利用互联网技术设计学习活动、生成各种形态的学习资源，尽可能创设适应学生优势智力发展的条件，将"全面发展"与"个性发展"有机地统合起来[2]，满足更多学生的学习需求，使学习资源更加丰富立体、聚能高效。

---

[1] 刘起军. 全面加强新时代大学生的思想引领［N］. 光明日报，2018-12-19.

[2] 钟志贤. 多元智能理论与教育技术［J］. 电化教育研究，2004（03）：7-11.

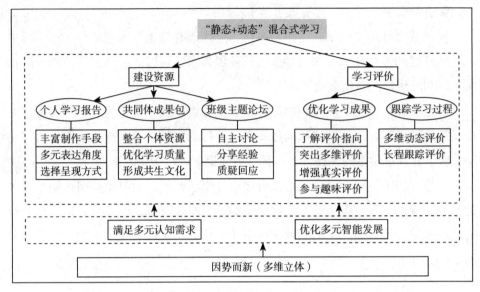

图4-1 "静态+动态"混合式学习样态

未来学校发展的态势是学生共建、共享的学习共同体支持下的学习生态环境。这种教育新形势需要学科教学遵循儿童认知发展规律[①]，共建丰富、立体、动态的学习资源库，凸显学习风格、学习方式的独特个性，满足儿童个性化学习的需要，树立个体学习自信和校园文化自信。

（一）制作个人学习报告，凸显个性学习风格

在"互联网+"学习环境中，将个人学习过程和结果通过电子报告的方式呈现出来，形成每个人独有的个人学习报告。学生个人学习报告从制作手段、表达角度、呈现方式等方面来看，都极具个性，是个人学习风格的具体体现。基于互联网的学习平台展示个人学习报告，为学生搭建积极展现、尽情表达、勇敢创新的互动平台。教师认真依照学生个性化的展现，以及实际学习情况给予独特的学习报告反馈，帮助每个学生进一步优化学习，形成持续学习的驱动力。

1. 制作手段丰富便捷

智能手机、笔记本或台式电脑、电子书包等丰富便捷的互联网移动终端都

---

① 王玲云.组建合作小队 打造班级共同体［J］.魅力中国，2018（07）：190-191.

可以成为学生制作个人学习报告的工具。无论是低年级还是中高年级，学生们都已经具备了一定的操作能力。绝大部分学生都能掌握常用电子产品功能，加上家长给予的技术支持，足以满足他们便捷地完成一份个性化的电子学习报告。

2. 表达角度多元广泛

在小学低年级，教师可以给学生提供各种各样的辅助性的学习报告模板，让学生能够按图索骥，找到适合自己的表达角度。在中高年级，逐渐地开放更多的角度让学生进行自主表达。学生围绕学习活动任务，从自己喜欢的角度进行总结和反思，诸如"我学到了什么""我的疑问""我在学习和生活中做了什么""我的感受"等。一份个性化的学习报告应当呈现出个体对社会事务和现象的独特认识，对道德判断和行为选择具有多角度判断和价值选择的可能。

3. 呈现方式个性多样

电子学习报告是可以吸收、整合几乎所有传统纸质作业的表现方式的。在电子学习报告的呈现方式上，学生们有着非常多元的选择，可以是"纯文字""纯视频""纯图片"，也可以是更加复杂的"图片""文字""音频""视频"的排列组合。而且，每个学生每次电子报告的呈现形式都可以根据需要自行决定。一般而言，学段越高的学生，其电子报告的呈现方式越多元。但是中低段学生的电子报告呈现方式也非常的多元和富有变化，这也是学生个性学习风格的集中体现。

（二）共同体成果包，呈现共享学习方式

"学习共同体"提倡以学生为中心，认为学生获取知识的途径不但指向教师，还可以寻求学习伙伴的帮助。学习共同体的教学模式试图激发学生的求知欲、探索欲，从而在教师的引导下成为自主探究的能动主体。[①]小组合作学习是学习共同体的重要策略和形式。学生在小组合作学习中的感受、体验和发现与个体学习相比有着更大的可能性，对学习可能产生更加深层次的认识，获得学习交互中相应的综合知识技能，对价值的判断和取舍也会显得更为全面和成熟。学生在小组合作过程中逐渐找到自我定位，发挥所长，实现个人价值。由于组员是由不同学习风格的学生组成，而学习包所包含的是小组成员不同的学

———————————

① 刘友全. 小组合作学习在商务英语口译教学中的应用［J］. 考试周刊，2015（77）：85-86.

习方式生成的学习成果，呈现出整合、优化、共生等特点。

1. 整合个体学习资源

在移动互联网学习环境下，小组合作学习共同体是以学生为主体，将不同学习风格、学习态度、学习兴趣、学习能力的学生整合在一起，围绕着共同的学习目标、学习任务开展合作学习的。利用移动互联网学习平台，小组成员可以共享个性化学习所产生的学习资源，形成小组合作学习的成果包，成为一个具有包容性和黏合性的整体。

2. 优化小组学习质量

在小组学习模式下，小组成员可以根据自身的学习兴趣和学习能力相互讨论进行不同的分工，然后以小组交流分享的形式来完成学习任务。小组成员讨论分工、合作任务、分享成果，可以充分培养学生的责任意识、团队意识，促进学习动机，是对整个小组学习质量的一次优化。

3. 形成共生学习文化

小组合作学习活动中，在共同学习任务目标导向下，学生有足够的空间共享学习过程与学习成果。每个学生除了分享自己的学习成果之外，还需要认真观看、倾听其他小组成员共享的学习资源和成果。在小组合作学习共同体中，学生相互点评、相互交流，相互影响、互助共进，充分激发出对彼此学习过程和学习成果的借鉴、吸收的主动性，形成互惠合作的生生关系、和合共生的学习文化。

（三）班级主题论坛，活跃思维火花

小学道德与法治教材内容看似简单易懂，却内含发人深省的道理，还有两难问题的辨析，值得深入探讨和琢磨。在"互联网+"混合式学习策略实践中，教师可以利用互联网，借助班级主题论坛的形式为学生创设有利于表达和分析的主题论坛，围绕主题情境，通过移动互联网实时交互，开放对话。在灵活便利的交互环境中，充分讨论、分享和质疑，学生的思维变得更加活跃[1]，碰撞出思维的火花，动态生成更为丰富的个性化学习资源，产生更加高质量的学习效果。

---

① 姚霞. 提升学生科学探究能力的策略研究［M］. 上海：上海科技教育出版社，2017.

1. 自主讨论，实时交互

班级主题论坛中，围绕同一话题激发学生之间的互动讨论是十分重要的环节。在这一讨论过程中，学生们可以借助互联网平台发布时事新闻、生活小故事、公众热议等具有实效性和时效性的学习资源，自主开放地发表自己的观点，实时交互，开放对话。

2. 分享经验，拓宽视野

通过班级主题论坛中生生之间的分享交流，每个学生都有机会从同伴身上得到经验和思路弥补自己的认知盲区，而且能够经常受到启发，产生新的思路和方法，不断拓宽自己的视野，对课程有更加全面和深刻的认识，对今后的学习产生深远的影响。

3. 质疑回应，突破认知

道德与法治是一门实践性课程。学生个体需要就自己的学习成果、学习方式及实践心得接受同伴的质疑，并予以积极回应，是一个自主构建的过程。而不同智力发展优势的学生在面对质疑时会表现出自己的判断和理解。无论是承认自己的缺失不足，还是证明自己的正确合理，都有助于学生从不同的智力发展角度不断深化对自我的理解和认知，从而逐渐实现全面而有个性的发展，达到量变引发质变的突破和提升。

三、"静态+动态"混合式学习策略机制

习近平总书记强调："做好高校思想政治工作，要因事而化、因时而进、因势而新。要遵循思想政治工作规律，遵循教书育人规律，遵循学生成长规律，不断提高工作能力和水平。"[1]因势而新是要教育引导学生正确认识世界和中国发展大势[2]，全面客观认识当代中国、看待外部世界，正确认识时代责任和历史使命，自觉把个人的理想追求融入国家和民族的事业中。[3]在"互联网+"时代背景下，小学道德与法治因势而新开展"静态+动态"混合式学习，通过互联网加强学生对当代中国、世界时事的客观认识，增强时代责任和使命

---

① 万美容. 论高校思想政治工作的科学发展［J］. 中国青年社会科学，2017（04）：17-24.

② 同上.

③ 同上.

感，是小学道德与法治教学创新的基本策略之一。

（一）运用引擎搜索信息，满足多元认知需求

在大数据时代，网络产生的信息浩如烟海，令人无所适从，难以得到自己需要的信息资源。搜索引擎依托多种技术，抓取信息迅速，能够提高学习效率。在引擎搜索技术的帮助下，利用关键词、高级语法等检索方式就可以快速捕捉到相关度极高的匹配信息。①随着搜索引擎技术的日益成熟，几乎可以支持各种数据类型的检索，如自然语言、智能语言、机器语言等各种语言。目前，不仅视频、音频、图像可以被检索，而且人类面部特征、指纹、特定动作等也可以被检索到。

搜索引擎是打开互联网知识社会的一扇窗户，让各种类型的知识和信息从网络中走出来。各种国家、世界的时事信息提供给不同认知需求的学习者，对于满足不同学习需求的学生具有重要意义。生活在新时代的学生，虽然在知识背景、学习方法、性格特点、接受能力、学习风格等多方面存在差异，但是都应当具有社会责任感和使命感。搜索引擎检索内容广泛，尊重了学生个性人格，拓宽了学生的视野，满足了他们的学习兴趣和需要，激发了学生的学习兴趣，拉近了学生与实际生活、社会时事之间的距离感，缩小了深奥知识与当今时代的时间差，有助于学生深入学习。

（二）应用"微视频"，优化多元智能发展

"互联网+"时代中，许多人都能熟悉并应用制作微视频。微视频（又称视频分享类短片）是指个体通过PC、手机、摄像头、DV、DC、MP4等多种视频终端摄录、上传互联网进而播放共享的，涵盖小电影、纪录短片、DV短片、视频剪辑、广告片段等视频短片的统称。微视频"短、快、精"，短则30秒，长的一般在20分钟左右，内容广泛，视频形态多样，具有随时随地随意性、大众参与性。②不同的教学内容需要运用不同的教学微视频资源，以适应不同的智力特点。通过拍摄或者制作"微视频"，学生针对各种生活时事，与教师的教学资源有机组合，从而更加有效地提高学习效果。

---

① 龙佳.论搜索引擎的特点与发展态势［J］.电脑知识与技术：学术版，2019（01）：200-201.
② 颜碧宇.微视频在高职公共英语教学中的应用［J］.中国报业，2020（04）：107-109.

微视频是集实时拍摄、语言表达、动作演示、音乐搭配于一体的多媒体信息技术。学生随时随地关注生活现状、发现生活问题，应用技术抓拍真实生活，选取素材制作微视频。在制作微视频的过程中需要应用移动设备、平板电脑中的相关软件进行实时拍摄，一边拍摄一边还要进行动作演示和解说，还需要搭配好听的音乐，拓展了拍摄者自身的空间智能、语言智能、身体运动智能、音乐智能等多元智能。视频媒介可以进行单向、双向甚至多向的互动交流。学生可以将"微视频"上传至网络平台进行共享，他们在观看的过程中可以进行点评，可以对其他同学的点评进行回复等，形成一个多向交互的学习环境。一方面，观赏微视频能够打开学生的空间智能，加深学生对于不同空间场域的认知，激发他们对相关空间中发生的道德问题的学习和探讨。另一方面，学生在微视频的制作、分享、探讨中，产生观察道德问题、交流思想观点、反思道德行为的意识和习惯，培养了学生关心社会、参与社会的责任感。

第二节 "静态+动态"混合式学习实证例举

案例一：四年级上册第六单元《16 我们神圣的国土》

活动名称：**"一方水土养一方人"课前小调查**

【案例呈现】

统编小学道德与法治四年级下册第六单元第一课《我们神圣的国土》第3课时《一方水土，一方生活》一课由三个板块组成。第一个板块的话题是"辽阔的国土"，目的是让学生知道我国的地理位置、领土面积、海陆疆域、行政区划，知道台湾是我国不可分割的一部分，祖国的领土神圣不可侵犯。第二个板块的话题是"好山好水好风光"，目的是引导学生了解我国领土辽阔，地形多种多样，山河壮美，拥有众多世界自然遗产，初步树立关注世界遗产的意识。第三个板块的话题是"一方水土一方生活"，目的是引导学生了解我国不同地区自然环境的差异，知道并理解这些差异对生产和生活方式的影响。①

课前，教师为学生提供了《一方水土养一方人》的课前小调查活动任务单，引导学生选择自己的家乡或者自己喜欢的旅游地点展开自然环境、当地衣食住行调查并且进行介绍，制作成个人电子学习报告上传至"上海中小学数字教材平台"。

四年级的学生经过三年的小学道德与法治课程的学习，已经初步具备了收集处理信息的能力。班级学生通过互联网搜索信息和图片、到图书馆查阅图书资料、询问父母等方式开展对自己家乡和旅游胜地的自主探究，并用自己喜欢的方式进行介绍，制作了个性化的个人学习报告上传至"上海中小学数字教材平台"。学生制作的个人学习报告形式多样，有的学生制作了一张家乡电子小报，对自己家乡的风土人情进行介绍；有的学生拍摄了抖音小视频声情并茂地对自己喜爱的旅游胜地进行介绍；有的学生撰写了一份图文并茂的旅游攻略；等等。学生登录"上海中小学数字教材平台"后也可以看到班内其他同学的学习报告，可以相互点赞、撒花、点评，互联网让生生互动更加便捷和紧密。

【案例分析】

本案例中，教师基于学情，为了满足学生想要了解祖国大好河山的需求，将静态教材资源与以移动互联网为核心的新一代信息技术相结合设计了《一方水土养一方人》的课前小调查活动任务单，为学生对自己的家乡或者旅游地进行自主探究提供了辅助性的资源。

经过自主探究之后，学生以个性化的表达角度根据自己的特长和需要自行选择学习工具制作个人学习报告。例如，擅长美术的学生用画笔手绘小报，用平板电脑、笔记本或台式电脑中的软件绘制个人电子学习小报；语言表达能力较强的学生利用移动设备录制介绍地方特点的语音，拍摄"一方水土养一方人"小视频，制作方法简单便捷，呈现方式多元丰富，生成了个性动态的学习资源，发挥学生个性优势智力发展。

学生将制作好的个人学习报告上传到"上海中小学数字平台"，形成一个

---

① 鲁洁主编. 义务教育教科书　教师教学用书　道德与法治　四年级下［M］. 北京：人民教育出版社，2019：293.

个人学习报告动态资源库，打破了传统学习资源分享的单一性。利用市级、区域、学校的各级网络平台，教师和学生可以轻易地在"一站式"的在线学习平台中获得电子教材、数字资源、学习工具，为学生自主学习、协作学习、探究学习提供服务和支持。学生上传、欣赏学习报告，对自己和他人的学业成果予以评价、建议，各种风格的学习报告不但能打开学生学习视野，而且更能取长补短，在个性优势智力发展的基础上提高各种智能的全面发展。

案例二：五年级下册第三单元《7　公民的基本权利和义务》

活动名称：懂法小达人

【案例呈现】

第7课《公民的基本权利和义务》由三个板块组成。第一板块的话题是"公民的基本权利"，第二板块的话题是"公民的基本义务"，第三板块的话题是"国家尊重和保障人权"。由于五年级的学生年龄还小，他们对"基本权利"和"基本义务"只有较为模糊的概念，对公民基本权利和基本义务的内涵缺乏认识。具体的案例展现公民基本权利和义务的场景，帮助学生理解公民的基本权利和义务的内涵，有助于学生认识基本权利和义务的重要性。其次，学生大多意识不到行使权利和履行义务的关系，容易将行使权利和履行义务割裂开来。[1]本课教学时学生的学习过程发生了极大的转变——采取翻转课堂的模式进行学习，学生先在电视上观看空中课堂进行学习，后在钉钉软件线上班级群中进行互动。

教师深入研究教材，结合班级学生学情，制定了以下教学目标：了解宪法的基本功能是保障公民的基本权利，认识基本权利和基本义务；懂得权利是有界限的，在行使权利的同时，不能滥用权利；树立权利和义务相一致的理念，认识到公民既享有权利，也需要履行义务。[2]

为了达成以上教学目标，教师在线上师生直播互动之前，设计了两个课前线上合作学习活动："懂法小达人　你我来挑战"和"小小法学家"。"懂法

———————

[1] 鲁洁主编. 义务教育教科书　教师教学用书　道德与法治　五年级下［M］. 北京：人民教育出版社，2019：126.

[2] 同上.

小达人　你我来挑战"活动引导学生学习《宪法》第二章，了解宪法规定的基本权利和义务，利用钉钉交流学习心得，挑战"懂法小达人"知识竞赛。"小小法学家"活动中学生进行线上小组讨论，队长汇总相关信息，采用文字、绘画、小报、儿歌、视频、音频等形式进行展示汇报，明确小公民的基本权利和应履行的义务，进而树立小公民的意识。

全班学生利用钉钉群建立了一个个线上学习合作小组，在"懂法小达人　你我来挑战"活动中，小组成员们先自主学习《宪法》第二章的规定，然后在线上小组中交流学习心得和体会。小组学习的形式也是多种多样的，有的小组用文字进行交流，有的小组召开视频会议，有的小组发布语音信息等。在小组合作学习中，学生们的思想相互碰撞、激荡。

在"小小法学家——议一议'我们的基本权利和义务'"活动中，需要学生联系生活实际学习宪法所规定的公民基本权利，其中哪些权利与我们小学生的生活息息相关？我们又该需要履行哪些义务呢？小组成员先根据个人特长进行分工，然后在线上小组中进行文字交流、语音通话、视频会议等多种形式的交流。小组成员也会将自己自主探究的内容分享在线上小组中，有的分享了学习网站，有的找来了相关案例，有的分享了学习视频，形成了小组合作学习资源包。

【案例分析】

"学习共同体"[1]指一个由学习者及其助学者（包括教师、专家、辅导者等）共同构成的团体，彼此之间经常在学习过程中进行沟通、交流、分享各种学习资源[2]，形成共同体成果包，呈现共享学习方式。

本案例中，教师应用钉钉软件创建了钉钉班级群，为"互联网+"小组合作学习搭建了平台。深入研究教材，基于本班学情，教师设计并发布了"懂法小达人　你我来挑战"和"小小法学家"两个小组活动任务，为小组合作学习创设了学习情境。不同学习风格、学习态度、学习兴趣、学习能力的学生组建

---

① 郝伟.激发学生学习动机来建立有效的学习共同体［J］.教育教学论坛，2014（23）：211-212.
② 王增宝，付师师，卓妍，等.基于学习共同体的大创项目实施方法探索［J］.创新与创业教育，2018（06）：117-120.

钉钉线上学习小组共同体，围绕"懂法小达人 你我来挑战"知识竞赛任务开展对《宪法》第二章的合作学习。线上学习小组的成员们在小组钉钉群中通过文字、语音留言、线上会议等方式联系生活实际交流分享《宪法》学习心得，生成了个性化动态学习资源，在这样的实时动态互动中，学生的思想在小组合作共同体的学习中相互碰撞、相互启发、相互帮助，催生新智慧，形成互惠合作的生生关系，达到了合作共赢、和合共生的效果。

"小小法学家——议一议'我们的基本权利和义务'"小组合作学习活动中，小组成员先根据自己的特长进行讨论分工，然后用自己个性化的方式自主学习《未成年人保护法》《义务教育法》等相关法律，联系生活实际思考小公民的基本权利和义务。小组成员们各自发表学习体会、相互交流点评，发展人际交往智能。在共同愿景的导航下，每个小组成员都参与其中，有的分享了学习网站，有的找来了相关案例，有的分享了学习视频……在小组合作学习共同体中，不仅能使每个学生发展自己极具个性的多元智能，同时培养了学生的责任意识、团队意识，激发了学生的学习动力，是对整个学习模式的一次优化。

综上所述，学生在小组合作共同体学习模式下，围绕共同的学习任务，共同探讨、合作分工、互相协作，创建了更开放的学习氛围。学生在小组合作学习中的感受、体验和发现与个体学习相比有着更大的可能性，对学习内容能够产生更加深层次的认识和感悟。

案例三：四年级下册第三单元《7 健康看电视》

活动名称：健康看电视

【案例呈现】

《健康看电视》是《道德与法治》四年级下册第三单元第7课，它和第8课《网络新世界》、第9课《正确认识广告》同属第三单元"信息万花筒"。本单元"信息万花筒"紧扣时代主题，旨在引导儿童能够有意识地辨别和筛选信息，健康看电视，合理使用网络，正确认识广告，高效、规范、文明地使用媒体，从而提升儿童良好的媒介素养。本课重在让学生辩证地看待电视，了解电视给我们生活带来的变化，反思和调整自己看电视的行为。

本课由三个板块组成。第一板块的话题是"神奇的'宝盒'"，以调查活动的方式，引导学生搜寻电视宝盒里的"宝贝"是什么，从中梳理电视媒介的意义和作用。第二板块的话题是"眼睛的'抗议书'",以拟人化的方式,讲述如果看电视不讲科学,会对自身带来种种伤害,让学生明白养成健康的看电视习惯是对眼睛的呵护,更是对身心的爱护。第三板块的话题是"别让它抢走太多",通过开放性问答和阅读角的启发,引导学生更合理、更有效地使用现代媒介,从而提高学习效率和生活质量。[①]

电视是最为日常化的现代媒介之一,它对于青少年的成长和发展而言有利有弊。学生都很喜欢看电视,在他们的家庭生活、学习中,经常因为看电视影响视力、挤占学习时间等造成矛盾和困扰。因此,如何增强他们对电视信息的辨别能力、过滤能力和抗干扰能力,学会健康看电视已成为重要的教育问题,教学生正确处理看电视和其他生活的关系,培养健康、积极的看电视习惯是本课目标所在。[②]

课前,学生应用钉钉班级群观看"隔离电视一天"导学微课,学生一边实践一边可以用自己喜欢的方式进行记录,有的用画画的方式记录,有的拍摄了抖音小视频,有的发布了语音信息,有的用文字进行记录。在班级主题论坛中,学生发帖分享个性化的活动实录。从平台显示的信息来看,学生给自己安排了各项有益有趣的活动:有的学习制作美食,有的在家里练习书法,有的和爸爸下围棋,有的静心读书,等等。学生在班级主题论坛中浏览他人的实践活动实录之后相互回帖交流,也能相互质疑并进行实时答疑解惑。学生们纷纷表示不看电视的一天也没有那么无聊,还能学到不少生活技能。通过这次的线下实践活动、线上班级主题论坛讨论,学生反思了自己以前过度看电视的行为,和爸爸妈妈制定看电视的计划与规则,一起合理调整自己看电视的时间,逐步提升自律、自制能力,养成健康看电视的好习惯。

【案例分析】

本案例中,教师利用"互联网+"平台在课前开展了主题学习活动。线下,学生进行"隔离电视一天"的社会实践活动;线上,学生在主题论坛围绕

---

① 鲁洁主编. 义务教育教科书　教师教学用书　道德与法治　四年级下［M］北京: 人民教育出版社, 2019: 135.

② 鲁洁主编. 义务教育教科书　教师教学用书　道德与法治　四年级下［M］北京: 人民教育出版社, 2019: 134.

"隔离电视一天"的体验互动讨论，形成开放、生成的动态学习资源。

班级主题论坛可以发帖、回帖，展开讨论，为学生搭建实时交互、开放对话的平台。"隔离电视一天"这一话题得到了班级学生的热烈响应，激发了他们在线下对"隔离电视一天"活动的体验和感悟。由于学习风格各不相同，学生在实践活动中采用个性化的方式进行记录、交流。从学生共享的实践活动实录中可以了解到他们在不看电视的时候进行了许多创新有趣的活动，如静心绘画、练习书法、认真阅读、学做美食、体育锻炼、和爸爸下围棋等。通过学习共同体的交互与合作，以各种方式展现了丰富的生活场景，使学习的环境向生活延伸，引导学生不断拓展他们的生活实践，丰富他们的生活经验[①]，同时也发展了他们的空间智能、语言智能、身体运动智能、数理逻辑智能、音乐智能等多元智能，有助于培育创新精神，提升实践能力。

学生们在班级主题论坛中可以自由发帖共享实践活动实录，也可以开放表达自己实践后的感受、体会、看法，引发全班学生大讨论，成为一个自主开放的网上互动社区。不同智力发展优势的学生在回答他人质疑时需要思考和回应，表现自己的判断和理解。在此过程中，可以更加激发自我的思维，从不同的智力发展角度不断深化对自我的理解和认知，从而逐渐实现全面而有个性的发展。

在浏览其他同学发帖的同时，学生可以相互点赞、交流、点评，提出自己的质疑和建议，生成共享的动态学习资源。动态学习资源拓展了道德学习的生活视野，帮助学生从同伴身上得到经验来弥补自己的认知盲区，更能使之受到启发，产生新的思路和创意，真正为自己所用，用以解决生活真实问题，提高生活质量。

案例四：五年级上册第四单元《13 探访古代文明》

活动名称：搜索引擎上的世界遗迹

【案例呈现】

《探访古代文明》是本单元的第一课，分为两课时：《早期文明发祥地》和《文明世界的文化遗产》。《早期文明发祥地》在认识人类早期文明地理分

---

① 王文婷.高校学生事务管理理论与实践探究［M］.北京：中国纺织出版社，2018.

布及其产生的共同地理因素的基础上，以共存的、整体性的历史视野来看待四大人类早期文明区域的文明成就，目的是知道人类早期文明的四个重要发源地，寻找它们的共同之处并探究其背后的原因；由探究半坡人和河姆渡人在住、食、用等方面的特点，了解人类早期文明区域在建筑、文字、艺术等方面取得的成就，感受人类早期文明对整个人类文明的重要意义。《文明世界的文化遗产》以中国的殷墟为例，介绍了中国的世界文化遗产。从殷墟的地理位置、所处年代及历史价值等方面，认识到文化遗产是世界的共同财富；探索自己感兴趣的古代文明成就，交流分享自己的探索成果，感受古代文明成就的灿烂辉煌，认识到世界人民的共同创造，领悟古代文明的价值，树立珍惜和保护文化遗产的意识。

一、利用课前微课，指导学习方法

由于古代文明历史久远，世界文化遗产内容需要依靠互联网搜索资料。五年级的学生对世界文化遗产有着一定的兴趣，喜欢探索世界遗迹，能对自己感兴趣的话题或问题展开探究活动，也乐于在班级中展示、分享自己的探究成果。同时，他们也有一定的信息技术能力，但是班级学生普遍缺乏有效收集资料的能力，对资料的归档整理也没有有效的方法，需要进一步培养获取与整理信息的能力。

基于班级真实学情，教师设计了"探寻古代文明成就"的调查活动任务单，引导学生运用互联网引擎搜索古代文明成就并完成一份学习报告上传至Moodle网站。教师在课前制作微课视频上传至班级QQ群和微信群，学生学习之后再利用互联网引擎搜索、收集、整理资料。学生可以随机、反复收看微课，进行自学，并掌握如何上网收集、整理资料；通过平台及时联系、询问老师。

微课实录如下：

师：今天，我们来学习如何收集、整理资料。

师：龚老师怎么上网查的呢？首先打开百度链接。（PPT显示百度界面）

师：输入青铜器（旁边打好：输入关键词），回车。

师：网页上会跳出很多内容，我根据文字和图片一一筛选。

师：我发现这里的链接特别好，打开，哇，这里介绍了青铜器技术的特点、来源等，分门别类地对信息进行归类，复制文字，粘贴在word文本中，右击图片保存。

师：为了使我的资源更清晰，我还建了几个文件夹：什么是青铜器、代表作、意义与文化价值及上海博物馆青铜器欣赏。

师总结：相信小朋友们现在懂得了该如何收集、整理资料了。老师对你们的作品拭目以待哦！

二、借助调查反馈，及时掌握学习成果

在学生掌握了利用互联网搜索引擎收集、整理资料的能力之后，利用问卷进行互联网搜索引擎使用情况调查。调查显示，在网站选择上，选择搜索网站为"百度"的有17人，选择"知乎"的有3人，选择"搜狗"的有2人，选择"天眼""维普"及"谷歌"的各1人。如图所示：

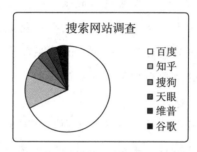

图4-2 学生使用互联网引擎搜索网站调查

教师还对学生在搜索网站上"输入关键字"这一点进行了问卷调查，全班23个学生，除却一个孩子因家庭情况没有参与探究活动，有16个学生能根据自己选择的探究主题，在"关键字"这一栏中，直接输入了自己的探究主题，如金字塔、奥林匹亚遗址等；有6个学生根据自己所要查找的内容又分类输入了关键词，如汉谟拉比法典、汉谟拉比法典的意义、汉谟拉比法典的形成过程、楔形文字等。调查结果如图：

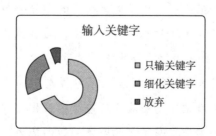

图4-3 学生使用互联网搜索引擎网站输入关键字情况调查

【案例分析】

本案例中，学生在学习传统的静态课本知识的基础上运用网络引擎搜索开展古代文明成就的自主探究。课前教师通过导学微课视频一步一步细致地对学生如何利用互联网引擎搜索、收集和整理信息进行指导，为学生提供了辅助他们学习的资源，为学生创设了一个自主探究的情境，引导学生对古代文明成就进行自主探索，满足了学生想要探究古代文明的学习需求和愿望，借助网络引擎围绕"探寻古代文明成就"调查活动任务单开展项目化学习。

网络引擎搜索是学生自主探究的主要方式之一，具有抓取信息迅速、检索内容广泛、挖掘信息深入的特点。关键字输入的差别正是学生对于新知融会贯通能力的体现。灵活运用知识的学生会对新知进行整合、重组，以解决自己碰到的新问题。对于这类学生，学习新知的目的之一就是解决新问题，"学以致用"在他们身上能得到极好的诠释。但班中大多数学生只是一味地按照老师的视频进行拷贝，在实际的运用当中缺乏一定的吸收消化和变化，这使得他们在收集资料的时候显得尤为费力。

从调查数据中可以看出，学生非常善于利用"百度"引擎检索信息，他们只需要在搜索栏中输入关键词"古代文明成就"，页面就会显示出海量的关于古代文明成就的内容，为学生自主探究提供了便捷，提高了效率。学生可以徜徉在互联网的海洋中，在海量的信息中进行个性化的选择，可以通过阅读文字资料和图片、观看视频、聆听音频来探寻自己感兴趣的古代文明成就，满足他们不同的学习需求，激发了他们对古代文明的学习兴趣。

学生搜索自己感兴趣的古代文明成就信息，通过浏览、选择、思考，既可以对自己感兴趣的信息加以整理、保存，形成总结，也可以再次利用网络搜索引擎对自己感兴趣的古代文明成就信息进行深入挖掘。网络引擎搜索信息功能可以拓宽学生视野，满足他们对世界文化遗产的学习兴趣，突破时空限制，拉近历史与学生实际生活之间的时间差和距离感，与古代文明进行对话，深化了学生对于远古文明的认知，有助于学生深入学习。

总而言之，在"静态+动态"混合式学习样态下，学生根据探究活动任务单能熟练应用网络引擎搜索信息功能开展基于项目化的学习。在网络搜索、深入挖掘信息的过程中，学生提高了自己解决问题的能力，发展了多种智能，实现了个性化学习的发展。

案例五：一年级上册第三单元《10　吃饭有讲究》

活动名称：用餐小观察

【案例呈现】

《吃饭有讲究》是道德与法治一年级第一学期第三单元《家中的安全与健康》中的第二课，主要关注学生在家中的饮食生活。吃得安全、吃得健康、吃得文明、吃得有礼貌、吃得有教养，对学生良好的饮食习惯养成有着重要意义。本课时主要关注健康的饮食习惯，对应教材的第三、第四板块。

通过观察，教师发现班级学生在校午餐浪费现象较严重，学生经常会出现偏食、挑食现象。基于学情，本课目标制定如下：

（1）通过角色扮演，了解食物的各种价值，知道营养均衡的重要，建立不偏食、不挑食、营养均衡的饮食观。

（2）辨析餐桌上的不当行为，反思自己的饮食习惯，初步养成健康饮食、节约粮食的好习惯。

活动一：均衡饮食，科学搭配

（一）了解食物，均衡饮食

1. 播放《用餐小观察》微视频

（1）交流：有很多小朋友"光盘"了，但也有小朋友剩菜剩饭了，都剩下了什么呢？

（2）交流：为什么会把这些食物剩下呢？

2. 观看小品《食物宝宝的诉说》

学生交流：吃饭时应该怎么吃？

小结：通过跟食物的对话，小朋友们了解了不同食物的营养，知道了吃饭时应该荤素搭配，做到营养均衡，不偏食、不挑食，参与到"光盘行动"中，这才能让我们茁壮成长。

（二）科学搭配，争当"营养小达人"

（1）小组合作搭配。

（2）交流反馈，教师投屏。

（3）教师小结：同学们能运用我们学到的营养小知识来健康、安全、均衡地制作菜谱，做到主食当家、荤素搭配，这样科学的搭配，才能保证营养均衡，回家后也不要忘记分享给你的家人哦！

活动二：辨析行为，科学用餐

（1）（出示关于学生家里用餐情况的调查数据）交流：你从这些数据中发现了什么？

（2）播放关于饮食科学的视频。

（3）交流：吃饭时应该注意什么？

（4）齐读第43页儿歌。

（5）教师小结：小朋友们，在生活中我们都应该以适宜的速度吃饭，专心用餐，不暴饮暴食，这样才能养成科学卫生的饮食习惯。同时，我们也知道每一餐的食物都是来之不易的，我们要珍惜这些精心搭配的营养饭菜。

【案例分析】

本案例中，教师通过移动设备和互动平台巧妙地将拍摄的微视频融入学习当中。微视频教学不仅给学生一种既新颖又亲切的视觉感受，也能够激发他们学习和探讨的热情。学生能观察生活、抓取生活的片段，有发现、有思考、有困惑。微视频将生活中的隐性问题显性化、显性问题系统化，加深了学生对生活的认知。

首先，小学道德与法治课程具有生活性，视学生生活为宝贵的课程资源。学生在教师指导下真实体验生活、主动参与生活、创造生活。[1]教师通过观察发现班级学生在校午餐浪费现象较严重。究其原因，学校午餐虽然营养均衡，但无法满足每个孩子的饮食爱好，所以学生经常出现偏食、挑食的现象。基于学情，课前教师设计并发布活动任务单，为学生创设了生活学习情境。一年级的学生随时随地关注生活现状、发现生活问题，在家长的帮助下用移动设备实时拍摄生活用餐情况，选取素材制作微视频，将自身午餐中的隐性问题显性化。更难能可贵的是，有的学生还对用餐食物浪费情况进行了整理和归类，挑选了只吃完蔬菜的、只吃完米饭的、只吃完肉类的、都没有吃完的四个类别样本，将显性问题系统化，生成了动态的学习资源。

---

① 余桂兰. 突出生活性，彰显生命力 在教学实践中实现品德与生活的统一［J］. 考试周刊，2015（69）：146，184.

其次，学生在制作微视频的过程中发展多元智能。学生能够熟练运用移动设备和软件拍摄抖音微视频，实时记录生活用餐情况。抖音小视频是融语言、音乐、动作、拍摄为一体的微视频。一年级小朋友年龄还小，他们在家长的帮助下制作抖音小视频，拍摄生活用餐情况，拓展了自我认知智能；边拍摄边进行实时解说，拓展了语言智能；配以动作和音乐，拓展了身体运动智能和音乐智能。在注重全面发展学生各种智能的基础上，更加注重个性的发展，将"全面发展"与"个性发展"有机地整合起来。

此外，教师巧妙地将学生拍摄微视频共享于课堂学习之中，使课堂成为融合文字、动画、视频、探究任务等资源的系统化、可选择的知识图谱，将动态学习资源与传统资源融合与创新。课中，学生观赏微视频时，打开了他们的空间智能，能直观地发现自己或他人用餐时真实存在的隐性问题，激发了他们对家庭用餐时发生的食物浪费现象的探讨。观看视频之后，学生对视频中班级小朋友的"光盘"和剩菜剩饭现象进行点评，形成学生和微视频之间的单向互动。学生还能对其他同学的回答进行补充，形成生生互动。在多向互动的过程中，学生产生了对如何健康饮食的思考。他们交流各自的观点和生活经验，思维相互碰撞、相互激发，以同伴的生活经验来丰富自己原有的生活经验。

第三节 "静态+动态"混合式学习评价实施

基于新课程改革提出的"发展性评价与诊断性评价相结合，定性评价与定量评价相结合"的评价原则，表现性评价不仅要关注学生的学习结果，更要关注学生的学习过程。[①]我们可以借助钉钉、QQ、晓黑板、希沃班级优化大师等学习平台，开发与应用多种信息化时代的评价工具，如概念图、电子测试系

---

① 王向东.课程标准案例式导读与学习内容要点——初中地理［M］.长春：东北师范大学
出版社，2012.

统、电子档案袋、评估表、评价量规等工具，更深入地了解学生的学习与发展过程，开发学生的潜能。

"静态+动态"混合式表现性评价是介于过程性评价与终结性评价①之间的评价层级，包括学生日常生活生态评定、课堂学习表现动态评定和期末考查形成性评定。为此，"互联网+"表现性评价既要建立在日常教学中的"动态"表现性评价的基础上，又要为静态学期终结性评价做准备，同时还要通过信息技术手段进行收集、整理、分析，形成有利于改进教学的评价资源，有助于学生在学习过程中、在日常生活行为中积极发展、寻求进步、找回信心。

一、在静态评价中优化学习成果

"静态+动态"混合式表现性评价的目的是通过信息技术的深度应用开展有效评价，改进教学，优化教学质量。对于学生学习成果的评价而言，通过信息化手段展现、留存学生日常表现性任务的结果，带有终结性评价的性质，是一种静态呈现的评价资源。结合"基于课程标准的教学与评价"工作的相关要求，以及新课改、学生核心素养培养的要求，有必要在小学道德与法治教学过程中，引入互联网平台，针对学生学习结果开展"静态"阶段性评价。教师通过创设关注学生学习结果的表现性评价任务，在确定评价内容、评价方式、评价指标后，实施等第与评语相结合的方式，依托评价改进学生的学习成果，提升学业水平。

1. 了解评价标准的指向性

在日常评价中，我们可以看到，如果教师没有对表现标准进行明确、精确的描述，他可能会在学生完成任务的过程中通过努力使之达到与教学目标实际相符，这具有较大的偶然性。因此，明确"静态"的表现性评价标准尤为重要，它具有"引"和"导"的作用，不仅是总结学生某个阶段的学业水平，而且是学生获取知识的方法、体验和思维的牵引。

---

① 郎景坤，张秀琦. 基于蓝墨云班课的混合式学习评价指标体系研究［J］. 中国教育技术装备，2020（04）：41-44.

2. 突出评价语言的多维性

就表现性任务的开展来看，"静态"的表现性评价既要简要、精练，又要注意多维性。每个学生的能力水平是具有差异的，因此，评价语要更能客观全面地呈现他们的优缺点，即便一个学生的评价等第不高，但他某些方面的闪光点也不应被埋没，一样会得到褒奖。学生在得到正向激励的同时，就更容易获得自信，增进学习的内在动力。

3. 增强评价过程的真实性

"静态"的表现性评价能够激励每个学生参与学习，并真实反映出他们在原有基础上的进步与变化。与传统评价方式不同的是，"互联网+"表现性评价的真实性强调应用信息技术从学生亲身参与的学习活动中收集能真实反映学生发展变化的资料，实现对学生学习过程的关注与改善，而且可以据此实现对学生发展的综合评价。

4. 参与评价活动的趣味性

苏霍姆林斯基指出："教师的工作有这样一个特点，就是他要经常评价自己的学生。"[1]"静态"的表现性评价不但关注学生的学习兴趣培养和良好习惯的养成，也能帮助学生在参与道德与法治学习过程中不断体验进步的快乐与成功的喜悦，更能让学生在评价中重新认识自我、建立自信，促进学生道德发展、道德反思。

以下的"健康饮食有讲究——健康饮食争星卡"表现性评价活动是"静态"表现性评价样例，通过这个样例，我们能够体悟学科评价过程中的上述四个主要原则。

【任务主题】

"健康饮食争星卡"

【评价目标】

（1）通过亲身体验，了解食物的各种价值，知道营养均衡的重要性，建立不偏食、不挑食、营养均衡的饮食观。

（2）能做到不偏食、不暴饮暴食，养成科学卫生的饮食习惯。

---

[1] 陈文娟.多元教学评价提升教学质量［J］.教育教学论坛.2014（39）：233，234.

【表现性任务】

任务一、均衡饮食，科学搭配

任务二、健康饮食，实践习惯

【评价规则】

"健康饮食争星卡"表现性评价，评价维度为"营养均衡"和"科学卫生"。"营养均衡"的评价目标细化为"不偏食、不挑食"和"科学搭配"，"科学卫生"的评价目标细化为"速度适宜""专心用餐"和"不暴饮暴食"，每个评价目标都有3颗星。表现性评价为期一周，每天，学生和家长根据任务完成情况，对照评价量表中的评价标准进行评价，得出评价结果。190—210颗星为"优秀"，168—189颗星为"良好"，126—167颗星为"合格"，126颗星及以下为"需努力"。获得"优秀"等第的学生可获得"健康饮食小达人"称号。

【评价实施】

习近平总书记"没有全民健康，就没有全面小康"的重要论述，赢得了全社会的强烈共鸣，党的十九大进一步做出了实施健康中国战略的重大决策部署，倡导健康文明的生活方式。"健康饮食争星卡"的表现性活动评价，就是在让学生知晓需要遵守的饮食习惯的基础上，让学生体验这些习惯的重要性，并对合理膳食有初步的了解，从而产生实践的愿望，促使良好习惯的养成，树立科学饮食、健康生活的意识。教师利用班级钉钉群打卡功能，创设了"每日健康饮食"打卡。学生在家中进行个性化的健康用餐实践，借助移动设备拍照、拍视频对每日健康饮食情况进行实时记录，完成打卡。

随着一周"健康饮食争星卡"表现性任务的深入推进，从统计的数据中可以看到，全班39人全部参与了活动。

其中，76.92%的学生达到了A等第，获得了"健康饮食小达人"荣誉称号。对此，教师的评价是："你真的做到了健康饮食！一周内，你能自觉并坚持做到不偏食挑食、不暴饮暴食，还能在规定时间内认真饮食，养成了科学卫生的饮食习惯。请你试着帮助身边的同学养成科学卫生的饮食习惯吧！"

17.95%的学生达到B等第，教师针对这些学生也有相应的评价："你学得不错，基本做到了健康饮食！一周内，你能较自觉做到不偏食挑食、不暴饮暴食，也能在规定时间内较认真饮食。请你继续学习改进资源，争取让自己的饮食习惯更健康吧！"

教师针对2.56%的C等第学生的评价是："你在健康饮食方面取得了一些进步！一周内，你虽然只能偶尔做到不偏食挑食、不暴饮暴食，但在规定时间内认真饮食，减少掉落饭菜的次数，与过去的你相比，已经有了一些进步。请你继续学习改进资源，养成科学卫生的良好饮食习惯吧！"

教师针对2.56%的D等第学生的评价是："你的健康饮食还有待加强！一周内，你在吃饭时经常会超过规定时间，且随意讲话、挑食偏食、暴饮暴食，掉落饭菜的现象时常发生。希望你能继续学习任务资源和改进资源，老师和同学都愿意给你提供需要的帮助。"

【案例分析】

"静态"的表现性评价利用互联网信息技术对学生表现性任务进行阶段性的定性评价，能使学生在完成表现性活动任务时对自己处在什么阶段和水平有一个清晰的认识。这就需要教师组织学生表现性活动之前制定指向明确的评价标准，它具有评价导航的作用。本案例中，教师创设了关注学生学习结果的"健康饮食争星卡"表现性评价任务，在开展表现性活动任务之前，教师制定的"健康饮食争星卡"表现性任务的评价标准指向明确，指导细致，分别从"营养均衡"和"科学卫生"两个维度进行评价。"营养均衡"的评价目标还细化为"不偏食、不挑食""科学搭配"；"科学卫生"的评价目标细化为"速度适宜""专心用餐"和"不暴饮暴食"。目的在于引导一年级学生建立不偏食、不挑食、营养均衡的饮食观，在生活中初步养成健康饮食、节约粮食的好习惯。

学生参与为期一周的"健康饮食争星卡"表现性任务，分别从不偏食、不挑食、合理搭配、用餐速度适宜、专心用餐、不暴饮暴食等多个维度进行自评。家长通过对孩子生活饮食的观察，按照多维度的评价标准对孩子的健康饮食进行评价。结合学生的自评和家长评价，教师对每个学生的表现实践实施等第与评语相结合的定性评价，即"静态"评价。从教师的评价中可以看出"静态"表现性评价关注了班级学生在健康饮食方面的差异性，客观地对学生日常饮食的真实表现进行评价，给予学生正向的激励和正确的导向。学生也可以根据自身的定位，观看适合自己的学习资源，再次深入学习，继续开展活动，在不断实践中持续进步，获得成功的自信。

"静态"表现性评价倡导学生全员参与，鼓励学生展现自己参与活动的过程。学生在完成"健康饮食争星卡"的表现性活动任务时每天在班级钉钉群中进行每日健康饮食打卡，上传自己每日饮食真实图片或者视频。借助互联网信息软件可以展现、留存学生日常表现性任务的结果，带有终结性评价的性质，是一种静态呈现的评价资源，能够实现对学习过程的关注和指导。

二、在动态评价中跟踪学习过程

知识是动态的，而且是在社会发展中变化的。在这种情况下，学生不再是和书本、习题打交道，他们必须具有综合而灵活地运用所学知识的才能。[①]表现性任务及其相关评价，注重学生在任务表现中所凸显的个性才能、创新能力和意志品质。

对于整个学期的评价而言，"动态"表现性评价属于过程性评价，是对学生日常学习任务过程中表现的评价，是一种动态呈现的评价资源。动态的表现性评价是学生在真实的或模拟现实的情境下运用各种知识和技能完成具体任务的过程中表现出来的认知、能力、态度等素养水平的一种评价方法。"静态+动态"混合式表现性评价，最主要的原则是接近学生的真实生活，及时、长程地对学生学习开展动态的过程性评价，这将有利于促进学生的知识构建和道德品行的发展。

1. 动态评价学习过程，助推多元智能发展

学生在开展表现性评价活动任务后，互联网平台依据活动评价量规对学生学习过程中的学习态度，包括学生在学习过程中主动参与和完成学习任务的态度；学习能力和方法，包括学习中观察、探究、思考、表达、收集、整理、分析、合作的能力等；学习结果，包括完成任务的质量和进步程度[②]，进行多维度的"动态"的评价，更加客观真实地反映学生的学习水平，助推他们多元智能的发展。

---

① 王瑞.表现性动态评价体系关键环节的构建［J］.齐齐哈尔大学学报（哲学社会科学版），
2012（1）：172-174.

② 中华人民共和国教育部.义务教育品德与社会课程标准（2011年版）［S］.北京：北京师
范大学出版社，2012：24-25.

2. 长程跟踪学习过程，培养文明素养

学生的习惯养成需要一个持续性动态的过程。"动态"表现性评价注重对学生的学习活动过程进行长程跟踪，进行过程性评价，帮助学生关注自己的长程表现，随时了解自己的学习动态和学习水平，不断进行反思和改进，过有质量、有道德的生活，从而在潜移默化之中培养良好习惯，提升道德素养。

【任务主题】

"健康饮食争星卡"

【评价实施】

教师经过平时的观察，发现班级里绝大多数学生没有养成良好的饮食习惯。在校午餐浪费现象较严重，学校的午餐虽然营养均衡，但是因为菜式花样少，无法满足每个孩子的饮食爱好，因此经常出现学生偏食、挑食现象。而各种不良的饮食习惯危害了他们的健康，也浪费了粮食。由此可见，培养学生良好的饮食习惯尤为重要，学生不仅要吃得安全、吃得健康，更要吃得文明、吃得有礼貌、吃得有教养，在任务评价中要加以考虑。

课前，学生在家长的帮助下运用移动设备制作了生活用餐小视频，其中有很多"光盘"的孩子，但也有剩菜剩饭的孩子。课堂上教师将抖音用餐小视频播放给学生看，学生自己从中发现用餐时的问题。

课中，教师先播放学生家庭用餐小视频，请学生角色扮演表现情景剧《食物的诉说》。学生先看视频，了解饮食知识，知道健康科学的饮食习惯，再反思自己饮食中的问题，指导学生在用餐时养成好习惯。围绕教师提出的问题不断讨论，学生不断进行深层次的思考，将自己解决问题时的认识运用到生活中，养成良好的饮食习惯。

课后，教师在班级钉钉群中发布"健康饮食争星卡"表现性活动任务，为学生创设了生活学习情境。学生在家中开展表现性活动任务，并每天用手机拍照或者拍摄视频完成每日健康饮食钉钉打卡。从学生每日的真实记录中，可以看到学生的学习过程。他们将课中所学到的知识运用于生活当中，科学搭配饮食，专心用餐，用适宜的速度用餐。学生积极参与"健康饮食争星卡"表现性活动，努力践行，渐渐养成健康饮食的好习惯。

【案例分析】

本案例中，学生将课堂中所学的健康饮食知识和方法灵活应用到生活中，开展"健康饮食争星卡"活动。利用互联网软件技术，长程跟踪学生动态学习过程，促使学生在实践中形成健康饮食的知识构建，养成健康饮食的良好习惯，提升自身生活质量。

"动态"表现性评价关注动态评价学习过程，学生在此学习过程中也助推了自身多元智能的发展。本案例中，教师发布了"健康饮食争星卡"的表现性活动任务，为学生创设了生活学习情境，制定了明确的评价标准给学生以引导。学生在完成"健康饮食争星卡"的表现性活动任务时，灵活运用课堂中学习的饮食合理搭配知识和科学卫生用餐好方法。他们在每日的生活中践行餐食合理搭配、专心用餐、适量用餐，有思考、有分析、有行动，发展了自身的数理逻辑智能，从而进行正确的道德判断和行为选择。学生在进行"健康饮食争星卡"的表现性活动中培育了创新精神，也提升了实践能力。

"动态"表现性评价强调过程性评价，是对学生日常学习任务过程中表现的评价，是一种动态呈现的评价资源。学生将自己每日饮食真实图片或者视频上传至每个班级的钉钉群中进行"每日健康饮食"打卡，实时动态地进行记录。在班级钉钉群打卡页面中学生可以看到其他同学每日健康饮食的情况，可以相互点赞、送花、点评，在协作交流中拓展自身的人际交往智能。学生在浏览其他同学每日健康饮食记录时可以相互借鉴、相互激励，反思生活，拓展了自我认识智能。根据每日用餐真实情况，学生每日根据评价量规进行自评。借助互联网信息技术的"动态"表现性评价，关注学生学习过程，让学生能看到自己日日有进步，日日有收获。

"动态"表现性评价遵循学生习惯培养规律，注重对学生的学习活动过程进行长程跟踪，培养学生文明用餐素养。本案例中，学生进行为期一周的"健康饮食争星卡"表现性活动任务，学生每天在日常生活中践行健康饮食，根据评价标准每日进行自评。通过长程动态表现性评价，学生在活动过程中不断进行反思、调整，在日常生活中逐渐养成健康饮食的好习惯。

第四节 "静态+动态"混合式学习实证小结

通过将"动态+静态"混合式学习样态应用于课堂实践，我们结合理论和实证案例得出了以下结论：

一、有利于实现个性而全面发展

对于小学生而言，通过"静态+动态"混合式学习样态，构建多元智能生态学习系统对促进学生个性而全面发展有明显效应吗？将"一站式"学习平台嵌入统编小学道德与法治四年级上册第六单元《16　我们神圣的国土》"静态+动态"的混合式学习是如何促进学生个性而全面发展的？将交互软件应用于统编小学道德与法治五年级下册第三单元《7　公民的基本权利和义务》"静态+动态"的混合式学习是如何促进学生个性而全面发展的？将网上班级主题论坛应用于统编小学道德与法治四年级下册第三单元《7　健康看电视》"静态+动态"的混合式学习是如何促进学生个性而全面发展的？

通过相关实验班和平行教学班对照，得出如下研究结果：

（一）打造动态学习资源系统，有利于个性发展

"静态+动态"混合式学习资源系统是广大师生在教与学的过程中共同创建的一个智能动态系统，为学习者个人、小组、班级多个层面的线上学习提供储存管理，为不同需求的学习者提供方便的存取功能，呈现不同学习者的个性化学习需求，促进学习者在更快、更好创建和利用资源的过程中，实现个性发展和全面发展的平衡状态。

1. 个人学习资源系统

通过"静态+动态"的混合式学习样态，学生利用互联网"一站式"学习平台，根据学习主题获取静态资源与动态资源，开展个性化的自主学习与探究，从而促进学生的个性发展。

例如，统编小学道德与法治四年级上册第六单元《我们神圣的国土》一

课"一方水土养一方人"学习活动中，学生可以在"一站式"学习平台上获取《我们神圣的国土》的静态资源和动态资源，根据自己的喜好进行主题探究。学生可以选择自己的家乡或者自己喜欢的旅游地点展开自然环境、当地衣食住行调查并且进行介绍，制作成个人学习报告上传至"一站式"学习平台，生成新的动态学习资源。

16 我们神圣的国土③ 一方水土 一方生活
课前小调查（徐沐霖）

家乡/旅游地	自然环境	衣食住行（四选一）
内蒙古	内蒙古自治区地域广袤，所处纬度较高，高原面积大，距离海洋较远，边沿有山脉阻隔，气候以温带大陆性季风气候为主。有降水量少而不匀，风大，寒暑变化剧烈的特点	食：烤羊腿、全羊席、手抓羊肉、奶酪、马奶酒、莜麦面、资山熏鸡、肉干、哈达饼、蒙古馅饼、蜜麻叶、德兴元烧麦等
图为：草原风景	图为：当地的下雨天	图为：手抓羊肉

请你充当小导游，做一个简单介绍

　　大家好，我是徐沐霖。我来给大家介绍一下内蒙古自治区。

　　内蒙古自治区地域广袤，所处纬度较高，高原面积大，距离海洋较远，边沿有山脉阻隔，气候以温带大陆性季风气候为主。有降水量少而不均、风大、寒暑变化剧烈的特点。

　　内蒙古自治区由于地形优势，草原辽阔，牧草丰茂，很适宜养马。所以，马是内蒙古自治区重要的交通工具。蒙古族人几乎每天都在骑马，蒙古族古代人们均以马代步。

　　蒙古族人自幼在马背上成长，马就是他们的摇篮。他们认为马是世界上最完美、最善解人意的牧畜。蒙古族人视马为牧人的朋友，马以头为尊贵，他们严禁打马头，不准辱骂马，不准两个人骑一匹马，秋天不准长时间骑马狂奔使马出汗。骑手要随身携带刮马汗板、马刷子，随时为骑乘的马清洗身子、刮除马汗，为马舒筋活血、放松肌肉、消除疲劳，同时，这也是主人与马亲近、增进感情的途径。

16　我们神圣的国土③　一方水土　一方生活

课前小调查

班级　四4班　　　姓名　华博洋

家乡／旅游地	自然环境	衣食住行（四选一）
西藏自治区	地理位置：西藏自治区位于中华人民共和国西南地区。 地形：青藏高原是世界上最高的高原，号称"世界屋脊"。 气候：这儿有的地方冬暖夏凉，有的地方有冬无夏	衣：藏袍 食：牛羊肉、糌粑 住：碉房 行：牦牛
	 图为：西藏布达拉宫　　　图为：珠穆朗玛峰	 图为：藏袍 　图为：糌粑  图为：碉房 　图为：牦牛

请你充当小导游，做一个简单介绍

　　大家好，我来给大家介绍一下西藏自治区。
　　西藏自治区位于中华人民共和国西南地区。青藏高原是世界上最高的高原，号称"世界屋脊"。这儿有的地方冬暖夏凉，有的地方有冬无夏。
　　当地人的传统服饰是厚大的藏袍，藏族人穿藏袍只穿一只袖子，而且是穿左袖，右袖空着，从后面拉到前面，然后搭在右肩上。天热时，左袖也不穿，将两袖脱下来拉到前面，围系在腰间。这样的穿法是有其独特的原因的。
　　大家还记得我一开始所提到的地理位置吗？藏族人居住在青藏高原，海拔高，昼夜温差大。
　　就在一天里，也经常有风雨雪晴的变化。藏区人民常用"一山有四季，十里不同天"来形容气候变化。藏袍的衣料好，有较强的防寒作用。袍袖宽大，在气温升高时，可以方便地脱去一只袖子调节体温，同时有利于起居旅行。
　　藏袍腰肥襟大，白天当衣穿，保温防寒，晚上当铺盖，和衣而眠。另外，它也有利于劳动生产。藏族人放牧、干活、耕作，遇天气多变，需要调温时，脱下袖子就行了。把袖子脱下系在腰间，弯腰干活也十分方便。这样就形成了习惯，所以即使在气温正常时，藏族人穿藏袍也只穿一只袖子。

图4-4　学生个人学习报告

　　学生利用"一站式"学习平台的学习资源进行自主探究之后，以个性化的表达角度，根据自己的特长和需要，自行选择学习工具，制作个人学习报告。上图是两份学生学习报告，虽然都是以文字图片的形式进行呈现的，但前图学生调查的是内蒙古自治区的自然环境，着重探究内蒙古自治区人与动物之间的情感，语言表达感性细腻；后图学生调查的是西藏自治区的自然环境，着重探究当地的地理位置和地形地貌，语言表达写实理性。

平行班由于没有互联网技术的支撑，学生获取学习资源的效率较低，内容和形式较为单一，视野略显狭窄。可以从实验班的学生个人学习报告中看出学生都有其独特的思考和表达，呈现个性化的学习风格，能开阔学习视野，更能取长补短，在个性优势智力发展的基础上提高各种智能的全面发展。

2. 小组学习资源系统

通过"静态+动态"的混合式学习样态，学生借助小组共同体智能生态系统围绕相同的学习主题开展小组合作学习，在合作学习过程中逐渐找到自我定位，发挥所长，促进学生的个性发展。

在统编小学道德与法治五年级下册第三单元《公民的基本权利和义务》一课案例中，班级学生自发组成四个小组，每个小组6人，利用钉钉交互软件开展两次线上小组合作学习活动："懂法小达人　你我来挑战"和"小小法学家"。"懂法小达人　你我来挑战"活动，学生先自主学习《宪法》第二章，利用钉钉软件交流学习心得，在交流互动中加深对《宪法》第二章中规定的基本权利和义务的认知。"小小法学家——议一议'我们的基本权利和义务'"活动，学生在线上小组共同体中合作学习《未成年人保护法》《义务教育法》，根据各自的特长分工合作，完成、展示小组学习成果包，加深学生对生活中基本权利和义务行为的认知，产生从小知法守法的意识和态度。

表4-1　线上小组学习共同体资源成果包

小组名称	分工	参与人数	成果展示
光芒小队	收集学生的基本权利和义务的资料	2	"法在我心中"电子小报
	梳理和汇总资料	1	
	排版、制作小报	1	
	撰写汇报文稿	1	
	展示汇报	1	
梦想小队	收集学生的基本权利和义务的资料	2	"争做合格小公民"电子小报
	梳理和汇总资料	1	
	排版、制作小报	1	
	展示汇报	1	

续　表

小组名称	分工	参与人数	成果展示
明珠小队	收集小公民的基本权利和义务生活案例	6	争当合格小公民案例包：《家长剥夺孩子教育权》《抚顺虐童案》《校园欺凌案》《破坏自然资源案》《侮辱国旗案》《高空抛物案》
	提供视频新闻	1	
	提供网页文字	3	
	图文截屏	2	
	网络发布	1	
雏鹰小队	收集学生的基本权利和义务的资料	2	"我是合格小公民"儿歌
	梳理和汇总资料	2	
	撰写儿歌	2	
	朗诵"我是合格小公民"法律儿歌	6	

从上表中可以看到实验班小组合作学习共同体中，学生各有分工，各展所长，在合作、分享、交流、学习中实现个性发展。

平行班的学生没有进行在线小组合作学习，只能从在线课堂的讲解中认识了解一些公民的权利和义务，但是缺乏法律对自己生活的对照和深层认知。而实验班的线上小组合作学习是充分应用网络围绕着共同的学习目标、学习任务开展合作学习，全员参与，在实时互动交流中加深对公民基本权利和义务的理解。学生在小组中发挥个人所长，凸显个性发展，树立学习自信。

3. 班级学习资源系统

通过"静态+动态"的混合式学习样态，学生借助班级智能生态系统共享学习资源，自主讨论，开放对话，在全面认识生活事物和现象的基础上形成个性化的价值判断和行为选择。

例如，统编小学道德与法治四年级下册第三单元《健康看电视》一课"健康看电视"学习活动中，学生在班级主题论坛中发帖，分享"隔离电视一天"个性化实践活动实录，生成本课学习丰富立体的动态资源。

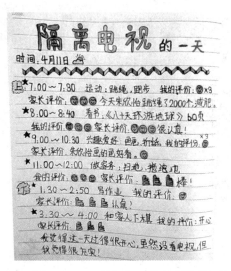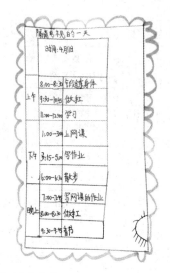

图4-5 学生"隔离电视一天"活动安排

从上图中可以看到学生在"隔离电视一天"实践活动中，制定生活作息表，活动安排呈现出各种价值判断和智能优势的取向，合理安排隔离电视以外的活动。线上班级主题论坛学生的交互更加广泛、自由，通过回帖互动，相互学习，吸纳他人生活经验，逐渐完善对合理安排生活的理解和认识，达成"少看电视，多进行有益有趣活动"的共识。

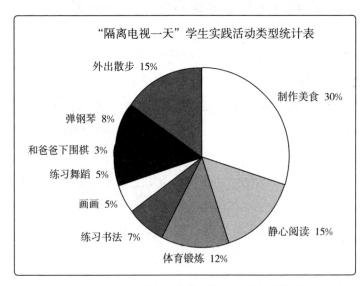

图4-6 "隔离电视一天"学生实践活动类型统计图

从上图可见，学生在不看电视的一天里，给自己安排了各项有益有趣的活动，30%的学生学习制作美食，15%的学生静心阅读，15%的学生会外出散步，12%的学生在家进行体育锻炼，8%的学生练习弹钢琴，7%的学生练习书法，5%的学生练习绘画，5%的学生练习舞蹈，3%的学生和爸爸下围棋。学生在线下生活实践中全面感知生活的多样性，进一步提升自身的优势智力，拓展自身多元智能。

平行班学生由于缺少互联网开放的对话平台，获取他人的生活经验途径较窄，无法分享同伴的各种优势智力及活动成果。实验班的学生在借助互联网班级学习资源系统共享动态学习资源，凸显个性发展。相互回帖点赞、交流、点评，在分享交流中，学生能拓展生活视野，体悟生活的多样性、趣味性，形成健康看电视的道德判断，过更有趣味、更有品位、更有个性的生活。

（二）打造"一站式"学习资源共享系统，有利于全面发展

通过"静态+动态"的混合式学习，通过信息化手段开发多样的、全面的网络学习资源。"一站式"学习资源共享系统，是指以学生为中心，运用不同的教学技术，开发、呈现、梳理各种动态资源构成统一的有机整体。在这一系统中，学生可以随机获取学习资源，满足不同的学习需求，实现自身个性发展和全面发展，达到平衡状态。

例如，统编小学道德与法治四年级上册第六单元《我们神圣的国土》一课学习活动中，学生展开"一方水土养一方人"的探究活动，尝试使用"一站式"学习资源共享系统，制作分享形式多样、内容丰富的学习报告，形成对我国神圣国土的全面认知。

表4-2 《我们神圣的国土》"一站式"学习资源库

资源类型	资源内容
地图	中国地形图、中国政区图、中国自然地理专题地图、中国人文地理专题地图……
图片	中国各地自然风景图片、中国各地人文图片、中国各地地形图片……
文字资料	中国各省概况介绍、中国各地特色景观介绍、中国各地美食介绍、中国各地人口数据……
纪录片视频	《航拍中国》《行疆》《美丽中国》《再说长江》……
慕课视频	《紫禁城：从皇宫到博物院》《我们神圣的国土》《中国辽阔的疆域》……

从表4-2可见，"一站式"学习资源共享系统将庞杂的网络学习资源进行了开发、呈现、梳理，贴近学生学习实际，满足了不同学生、不同目的的学习需求。学生借助"一站式"学习资源共享系统提供的关于《我们神圣的国土》的动态学习资源，围绕学习情境开展自适应学习，根据自身学习所需阅览地图和相关图片，观看纪录片视频，浏览文字资料，聆听慕课教学之后进行消化吸收，完善对我们神圣国土的知识构建。

据相关统计，35%的学生制作了家乡电子小报，对自己的家乡风土人情进行介绍；40%的学生拍摄了抖音小视频声情并茂地对自己喜爱的旅游胜地进行介绍；25%的学生撰写了图文并茂的旅游攻略等，个人学习报告呈现形式多样立体，内容丰富翔实，既有对国土地貌、自然环境、风土人情的个性解读，又有对国家美丽河山感到自豪的情感表达，展现了对神圣国土较全面的知识构建。

平行班的学生由于缺少"一站式"学习资源共享系统的支持，分享学习资源呈现单一、扁平，对国土国情认知不够全面和深入。实验班学生借助"一站式"学习资源共享系统，共建共享了丰富立体的动态学习资源，不仅提高了信息技术素养，也促进了自身语言智能、音乐智能、空间智能、身体运动智能等多元智能的全面发展。

综上所述，学生借助"互联网+"学习平台开展合作、探索、交流、实践，发展各种优势智能，构建"一站式"学习资源共享系统。"静态+动态"混合式学习样态迎合了"互联网+"与传统学习资源完美融合的新趋势，形成一个共建共享的知识管理中心，满足了新时代学生的个性化学习需求，实现了小学道德与法治全面而个性发展的育人价值。

二、有利于创新与实践能力提升

对于小学生而言，通过"静态+动态"混合式学习样态，开放共享的学习平台对促进学生创新和实践有明显效应吗？将互联网共享学习平台嵌入统编小学道德与法治一年级上册第三单元《10　吃饭有讲究》一课"静态＋动态"的混合式表现性活动评价是如何促进学生创新和实践的？将互联网开放学习平台应用于统编小学道德与法治四年级下册第三单元《7　健康看电视》"静态＋动态"的混合式学习是如何促进学生创新和实践的？

通过相关实验班和平行教学班对照，得出如下研究结果：

（一）借助共享学习资源，激发创新实践

通过"静态+动态"的混合式学习样态开展生活实践，学生借助互联网共享个人动态学习资源，对生活真实问题开展交互式学习，相互质疑、反驳、假设、验证，在开放共享的互联网学习环境中发展多元智能，激发创新实践。

例如，统编小学道德与法治一年级上册第三单元《吃饭有讲究》一课"用餐小观察"活动中，实验班的学生根据教师提供的"用餐小观察"活动任务单，在家长的帮助下用移动设备拍摄生活用餐小视频上传到学习平台中共享。学生观看这些共享视频发现生活中存在着浪费食物的现象，浪费最多的是蔬菜、米饭。不过对于低年段的小学生而言，由于缺乏基本科学饮食常识，从而引发对这一生活真实问题的质疑与思考。

生1：我就是不喜欢吃蔬菜，为什么一定要吃呢？

生2：米饭没有味道不好吃，为什么妈妈老是让我把米饭吃光？

生3：我就喜欢吃肉，为什么不能多吃点呢？

于是，学生观看教师发布在共享学习平台上的健康饮食的微课视频答疑解惑，了解到平时用餐时要多吃米饭和蔬菜，以及不均衡饮食对身体健康的危害。学生在意识到自身对均衡饮食重要性认识不足的同时，也反思自己日常用餐情况，自觉树立健康饮食意识，促进学生道德自省能力的提升。

学生根据钉钉班级群中发布的"健康饮食争星卡"表现性任务，在生活中践行健康饮食，并用移动设备拍下每日健康饮食实录，共享至班级钉钉群中。通过平台热烈的分享和丰富的资源，营造了更开放的学习氛围，让学生更自主地参与到活动中来。学生在班级钉钉群中相互浏览健康饮食照片和视频，判断是否符合用餐"不偏食、不挑食"和"科学搭配"标准，比较他人日常健康饮食，促使自己不断内省，吸取他人经验不断自我改进。

一年级学生已经具有创新实践的意识和能力。有的小朋友开始自制营养均衡的三明治，健康又美味；有的小朋友将一些平时不爱吃的餐食摆出可爱的造型，引起自己的食欲，健康又可爱。这些创新健康饮食，引发了学生们在共享学习平台中的热议，激发了他们的创新实践意识。

平行班学生虽然开展了健康饮食我能行活动，但是无法借助互联网共享学习平台组成"健康饮食"班级学习共同体，难以实时交流共享健康饮食经验。实验班学生借助互联网学习平台共享生活用餐视频、共享健康饮食实践实录，

在班级共同体中激发学习内驱力，激发创新实践能力，发展多元智能。

（二）借助开放学习资源，优化学生创新实践

通过"静态+动态"混合式学习开展班级合作学习，学生突破了以教科书为主的学习资源限制，借助开放的互联网交互平台，共建动态学习资源，分享实践，交流互通，相互激发，在开放、丰富的学习资源中优化了自身的创新和实践能力。

例如，在统编小学道德与法治四年级下册第三单元《健康看电视》一课中学生开展"隔离电视一天"活动。课前，学生观看班级主题论坛的"隔离电视一天"导学微课，开展"隔离电视一天"生活实践活动，用自己喜欢的方式进行记录，在互联网班级主题论坛发帖分享，发表观点，提出问题，解决问题。

表4-3　班级主题论坛"隔离电视一天"发帖内容

学生发帖分享内容	资源形式	结果
小红：我今天一天没有看电视。早上，和爸爸一起出去锻炼身体。上午，练习了2小时钢琴。下午午睡1小时后，阅读《哈利·波特》2小时，然后出去散了散步。晚上，和妈妈一起做手工	小视频	有32名同学为她撒花 2名同学回帖 小明：小红，今天你一天的安排很合理。既然你也会弹钢琴，那我们明天可以在钉钉上视频一起练习弹钢琴哦！ 小方：小红，我觉得你这一天安排的活动真丰富，我要向你学习
小亚：我今天没有看电视，爸爸妈妈都很支持我。我在家里大多数时间都在做作业，不过我也外出散了散步	语音	25名同学撒花 3名同学回帖 小红：小亚，你一天都在做作业，好辛苦呀！其实，我们在家里可以玩好多活动的，比如练练书法、做做手工等。 小波：小亚，一天大多数时间坐着做作业不利于身体健康，可以在家做做操，锻炼一下身体。 小然：小亚，你好努力哦！不过也要注意劳逸结合呀

续　表

学生发帖分享内容	资源形式	结果
小晨：我今天虽然没有看电视，但是并不觉得无聊。因为妈妈今天教我做日本寿司啦！来看看我的成果吧	文字与配图	32名同学撒花 5名同学回帖 小萱：寿司好诱人啊！小晨，你真厉害！ 小明：小晨，我也学会做寿司了，明天我们一起将做好的美食带给我奶奶吧，她现在住在养老院里，我们一起去看她好吗？ 小方：小晨，你真厉害！我也要学做美食点心。 小花：小晨，我要向你学习呀

　　由表4-3可见，学生在开放共享的班级主题论坛中，浏览他人的活动经验，从中发现打破自己原有常规思路的创新做法，通过回帖发表意见，相互借鉴。45%的学生拍摄了抖音小视频，32%的学生用画画的方式记录，13%的学生发布了语音信息，10%的学生用文字和图片进行记录，生成了立体丰富的动态学习资源，丰富了传统教材的文本学习资源。学生在开放的学习平台交互中思维活跃，在思维碰撞中迸发出创新实践的火花。例如，小平同学和小红同学借助互联网交互软件进行视频一起练习弹钢琴，小方同学和小明同学制作美味点心探望老人，小茗同学、小贾同学、小巧同学利用钉钉软件进行线上读书活动等。

　　平行班学生由于缺乏依托于互联网的开放性学习平台的支持，无法实时分享、交流，没有迸发出创新的火花。实验班学生借助互联网开放学习平台，开展混合式学习，建立生动、动态的资源系统，在开放、丰富的学习资源中，进一步发展自身多元智能，培育创新精神和实践能力。

三、有利于着眼时代大局，塑造开放融合的学习生态

　　对于小学道德与法治课程而言，通过"静态+动态"混合式学习，构建立体多维的学习资源系统对着眼时代大局，塑造开放融合的学习生态有明显效应吗？通过实验课观课教师的现场评课，得出如下研究结果：

（一）有利于着眼时代大局

1. 于法治和生活的辩证统一中解答时代课题，培育学生公民法治素养

俗话说"不以规矩不成方圆"。法律保护生活、指导生活、调整生活。

《公民的基本权利和义务》一课教学聚焦我国宪法中规定的公民的基本权利和义务。××老师课前合理利用线上钉钉软件组织学生开展"懂法小达人 你我来挑战"和"小小法学家"学习活动，通过线上小组学习共同体，构建鲜活真实的生活案例，借助班级论坛开展合作学习，初步熟悉宪法所规定的公民基本权利和义务。学生在小组学习共同体中开展个人与小组成员的交流互动，相互取长补短，提升学习能力，促进情感交往。课中，××教师引导学生汇报小组合作学习成果，形成成果包，紧密联系学生新时代对公民的具体要求，进一步明确新时代小公民的基本权利和应履行的义务，引导学生初步树立公民懂法守法的法治意识。

——A老师评五年级下册第三单元《7 公民的基本权利和义务》

2. 于历史和现实的时空架构中把准时代脉搏，坚定学生爱国情报国志

习近平总书记在党的十九大报告中指出：中国特色社会主义文化，源自中华民族五千多年文明历史所孕育的中华优秀传统文化[①]，熔铸于党领导人民在革命、建设、改革中创造的革命文化和社会主义先进文化，植根于中国特色社会主义伟大实践。××老师在《13 探访古代文明》的执教过程中合理利用互联网引擎搜索覆盖面广、针对性强的优势，指导学生利用网络搜索自己感兴趣的古代文明成就，打破了传统学习的时空壁垒，站在时代的洪流中和历史对话。课堂教学中，学生通过网上共同体学习成果包、班级主题论坛，交流互联网搜索到的古代文明成就的信息，促进个人与班级群体的认知共享。在生生开放对话中，在古今中外的文化对比中，激发、深化了学生对于远古文明的认知，加深了学生对中华文明的自豪感和热爱之情，树立继承传统、开拓进取、报效祖国的意识和远大理想。

——P老师评五年级上册第四单元《13 探访古代文明》

3. 于国内和国际的大局中追赶时代大潮，提升学生文明素养和道德境界

"民以食为天，食以俭养德"。时代舞台风云激荡，呼唤思想引领。习近平总书记对制止餐饮浪费行为做出重要指示，指出"餐饮浪费现象，触目惊心、令人痛心"。尽管我国粮食生产连年丰收，但从长远来看、从世界范围来

[①] 王增福. 新时代传承创新中华优秀传统文化的维度［N］. 中国教育报，2019-10-24.

看，对粮食安全还是始终要有危机意识。××老师执教《吃饭有讲究》一课，通过平台"个人学习报告"，将学生制作的"用餐小观察"微视频作为课堂教学资源，聚焦孩子生活中用餐剩菜剩饭、营养不均衡、暴饮暴食的问题。同时，将"医生讲述科学饮食"的微视频融入课堂，实现了生活经验、知识学习的双向渗透。课后，××教师利用互联网在钉钉上组织学生开展"健康饮食争星卡"表现性评价，通过多维动态评价长程跟踪学生用餐表现，促使学生在生活中合理饮食，争当"光盘小达人"，用实际行动回应世界粮食危机问题，表达对劳动者的感恩，提升了新时代小公民文明用餐的道德素养和境界。

——C老师评一年级上册第三单元《10　吃饭有讲究》

时代性作为马克思主义的一个基本特征，并不是抽象的概念，其本身就是普遍性与具体性的统一，历史性与现实性的交融。[①]综上所述，"静态+动态"混合式学习着眼于中国社会发展的时代大局，遵循学生成长规律，于法治和生活的辩证统一中解答时代课题，培育学生公民法治素养；于历史和现实的时空架构中把准时代脉搏，坚定学生爱国情报国志；于国内和国际大局中追赶时代大潮，提升学生文明素养和道德境界，在课程教学中与时俱进地反映社会发展新变化，体现对青少年道德修养和法治素养的新要求。

（二）有利于塑造开放融合的学习生态

1."互联网+"提升课程开放水平，进一步便利化、规范化学生资源

当今社会已经迈入信息化新时代，互联网科技与教育领域相结合的一种新的教育形式已经悄然来到我们身边。××老师在《我们神圣的国土》一课的教学中将互联网信息技术与小学道德与法治教学进行了一次融合，构建了一个开放、共建、共享的教育生态系统，满足学生的学习需求。例如，课前，她利用互联网"一站式"学习平台组织学生开展"一方水土养一方人"学习活动，学生利用学习平台中的学习资源对祖国河山进行自主探究，制作个人学习报告共享于学习平台，学生的个人学习报告凸显了多元的表达方式，他们制作的个人学习报告形式多样，如电子小报、抖音小视频、旅游攻略等。课中，××老师将学生线上生成的动态学习资源作为课堂教学资源之一，展开全班交流互动，

---

① 王子君.习近平新时代中国特色社会主义思想的鲜明时代性［N］.光明日报，2019-09-27.

拓展了学生的学习视野，激发了学生心中的爱国情感。

———D老师评四年级上册第六单元《16　我们神圣的国土》

2. "互联网+"协同课程开放合作，进一步尊重学生话语权和差异性

《公民的基本权利和义务》一课的教学聚焦公民的基本权利和义务。××老师在执教这节课的过程中充分运用了线上教学的策略。课前，××老师利用线上钉钉软件组织学生开展"懂法小达人　你我来挑战"和"小小法学家"学习活动，形成线上小组学习共同体。不同学习水平、生活状态的学生围绕共同的学习目标开展合作学习，根据个人特长进行分工，平等沟通，互动交流，相互分享自主探究的内容，整合个体资源形成了小组合作学习资源包，形成了小组共生文化。线上小组学习共同体在尊重学生的主体性、差异性的前提下进行优化改进，使学生得到了个性而又全面的发展。课中，××教师将学生线上小组合作学习所收集的"逾半数从业人员周均上班超40小时"和"澳大利亚进京女子不戴口罩在小区跑步被限期离境"两个真实案例作为课堂教学资源，弹性地吸纳鲜活的社会生活事件，展现了学生真实的心灵世界，在开放对话中，进一步明确了公民的基本权利和应履行的义务。

———M老师评五年级下册第三单元《7　公民的基本权利和义务》

3. "互联网+"扩大课程开放交流，进一步加深学生线上线下合作交流

电视已经成为人们获取社会信息的主要媒介，成为家庭业余生活的主要内容。它丰富了儿童的生活，使其开阔了视野，增长了知识，但是看电视过多往往会给孩子带来了一些生理、心理、社会性等方面的诸多不利影响。《健康看电视》一课聚焦学生日常过度看电视现象，××教师在执教过程中结合线上班级主题论坛引导学生自主开展"隔离电视一天"线上＋线下生活实践活动并将个性化的实践记录共享在班级主题论坛。学生在班级主题论坛自主讨论，相互学习，提出质疑，实时回帖，分享经验，形成"静态＋动态"混合式学习资源库。××老师打破传统教学空间壁垒，将教材中的静态教学内容扩展至学生生活。学生在线下生活体验中学习，在线上实时交互中提升，最后再回归生活，提升生活质量。

———T老师评四年级下册第三单元《7　健康看电视》

4. "互联网+"增进课程开放自信，进一步鼓励学生敢说真话和乐于行动

从平时的生活观察中可以发现，现在的孩子饮食呈现出营养不均衡、营养过盛的情况，不利于学生的身体健康。《吃饭有讲究》一课聚焦孩子生活用餐问题，课前，××老师引导学生开展"用餐小观察"活动，在家长的帮助下拍摄生活用餐真实问题，制作了个性化的微视频，发展了学生的多元智能。在执教过程中，××老师巧妙地将学生利用移动设备制作的"用餐小观察"微视频作为课堂教学资源，形成个人学习资源并在班级进行共享，凸显了不同学习水平、生活状态的学生用餐时存在的真实问题。更难能可贵的是，××老师结合学校"我是光盘小达人"德育活动引导学生辨析生活用餐问题，敢于发现问题、反思自我；开展科学搭配饮食活动，交流健康饮食好方法，乐于开动脑筋、积极改进；借助交互软件钉钉推动"健康饮食争星卡"实践活动，将道德与法治课程的教学时间和学校的德育活动、家庭生活完美结合。

——Q老师评一年级上册第三单元《10　吃饭有讲究》

5. "互联网+"丰富课程开放内涵，进一步帮助学生学评联动、合作互利

美国著名教育评价学专家斯塔弗宾说："评价的目的不在证明，而在改进。"××老师在《吃饭有讲究》一课的执教过程中借助互联网学习平台聚焦班级学生生活用餐问题，运用了多种教学方法指导学生生活用餐行为。课后，学生运用平台开展"健康饮食争星卡"表现性评价，对教师而言，可以长程动态跟踪评价，关注学生的进步与成长；对学生而言，可以看到同伴的进展和家长的建议，从而不断优化行为表现，突破了传统评价只注重结果不注重过程的弊端。授人以鱼不如授人以渔。"静态+动态"表现性评价引导学生将课中所学化为生活所用，在全员参与的线上评价中提升学生的核心素养。

——Y老师评一年级上册第三单元《10　吃饭有讲究》

关于开放，习近平总书记有诸多精辟论述：开放带来进步，封闭导致落后。唯有开放才能进步，唯有包容才能让进步持久。他曾说："地瓜的藤蔓向四面八方延伸，为的是汲取更多的阳光、雨露和养分，但它的块茎始终是在根基部，藤蔓的延伸扩张最终为的是块茎能长得更加粗壮硕大。"[1]在小学课程教学中，通过"互联网+"混合式学习，从学生实际、网络实际、社会发展实际中汲取养分，同时夯实学科立德树人的根本，把课程教学形式与便捷、开放的

---

① 习近平. 挺立潮头开新天［N］. 杭州日报，2017-10-07.

互联网统一起来，把课程教学内容与学生的真实生活统一起来，把学生学科素养的培育和终身学习要求统一起来，培育新时代社会主义事业接班人。

综上所述，"静态＋动态"混合式学习顺应"互联网+"的教育新形势，塑造了一个开放、融合的学习生态系统，开放教师教学和学生学习时间、空间和内容，提升课程开放水平，进一步便利化、规范化学生资源；协同课程开放合作，进一步尊重学生的话语权和差异性；扩大课程开放交流，进一步加深学生线上线下合作交流；增进课程开放自信，进一步鼓励学生敢说真话和乐于行动；丰富课程开放内涵，进一步帮助学生学评联动、合作互利。同时，将小学道德与法治课程教学与学校德育活动和相关学科相融合；将课堂教学内容、社会生活实践、学生生活实际紧密结合、综合渗透；将终结性评价和过程性评价相融合，实现融会贯通、开放立体的多维学习系统，发挥评价的引导、改进和激励功能，培养学生良好学习习惯和生活素养，使之过有质量、有道德的生活。

第五章

"课堂+生活"混合式学习样态构建与实证

第一节 "课堂+生活"混合式学习样态构建

一、"课堂+生活"混合式学习基本内涵

"课堂+生活"混合式学习要创新"因事而化"的工作方式，发挥"互联网+"学习的优势，不断增强课程教学的实践性。通过人人、时时、处处的环境创设、生活体验，由外而内、由内而外地链接生活，实现"课内课外、校内校外"多维互动，将联系学生生活实际，挖掘学生的生活经验作为学习的起点，使学生在实践中发现和提出问题，在亲身参与中探讨和解决问题，逐渐形成合作能力、探究意识和创新精神，更好地认识社会、参与社会、适应社会，并把知识运用于社会、服务于社会，提高服务社会的实践创新能力，增强社会情感和遵守规则的意识，促进知行转化，在感悟生活中认识社会、学会做人。

《义务教育品德与社会课程标准（2011年版）》指出："本学科具有生活性，课程视儿童的生活为宝贵的课程资源。课程学习本身是儿童生活的组成部分，是儿童在教师指导下真实体验生活、主动参与生活、创造生活的过程。本课程遵循儿童生活的逻辑，以儿童生活中的需要和问题为出发点；以儿童的现实生活为课程内容的主要源泉；以用正确的价值观引导儿童在生活中发展、在发展中生活为课程的基本追求。"互联网技术的进步对人们生产和生活产生的影响是不言而喻的，使人们的生活取得了极大的进步，学生体验生活、参与生活、创造生活的方式也在悄然发生变化，互联网的加入，使得小学道德与法治教与学的方法得到完善和丰富。

"课堂+生活"混合式学习，通过互联网开辟链接生活的学习通道，促进课内外的教与学，推动学生道德判断、道德自律，实现知行合一，具有如下基本特征：

一是遵循学生成长规律，构建道德学习、法治素养培育的学习系统，依托教材内容牢牢把握小学生成长的关键节点，在不同阶段善抓不同的教育重点，

引导学生深入思辨、积极探讨、加深体验，激发思想教育内生动力。

二是注重价值观念塑造，把道德教育和社会主义核心价值观寓于小学生成长全过程，抓出生活小事、国家大事、新闻事实开展针对性教育，锤炼学生道德品质，促进学生成长。

三是突出实践导向，积极鼓励、指导和帮助小学生开展及参与各式各样的实践活动，在实践中自我反思、自我教育、自我改进，着力构建服务于青年学生成长成才的思想引领与教育体系。

二、"课堂+生活"混合式学习基本样态

进入互联网时代，以云计算、物联网、移动互联网、大数据、人工智能为代表的新一代信息技术的发展与应用，正在改变现代社会的生产方式与生活方式，包括我们的学习方式。在以学习者为中心的E-learning环境下，面对海量的学习资源、多种学习支持工具、各类社群学习空间，深度学习使学习者学会选择、善于思考、积极实践，成为互联网时代的智慧学习者。

小学道德与法治教学中，通过链接课堂与生活促进深度学习，强调学生对于知识、技能、素养等的"迁移与应用"，在培育学生学科核心素养的同时，还能帮助学生形成积极的情感态度价值观，提升"互联网+"学习环境的综合育人价值。

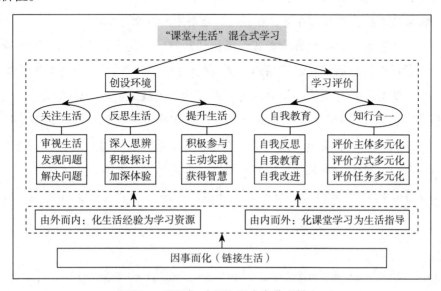

图5-1 "课堂+生活"混合式学习样态

链接之一：关注社会生活，在审视、发现中解决生活问题

法国启蒙运动巨匠卢梭的自然教育和美国现代教育家杜威提出的"教育即生活"最有影响；在我国，陶行知先生是生活教育理论与实践的集大成者。陶行知先生倡导的生活教育强调教育与生活的链接，要求教育活动既关心儿童未来的生活，也要关心儿童的现实生活；强调儿童的主体地位，指出教育要尊重儿童的个性，要依据儿童身心发展的规律进行；还强调儿童自我人格的完善，指出教育既要适应社会发展对人的需要，也要满足个体自身发展的需要。[1]

如今已经完全步入信息化社会，教育生活时空发生了巨变，发生在遥远地区的种种教育事件，比过去任何时刻都更为直接、更为迅速地影响着我们。对于日常的一些事物或现象，儿童常常会产生探究的需求和愿望，这是儿童学习的内在动机，也是儿童道德与法治教育的依据。借助信息技术可以链接这些事物或生活现象，创建多元开放的道德学习环境，将儿童关注、亲历的事物中产生的一些问题作为小学道德与法治学习的内容，让儿童从自身已有的生活经验入手，在力所能及的范围内进行分析探究，回望生活，审视生活，并找到问题的解决之法。

上述生活教育的主张也给予我们提倡的"课堂+生活"混合式学习一定的启迪，我们尝试思考运用互联网这个强大的窗口，引导生长在蜜罐里、学习在教材中的学生关注生活、了解生活，并在审视和发现中解决实际生活问题。

链接之二：反思社会生活，在探讨、思辨中加深生活体验

美国著名哲学家、教育家杜威说道："儿童已经是十分积极的，教育的问题就是要抓住他的活动并给予活动以指导的问题。通过指导，通过有组织地运用，他们就会朝着有价值的结果前进，而不致成为散乱的或听任其流于仅仅是冲动的表现。"[2]可见教师要把课堂、课外或实验室中的探究活动集中在社会问题或现实的生活现象上，让儿童去研究、去调查、去探讨、去辨析。新课标也强调："引导他们步入开放的、辨析式的学习路径，理性面对不同观点，只有使学生亲历自主辨识、分析过程，并做出判断，才能真正实现有效的价值

---

① 王小洁. 陶行知生活德育的践行与思考［J］. 生活教育, 2008（11）: 53-54.
② 吕达, 刘立德, 邹海燕. 杜威教育文集（第1卷）［M］. 人民教育出版社, 2008.

引领。"

进入互联网时代，大数据、5G、人工智能等新技术不断赋能并助力教育。新技术的不断迭代深刻地改变着课堂教育教学方式，也深刻地改变着孩子们的学习方式。利用各种互联网信息技术，如微信调查功能、钉钉班级圈、魔灯平台功能等可以链接生活现象和生活问题，引导儿童基于生活现象和生活问题展开探究与辨析，不仅能充分调动儿童的求知欲和好奇心，促使其主动地参与到活动中，获得对世界的初步认识，而且有助于儿童对生活现象、社会问题进行深入分析，在交流中获得更多的生活体验，形成新的认知和体验，获得良好的情感态度价值观。

因而，我们所提倡的"课堂+生活"混合式学习在此基础上突出强调运用互联网的强大功能与便捷的操作，将道德教育深深地扎根于儿童生活的土壤，让德育与学生个体的日常生活、学习生活、交往生活、集体生活等紧密相连，学生可以从自己的生活、自主的活动中获得积极的启迪与引导，从而提升自身的人生境界，加深生活体验，提升道德水平，自主地构建道德经验，学习过一种道德的生活。

链接之三：提升社会生活，在参与、实践中主动获得道德智慧

小学道德与法治是一门活动性课程，学生解决问题的方式和技能，以及价值判断能力和对道德原则的领悟都可以在各类活动中形成。对小学生而言，由于语言及抽象思维能力有限，尚且处于直观动作的思维发展阶段，因此生活实践的体验活动对小学生的道德发展起着重要的作用。值得注意的是，这里所指的活动不是简单的某项技能的展示或体验，而是指向某种综合性实践智慧的获得。

互联网时代的教育提倡要遵循教育的基本规律和基本常识，恪守学生身心发展的客观规律。在信息技术赋能教育的今天，不断深化信息技术用于课堂的同时，我们认识到信息技术只是辅助手段。教师的教和学生的学始终不能离开以人为中心，以成全人的美好为中心。所以，我们关注的不仅仅是应用多少信息技术来促进学生技能的提高，更多的是让教师和学生利用技术来实现人性的美好、人格的完善和生活的幸福。

由于道德在生活中的内隐性存在，使身在其中的人有着道德无意识的状态，所谓"不识庐山真面目，只缘身在此山中"。而在某些特殊情境下，如道

德两难情境、紧急情境和任务驱动的情境下，道德意义与价值则更容易显现出来。我们尝试借助信息技术设计道德教育实践体验活动，引导学生进入一些比较典型的真实的复杂生活情境或两难情境，让学生发现、感知自身和同伴的道德存在状态。尤其针对特殊的现实生活情境，通过在线模拟特定情境，借助演习的方式让学生进行现场活动体验，获得其中包含的道德原则和实践智慧，从而引导他们过有道德的生活。

因而，我们所提倡的"课堂+生活"混合式学习期望借助网络链接真实生活，提高德育的实效性。通过构建与实施生活德育实践操作模式，促进学生道德成长，使其形成最基本的道德生活态度，培养参与和创造道德生活的能力和养成良好的道德行为习惯。

三、"课堂+生活"混合式学习策略机制

在杜威、陶行知和斯宾塞等学者提出的理论中，可以断定的是生活是学生所能够体验到的最真实的世界。高德胜指出，要把生活当作处在主体间际过程中人和环境互相支持与满足的一个过程体系。从马斯洛提出的需求层次理论我们可以看出，人们对生活的追求不仅仅停留在食物、尊严、安全感的满足之中，而是都会向精神、道德方面进行追求，每个人的品德或者精神都是本自具足的，只是需要通过一些事项的引导，进而形成正确的思维模式，提升自身素质。生活即世界的理论是胡塞尔针对欧洲科学危机从理性批判的角度引入的哲学意义上的概念。他指出，生活世界是原初的自明性领域，是我们最终回归的地方，所以在生活中要多进行品德教育的引领。

无论是国内的传统文化还是国外的精神追求，无不体现着生活的重要性，道德教育本身就是为了规范人们的交往行为而进化的，生活的先在性也决定了道德必然存在于生活当中。生活的情境决定了道德存在的范围和凭证，在生活之中道德才会有展示的样子，道德如同生活一样存在着整体性、生成性和实践性，具有生活特性。同时，道德更是对生活进行着一种管理与追求，形成道德生活的模式。道德对生活的引领作用也同时体现在对更好生活的构建当中，道德的形成虽然源于生活，但又与生活的体系截然不同，主要是其所存在的目的是对生活的一种高标准的追求和引导。高德胜曾提出，构成生活的最本质的方法就是通过道德来进行引领，一个道德存在感高的人必将会有更大的综合素养

和个人水平，同时也更容易实现自己的人生价值。

陶行知先生认为："教育起源于生活，教育内容也来源于生活，只有将教育与生活结合在一起，教育才能真正发生作用。"可见生活不仅是宝贵的教育资源，更是实现自身学习与发展的重要途径。学生的生活包含着道德与法治教材所涉及的最真实鲜活的事物。因事而化，链接课堂与生活，让道德教育回归儿童生活本源是本学科立德树人的重要理念，以"德"为核心与生活结合，让学生在生活中学习、在生活中体验、在生活中自我教育。儿童视野下的生活与成人视野下的生活有很大的差异，通过数字化环境，将这种差异真实暴露出来，让课堂接"童气"，从而激发学生真实的思考，形成正确的价值观，提升道德素养。

1. 由外而内：化生活经验为学习资源，萌发真实思考

在传统道德与法治课堂的教学活动中，因为照本宣科的讲解令很多学生对道德与法治课程感觉枯燥无味，无法长时间地进行学习，更不要说进行贴合生活的实践了，有的学生甚至出现了对道德与法治课程的厌恶之情。

当前，互联网作为人们基本的活动工具，已经广泛地运用于教师的教与学生的学的活动之中，创新了教与学的模式。我们所提倡的"课堂+生活"混合式学习，充分利用数字化环境将儿童生活经验引入课堂，同时通过互联网，将道德与法治的教与学也充分利用起来。

一方面，作为一线教育工作人员，要积极学习最新的教育方式，从教学所指向的核心价值观出发，从需要发展的学生核心素养出发，探寻符合学生身心发展规律的教学内容；另一方面，作为一线学习主体的学习者，也可以充分利用学习平台发布鲜活生动的生活资源，将自身的生活经验变为课堂学习资源，和老师、同伴共同积极思考生活中的真实性问题，展开深度对话，从而产生思辨，形成正确的价值观，塑造良好的道德品行。

2. 由内而外：化课堂学习为生活指导，生发道德行为

人格心理学认为，道德人格是个人在道德生活方面的整体面貌，是其在道德生活上的一贯作风和基本样态。我们常见的"告知—认同—执行"的道德教化模式，所培养的主要是"知识型道德人格"，这种人格所表现出来的突出问题，是个体道德主体能力的缺失以及道德认识与道德情感、道德行为之间的脱节。其根源在"知晓的德育"往往局限于道德知识的传授上，忽视了在实践中生成的道德智慧；忽视了对学生道德思维、情感和能力的培育；忽视了道德体验、道德行动以及道德自觉性的发展。[①]小学道德与法治课堂需要引导学生学会过"有德性、讲责任、敢担当、善作为"的公共生活，成为道德生活的学习者、践行者和当事人。

我们面对的教育对象是小学生，他们具有身心发育不成熟、容易受到误导、渴望得到认可的特点。在互联网大背景下，小学的道德与法治要重视道德养成的特点，首先，由于网络具有匿名性的特征，网络上的交流更加直白，学生在查阅资料的过程中，容易受到低俗文化、偏激文化等影响，这对小学生的道德养成是一个重大的挑战。其次，在互联网时代，网络特征决定了信息能够更加有效地传播，影响到更多的受众，再加上群体效应，甚至对学生的道德养成有着负面的作用。因此，数字化环境下的道德教育必须关注道德养成的长程性。我们所提倡的"课堂+生活"混合式学习，借助互联网开发和利用有效评价工具服务于学生的道德生活，在实际生活中提升学生道德素养，引导学生过有道德的生活。

第二节 "课堂+生活"混合式学习实证例举

案例一：一年级上册第三单元《12 早睡早起》

活动名称：早睡早起好方法

【案例呈现】

（出示课前的"我的作息时间小调查"）

师：同学们，课前我们做了一个小调查，谁来说说一般情况下，你晚上几点睡觉？早上又是几点起床的？一天大概睡几小时？

[①] 王正平，何云峰.教育伦理研究（第五辑）［M］.上海：华东师范大学出版社，2018.

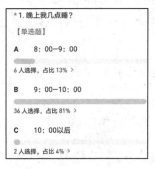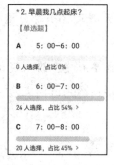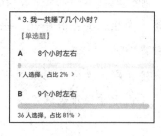

图5-2 《早睡早起》我的作息时间课前小调查部分情况

（出示最终统计图）

师：瞧，这是同学们平常的作息时间情况汇总图，可以看到每个人作息时间都不一样，我们班级超过80%的同学睡眠时间在9小时左右，只有不到20%的同学睡眠时间达到了10小时左右。谁来说说自己的情况？

生：我一般8：45睡觉，7：00起床，一天睡10小时。

师：看来你能做到早睡早起，相信第二天一定是精神饱满的。

生：我有时候10点多睡觉，7点左右起床。

师：10点多睡觉有点儿晚了，第二天早晨起床有什么感觉呀？

生：我早晨觉得太困了，不想起床。

师：是呀，太晚睡觉会让我们得不到充分的休息，影响第二天的精神状态。

生：我周一到周五都是9点睡觉，6：50起床。可周末是11：00睡觉，9：00起床的。

师：为什么周末睡得这么晚，起得也这么晚呀？

生：因为周末不用上学，晚上就玩得比较晚，第二天睡到几点都可以。

师：哦，周末时间更自由，所以你打乱了作息规律。听了这几位同学的发言，你有什么发现？

生：我发现这几位同学每天睡觉和起床的时间不一样。

生：我发现这几位同学有的睡得多，有的睡得少。

师：是呀，有的同学早睡早起，有的晚睡晚起。那么究竟每天睡多久才合适呢？我们来听听睡眠博士是怎么说的。

……

师：通过刚才的学习，我们知道了充足的睡眠对我们的身体是有好处的。作为小学生，要早睡早起，每天睡足10小时，这样才能让我们的身体更健康，精神更饱满。

师：那么怎样才能做到早睡早起呢？谁来说说自己的好方法？

（出示学生自制的"我的一周作息时间表"）

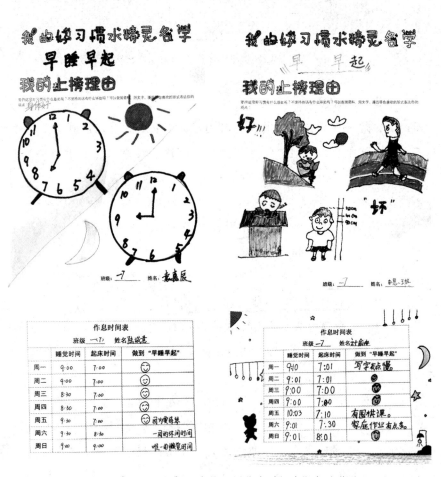

图5-3 《早睡早起》"我的一周作息时间表"部分作业

生：我是用小闹钟提醒自己几点睡觉，几点起床的。

师：小闹钟可以提醒我们按时起卧，真不错！

生：我觉得可以早点做完作业，这样就不耽误睡觉啦。

师：对呀，合理安排好时间是保证我们早睡早起的关键。

生：妈妈告诉我，不要沉迷看电视和玩游戏才能早睡早起。

师：没错，把身体健康放在第一位，才能有更充沛的精力投入学习和玩耍。

生：我记录自己每天睡觉和起床的时间，提醒自己每天早睡早起。

师：是呀，做好睡眠时间的记录，可以发现早睡早起的频率，以及为什么会晚睡，起到防微杜渐的作用。

【案例分析】

本案例中，教师借助投屏技术链接课堂与学生真实的生活作息状态，学生则积极地审视生活、发现问题，在互动交流中探寻"如何做到早睡早起"的好方法，学会构建属于自己的有规律的作息生活。首先，利用晓黑板APP主动回望日常生活作息。课前借助晓黑板APP上的"作息时间小调查"，学生可以上传并浏览自己和同伴平时的入睡和起床时间。这一过程其实是对自己和同伴日常作息的回望和观察。其次，观察交流日常作息，在审视中发现问题。教师捕捉、呈现典型的日常作息，学生主动观察、对比自己和小伙伴的作息时间，从而在时间上对早睡早起形成一个基本概念，同时发现自己或小伙伴存在晚睡晚起的现象。在之后的交流中审视生活，分析晚睡晚起的原因，找到问题所在。最后，借助投屏技术呈现典型资源，在积极的探讨中解决问题。找到晚睡晚起的原因之后，利用投屏技术展示"我的一周作息时间表"典型作品，学生在相互交流与启发中探寻不同伙伴早睡早起的个性化的好方法，如设置闹钟、自我约束、合理安排时间、制定睡眠计划……从而解决晚睡晚起的生活问题，努力养成早睡早起的良好生活作息，更好地生活。

在本次学习活动中，晓黑板信息平台、手机投屏的及时性和灵活性突破了空间限制，形成了及时的、立体的、优质的学习环境，拉近了师生、生生的距离，可以更大程度地帮助教师获取学生的生成性资源。课中通过对这些典型资源的抓取和应用，学生更进一步关注生活、审视生活，提高了学习的积极性，增加了实时生成的教学互动。学生在积极的交流互动中发现并解决生活问题，更好地构建属于自己的有规律的作息生活。

案例二：一年级下册第二单元《6　花儿草儿真美丽》

活动名称：护绿小难题

【案例呈现】

活动一：看看小视频，想想小办法

借助校园小记者的视角，将校园生活中出现的"玩皮球不小心压坏绿苗"这一情境呈现在学生眼前。当情境主人公发现皮球不小心压坏绿苗后便转身离开，镜头在这一幕戛然而止。不少学生随即表情愤慨，言语中对情境主人公的"离开"行为表示质疑："球都把小苗压倒了，他怎么能离开呀？"教师当即赞同他们的想法，表扬他们有自觉护绿爱绿的小公民意识，并且已经懂得了作为一名护绿爱绿的小公民首先要做到不损坏绿化。之后顺势而为，让学生们好好思考假如是自己不小心将球拍进绿化带并压倒了小苗，又会怎么做，并将自己认为正确的做法写在姓名牌上。

活动二：贴贴姓名牌，理理小做法

在舒缓的乐曲声中，学生们将认真思考后的做法用简洁的话语或简短的词组写在姓名牌上，并一一交给老师。姓名牌上的表述各不相同，有的写着"自己去捡"，有的写着"找老师帮忙捡"，有的写着"找同学帮忙捡"……老师一一阅读姓名牌上的内容后现场即时进行梳理、分类，并据此对学生们的座位进行相应调整，分为"离开、捡球、求助、补种"四组，让学生们重新按组就座。

活动三：说说小理由，一起辨一辨

老师组织学生们分组重新就座后，学生们就可以陈述自己的做法并表明理由或观点。一名学生发言之后，同组或其他小组成员可以即时进行回应，或赞同或补充说明，也可表示不同意并陈述反对的理由及自己的观点。

当时课堂气氛十分活跃，学生发言此起彼伏。学生们相互之间思维碰撞，观点激变：

"走进去也可以捡回球呀？"——可是这样不是还会伤害小苗吗？（在观点的比较中进一步启发和强化学生爱绿护绿的意识，并深入思考、对比分析，寻找其他合理解决问题的方法。）

"那我去借个网兜，一捞就把球捞出来了。""我觉得这个办法不错！不过要是球落在对面的话，都过去不就行了，不用那么麻烦！""同样可以把球捡回来，你们觉得哪个办法更好？"（引导学生站在爱绿护绿的角度，进一步分析和判断各种方法之间的利弊，激发他们的理性思考，从而明确作为小公民不仅仅要重视护绿，更要用合理、巧妙的方法来护绿爱绿！）

最后，老师指出这些办法虽然可行，但都是补救之法，而要更好地护绿爱绿最根本的是避免把球掉进绿化带，从而进一步激发学生树立爱绿护绿要从自身做起，避免做出毁绿、伤绿的行为的意识，明确了怎样才能成为一名真正的护绿小使者，帮助他们形成正确的道德价值判断。

活动四：阅读电子书"护绿小难题"

学生打开电子书，阅读"护绿小难题"并在小组内讨论，基本形成观点后进行全班思辨：怎样减少或消除这些毁绿或不文明养绿的现象或行为？此时的思辨是对第一次思辨的提升和运用，学生们已经初步明确了用合理、巧妙的方法护绿爱绿这样一个主旨。因此，从课堂交流中可以看出，他们不仅仅停留在对于不文明养绿、毁绿行为的道德批判上，还分析了原因，从强化自身绿化意识、改善绿化设计、纠正自身不良行为习惯、科学养护绿化和考虑他人人身安全等多个角度寻找到了比较合理的护绿爱绿的办法。在这个过程中，学生进一步学会了怎样科学、合理、巧妙地护绿爱绿，明确了怎样才能成为一名真正的护绿小使者，形成了正确的道德价值判断，提升了自身的小公民素养！

【案例分析】

本案例中，教师借助电子书和微视频技术链接课堂和生活的道德两难问题，创设源于生活的真实学习情境，学生围绕情境多次进行课堂探讨与思辨，加深了自身生活体验，培育了自身的道德理性智慧，提升了道德价值智慧，并形成了良好的道德素养。

一方面，课堂思辨培育道德的理性智慧：自律、自觉和自决。首先，教师利用信息技术链接课堂和生活，通过捕捉学生生活中爱绿、护绿资源创设多个学习情境。学生在生活情境对话中学习，熟悉爱绿、护绿、种绿的基本行为准则，在思想上认识到这些行为对个人、集体和社会的重要性。同时，在行为上反省，守住护绿的道德底线，并努力向高标准看齐，形成道德自律。其次，学生在教师引导下深刻地理解道德生活所体现的价值和意义，如认识到"种绿不扰邻，种绿要安全"对个体、集体和社会生活的意义。在情境活动辨析中，学生将文明规范"内化于心、外化于行"，形成"自动"的道德行为，促进道德自决达成。最后，通过道德情境对话和思辨形成正确的道德判断，促进学生道德自觉养成。在护绿小难题的生活道德情境辨析中，面对不同伙伴的不同观点，学生和老师共同及时梳理、提炼，尽管价值观可以多元，但"种绿不扰邻，种绿要安全"的价值判断是是非分明的，并且达成共识：当个人利益与他人利益发生严重冲突的时候，如何寻找到既符合道德理性支撑的平衡点，又行之有效的解决方案，这就需要有明智且正确的道德决策。

另一方面，课堂思辨提升道德的价值智慧：情境参与、情感共振与价值升华。首先，"绿化带捡球，种绿不扰邻"等联系生活实际、符合学生身心发展特点、能引发学生道德价值冲突及反思的鲜活、真实的问题情境话题，能够帮助学生积极主动地参与道德情境。通过自主学习、分组讨论、角色模拟和情境再现等形式，学生能主动参与到讨论、交流中，产生积极的、可商讨的、富有教育意义的对话。其次，通过这些具体的道德情境与价值拷问，学生在活动中形成情感共振。在对于"为了省时穿小路、踩绿化"的道德情境辨析中，学生能"将心比心、以心换心"，在道德情感上产生"己欲立而立人，己欲达而达人"的深刻体验，认为应该改变自身生活习惯，保证上学有充足的时间，从而减少这些现象，形成积极向上的、具有正能量的连带感、同类感和共振感。最后，在本课多个生活道德情境思辨学习过程中，教师不断引导学生反思、追问，学生对"公共道德生活能否满足我们的安全、自尊、集体归属感和自我实现的需要"这样的问题不断产生思考，从而认识到：如果我们学会积极担当义不容辞的责任和义务，我们自身会多一些快乐和幸福。在整个学习过程中，学生升华了道德生活的意义感、获得感和幸福感。

案例三：四年级上册第五单元《14　当冲突发生时》

活动名称：巧借平台，化解冲突

【案例呈现】

师：课前我们针对校园中的欺负行为进行了小调查，同学们看看这两组数据，你们发现了什么？

（出示两组数据对比）

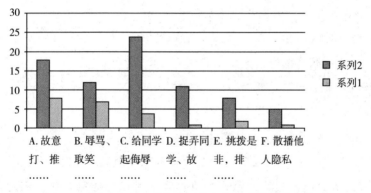

图5-4 《当冲突发生时》校园欺负行为课前小调查情况

生：我发现第二组被欺负者的人数比第一组欺负别人的人每一项都要多。

师：是的，我们班有的同学认识到自己的行为是不对的，是欺负行为，他们很诚信地做出了选择，可是有的同学还没有意识到。我们来看看第二组数据，其中给同学起侮辱性的外号和故意打、推、撞、踢同学是我们班最集中的欺负问题。看，这是课前同学们在知音信箱的投稿中写出的被欺负时的感受（配音乐，出示感受），请你们认真读读这一条条内心的呼喊，结合自己的经历谈谈感受。

生：我觉得那些被欺负的同学一定很伤心。

生：我就曾经被班里的同学取过绰号，我觉得很委屈，他们为什么要这么叫我呢，这个绰号又不好听。

师：你们谈到了被欺负者的心情，他们是那么伤心、难过。

生：我觉得那些欺负人的同学实在太可恶了，他们是很闲吗？总想着欺负人，不能多看看书、多学习学习吗？

师：你对那些欺负者进行了谴责，他们的行为是错误的。

生：我觉得那些被欺负的同学真是太可怜了，他们一定希望当时有人能够帮帮他们，让他们不要再欺负自己了。

师：是啊，他们是那么无助，你在想办法让欺负者不再欺负人了，看来大家都能体会到被欺负者的感受。

……

师：王玲在老师的帮助下处理了问题，解决了她和美欢之间的纠纷，假如当时你就在现场，是其他同学中的一员，作为旁观者的你，会怎么做呢？这里有几个选项，请你选一选，说一说。

A. 跟被欺负的同学站在一起，对欺负行为说"不"

B. 向老师或家长报告，希望他们赶来制止

C. 跟我无关，赶紧躲开

D. 鼓掌、起哄、看热闹

（学生打开电子平板，进入魔灯课程，完成投票）

生1：我会选第一项，理智地做个调解员，帮他们处理这件事。

生2：我不太擅长表达，怕好心办坏事，所以会选第二项，及时向大人求助，请他们来帮忙解决。

师：老师发现没有同学选择第三项，大家还记得上次班级中小马的事件吗？小马的鞋子被同学脱了下来，故意在班级里乱扔。当时大家都在教室里，还记得当时自己是怎么做的吗？当时选择觉得事情与我无关，做旁观者的同学请举举手。（班级中有12名同学举手）

师：当时你们为什么选择做旁观者，赶紧躲开呢？

生：因为当时有很多人在扔小马的鞋子，我觉得我一个人说不过他们，可能没办法制止他们，所以就没去制止。

师：你担心自己制止无效，所以选择旁观。

生：他们当时人很多，我怕如果我去制止的话，他们也会来欺负我，所以就没去制止。

师：你害怕自己也成为受欺负者。

生：我当时想去制止，可是看到他们扔得鞋子到处飞，而我是戴眼镜的，怕砸到我的眼镜，到时候碎掉，我也会受伤的，所以就退缩了。

师：你担心制止会让自己受到伤害。同学们都说出了自己的想法，有的同学选择和被欺负的同学站在一起，有的同学选择向师长求助，还有的同学选择回避。前两种我们可以将其归纳为调解，第三种我们则可以将其归纳为回避，的确，回避能不让自己受伤，也不会影响同学之间的关系，但可能会导致欺负者变本加厉，情况也会恶化。所以有一个合适的调解员在场很重要。主持公道的行为能阻止欺负事件的发展，弘扬正义。

师：你们看，这是出现在知音信箱里的一封信，上面的故事就是我们班发生的事情。假如现在你和这位同学有相同的遭遇，你会怎么做呢？请大家投票。

师：老师发现绝大多数同学选择了A和B，有3位同学依然选择了C，D选项没有人选。老师理解你们选择赶紧躲开肯定也有自己的顾虑，尊重你们的选择。然而老师希望有更多的同学能够挺身而出，选择跟被欺负的同学站在一起，对欺负行为说"不"，或者主动寻求大人的帮助。因为一旦你选择做一名旁观者，就会助长欺负者的气焰，今天你是旁观者，或许明天你就有可能成为被欺负者；今天你想办法制止欺凌，可能就是帮助明天的自己。

【案例分析】

本案例中，教师利用魔灯平台技术链接课堂与生活中学生真实的内心世界，学生根据自身的内心需要、生活经验及个性差异参与学习，使自身认知与情感产生相互作用，提高认知、动机、情感等方面对自身道德行为的制约作用，从学习中获得更好的生活指导，使自己的校园生活更美好。

首先，教师借助魔灯平台将生活中受欺负学生真实的内心世界作为课堂学习资源引入课堂学习中。这些资源与学生的日常生活、学习生活、交往生活、集体生活等紧密相联，同伴内心的真实呈现，使学生产生了情感共鸣，在审视自身内心的同时，也加深了对欺负行为危害的认识和体验。其次，学生结合自身经验和内心需要积极参与学习活动，激发自身认知和情感相互作用。交流讨论中，学生自然而然地顺应自己的经验和内心需要从不同维度谈感受：有的能体会被欺负同学伤心、难过的心情；有的能对欺负者进行谴责，判断他们的行为是错误的，这是做出了正确的道德认知判断；有的能帮助受欺负的同学想办法，让欺负者不再欺负人，这是在反思解决问题的办法。这样由浅入深地探讨，加深了学生对欺负行为给他人带来的危害的理解，自然达成"变欺负者为保护者，变旁观者为调解者"的共识，形成正确的道德判断。最后，魔灯投票反观自身道德成长，践行道德生活。课前学习中，魔灯投票显示，面对校园欺负不少学生选择做旁观者。课中交流显示，他们选择旁观者角色的原因有"担心无法制止，害怕自己也成为受欺负者，害怕调解时自己受到伤害"。经过课堂讨论交流之后，第二次的魔灯投票显示，大多数学生在面对欺负事件时会选择成为调解者。学生表示愿意尝试自己出面调解或跟被欺负的同学站在一起，对欺负行为说"不"或及时向老师家长求助。借助平台技术，及时地捕捉了学生实际的道德发展状态，真实呈现了学生道德发展、道德成长的轨迹，促使学生在校园生活中践行有道德的生活，使学生过更美好的校园生活。

在本次链接课堂与生活的学习活动中，学生不断走进生活，打开生活，结合已有生活经验、内心需求，反观自身行为，在角色体验中共同探讨解决问题的对策，更大程度地加深了自身对"遇到欺负怎么办"这一问题的认识和理解，促成了课堂深度对话和思考，形成了极富个性的发现和观点。"课堂+生活"混合式学习通过密切链接学生的课堂与生活，提升学生自身道德水平，对学生在校园生活中的道德判断、行为选择、道德成长产生了润物细无声的作用。

案例四：二年级下册第三单元《9 小水滴的诉说》

活动名称：小水滴的诉说

【案例呈现】

活动一：小小水滴我爱惜

身边浪费水现象调查分析

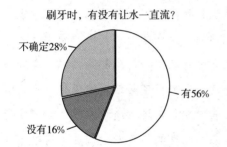

刷牙时，有没有让水一直流？
不确定28%
有56%
没有16%

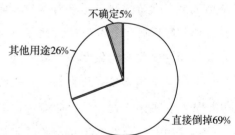

冬天，如何处理已经冷掉的水？
不确定5%
其他用途26%
直接倒掉69%

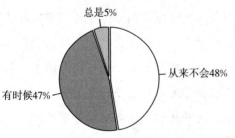

洗菜、洗抹布时，会把水龙头长时间拧开吗？
总是5%
从来不会48%
有时候47%

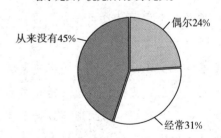

在每次洗手、洗澡的时候，总是开着水龙头，洗完后再关水龙头。
从来没有45%
偶尔24%
经常31%

图5-5 《小水滴的诉说》生活中浪费水现象调查分析

教师出示导学微课中水被浪费的图片及调查问卷结果汇总情况，学生观察图片和数据，发现许多同学洗漱、洗澡时会一直开着水龙头，存在一定的水浪费情况。于是，引发第一个道德难题的思考："既然水这么充足，为什么还要节约用水呢？"

结合已有认知经验，有的学生指出"水对于生命有重要意义"，有的认为"河水变成自来水的过程很不容易"，有的表示"我们国家的水资源很少"，还有的提出"水资源污染情况严重"。

通过积极的交流，结合教师引导，学生进一步明白水对于生命有重要意义；知道我国是一个水资源缺乏的国家，不同地区水资源分布不平衡。加之水污染、水浪费的情况加重，对于来之不易的自来水，要格外珍惜和爱护，初步树立珍惜水资源的道德意识。

活动二：小小水滴我保护

身边节水好做法调查分析

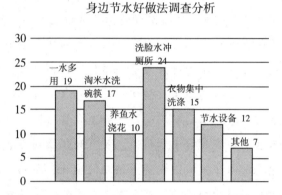

图5-6 《小水滴的诉说》生活中节水小妙招调查分析

节约用水是学校常规教育的内容。但是在真实生活中，学生常常会面临又一个道德难题：一方面被教育要节约用水，另一方面又被老师家长教育要注意卫生习惯，用流动的水洗手洗脸。"这些水哗哗地流，不是浪费吗？到底怎么做才是对的呢？"借助"小明的困惑"，真实呈现学生面临的第二个道德困境。通过辨析体悟，学生认识到节约用水不等于不注意个人卫生，要讲究方法，在保持良好卫生习惯的前提下节约用水。巧用好方法，既节约又卫生。之后通过小队活动分享节水小妙招，有"淘米水洗碗筷、养鱼水浇花、洗脸水冲厕所"等一水多用之法，有"衣物集中洗涤、装配节水设备"等省水之法，还有小队探究在科技、政府、法律和个人层面上保护水资源的做法。在此过程中学生慢慢找到走出道德困境的方法，树立节水惜水的环保意识和法治意识，获得自我成长。

活动三：小水滴保护计划

教师出示儿歌"洗完手后关龙头，不要让水白白流。洗脸水、洗衣水，废水可以再利用。人人节约一滴水，积少成多也是宝。节约意识留心中，节约行动齐动手。你来我来大家来，养成节约好习惯。"请学生读一读并倡议学生关注生活，运用自己的聪明才智，探索出更多节水小妙招，身体力行将节约用水落实到行动中，树立环保意识，养成节约用水的好习惯。

【案例分析】

本案例中，教师利用导学微课和问卷星将学生真实家庭生活中的浪费水现象引入课堂，引发学生对水资源浪费这一道德事件的关注、发现与思考。结合线下生活中节水小妙招和创意用水节水方法的探寻，学生在体验生活的同时，认识到自身的内在潜能和价值，从而形成爱水惜水的生活态度和价值取向。

一方面，导学微课视频和真实家庭生活中浪费水现象调查结果的推送触发学生思想认识，引起学生对水资源浪费这一道德事件的关注、发现与思考。在交流中学生对水资源重要性的个体价值认识的局限这一真实认知得以呈现，他们普遍认为水是取之不尽、用之不竭的，不知道自觉珍惜，导致用水的时候出现浪费现象。之后在对"既然自来水供应充足，为什么还要节约用水？"这一难题的讨论中，学生深入了解我国水资源缺乏的现状、不同地区水资源分布不平衡及河水变成自来水过程的不易，在反思自己在日常生活中用水情况的同时树立节水惜水意识，促进自身道德自省能力的提升。

另一方面，结合生活经验探寻节水小妙招，学生认识到生活节水中自我的内在潜能和价值，形成爱水惜水的生活态度和价值取向。借助"小明的困惑"，学生与老师、同伴及时进行在线交流，对生活中既要节约用水，又要注意卫生习惯的用水道德难题，进行深入讨论和思辨，加深了对"节水小妙招""创意护水方法"的生活体验，明确人人都是护水小使者，节水护水人人有责。进一步认识到在惜水护水活动中自我的内在潜能和价值，深切感受到水资源的宝贵和来之不易，强化自身保护水资源的意识，突破道德困境，在生活中逐步养成绿色环保好习惯。

案例五：一年级下册第一单元《3　我不拖拉》

活动名称：小小时间管理员

【案例呈现】

活动一：时间去哪了

师：小朋友们，老师相信你们都知道"一寸光阴一寸金，寸金难买寸光阴"的道理。特殊时期，为了保证"空中课堂"的学习效率，每天做到惜时守时显得尤为重要，每节课、每次和老师互动你都能及时、准时参加吗？请"时间管理员"们根据第二周线上学习的真实情况给自己评一评吧！

（学生线上自评，教师巧用钉钉班级圈的"送花"功能在线采集数据，方便、快捷又直观地看到每位同学的情况。）

师：从调查情况看，全班36名同学中有8名同学出现过1—2次迟到或错过"空中课堂"的行为，4名同学有过两次以上迟到或错过在线学习的行为。

活动二：时间溜走了

（出示调查数据，观看线上拖拉小视频）

师：时间真是调皮，稍不注意就从指尖溜走了。瞧！在这个特殊时期，有几位小朋友一不小心错过了在线学习。作为时间管理员的你在特殊时期是否也存在其他拖拉行为？请在小组内和小伙伴说一说吧！

生1：有一次数学空中课堂学习时我听得不认真，互动交流问题时就傻了眼！不仅自己丢脸，还浪费了同学和老师的时间。下课后我赶紧重新翻看数学书、琢磨练习册上的题目。不小心连后面的班会互动课也错过了！害得妈妈只能利用午休时间带我观看回放。从那以后我可再也不敢听课思想不集中了！

生2：那天妈妈出去散步，走之前把手机投屏调好了。我早早看好时间等着上音乐课。可是到时间了却放不出来，我急得哇哇大哭给妈妈打电话，等妈妈回来调好已经过去10分钟了。我太伤心了！

生3：幼儿园的时候老师就教过我们要合理利用时间，什么时候就做什么事。所以在线学习以来我都是准时参加，而且上课以前我都是反复确认电视机有没有问题，爸爸妈妈对我这点特别骄傲。

师：看来我们生活中一些拖拉的行为不仅会给自己带来不好的后果，而且也给别人带来了麻烦，我们都应该向惜时守时的小朋友学习，成为一个优秀的

"时间管理员"。

活动三：分享小妙招

师：我们怎样做才能惜时守时呢？小小时间管理员们能不能分享一些小妙招呢？

生1：我和爸爸妈妈一起做了一张一日作息时间表，把一日学习、娱乐、锻炼的时间安排妥当了。

生2：我也有，但我觉得时间表能不能执行下去很重要，关键是得说到做到。

生3：我觉得有了时间表最好再定个闹钟，万一做作业太投入忘记了看时间呢！

……

活动四：我们都是小小时间管理员

（出示活动表，布置第三周"小小时间管理员"活动）

【**案例分析**】

本案例中，教师利用钉钉班级圈工具支持多主体学习表现性评价活动，学生根据及时反馈的评价结果参与对自身在线学习状态和学习方式的互动讨论，从而创设以学生为中心的多元开放的道德学习环境。借助此次"小小时间管理员"学习活动，学生和老师、同伴一起探寻惜时守时小妙招，不断强化惜时守时意识，学会惜时守时的良好生活方式和行为习惯，真实地改变自身生活。

首先，钉钉班级圈送花功能支持学生在线学习表现评价。学生从"准时参加、及时互动"两方面对自己参与空中课堂学习的表现进行评价，有效激发了学习兴趣。同时，结合在线采集数据，可以方便、快捷又直观地看到自己和其他伙伴的学习情况，发现学习拖拉行为。其次，学生根据自评结果参与交流互动，学习良好生活方式。结合班级圈及时生成的自评结果，学生对自己和同伴学习上的其他拖拉行为进行分析交流。在互动讨论中探寻惜时守时小妙招，深化惜时守时意识，促进惜时守时行为习惯的养成。最后，平台链接课后表现性活动，在实践体验中促进习惯养成，构建道德生活。道德源于生活、内在于生活，具体落实为生活的构建和改变。课后，学生继续完成第三周"小小时间管理员"表现性活动任务，每天在生活中践行惜时守时好习惯，并在线上钉钉班级群进行打卡分享。在此过程中，学生将课堂所学变为生活指导，强化自身道德生活实践。学生把课中学到的惜时守时小妙招运用到生活实践中，逐渐养成惜时守时的好习惯，促进自身对良好生活方式的学习，逐步学会构建属于自己的有规律的、和谐的道德生活。

第三节 "课堂+生活"混合式学习评价实施

传统课堂教学中，教师是绝对的评价主体，学生只是教学评价的对象，被动接受评价，为教师的教学策略提供反馈信息。伴随着互联网教育资源的开发，我们呼唤建立"课堂+生活"多元、自我的表现性评价体系。

"课堂+生活"混合式学习评价，旨在应对互联网学习时代学习环境和学习个体转变的挑战。我们致力于通过设计并进行源于生活、回归生活、高于生活的表现性生活任务驱动，借助网络平台、手机等信息工具将生活已有认知通过任务引入课堂，实现师生之间、生生之间的即时沟通分享，后台将留存学生学习过程中产生的大量数据，形成学生表现性评价的报告。同时，学生将课中所学到生活中去实践、巩固和提高，引发对生活难题或矛盾点的思考探究，在生活中进一步消化认识并解决矛盾和问题。这样的表现性评价，其价值更多指向学生的发展；关注生活，依托智能化，让评价更依赖于信息技术带来的生成性和时代性，体现本学科的综合性，真正成为学生成长的助推器。

一、在自我表现性评价中促进自我教育

小学道德与法治是从儿童不断扩大的社会领域来组织内容和素材的，主要涉及自我、家庭、社区、国家、世界领域。每个学生在相关领域的认知水平、能力水平、情感态度价值观水平，由于生存环境和经历不同存在差异，而同一内容目标下的单一表现性学习任务，是不能满足学生差异性的学习需求的。此外，学生的道德认识和道德行为存在"两张皮"现象，即课堂所学与真实社会行为脱节，出现道德迷茫和道德伪善现象的道德困境。因此，通过学生的自我表现性评价，促进学生自我反思、自我教育、自我改进，促进评价真实性的

实现。

自我表现性评价，简而言之就是让学生成为表现性评价的主体，使学生能够对自己的道德发展水平进行评估。评价的设计是学生自我辩证、自我澄清、自我教育的实施过程。道德的成长归根结底就是一种自我教育。自我教育是学生在表现性任务引导下的一种积极的、能动的反映，在道德形成的过程中，学生根据教学要求和自身的道德水平，积极地确立教学目标并选择任务资源，通过对道德自我的认知、情感体验、自我调控和反思改进，以达到符合课程所要求的道德规范自省的表现性评价。因而，我们所提倡的"课堂+生活"混合式学习中的自我表现性评价，关注和解决的是学生课内外认知的统一性问题。

【评价目标】

掌握自主保持居家学习课桌桌面整洁的方法，养成爱整洁的好习惯，初步培养自我管理能力。

【表现性任务】

主题："居家课堂爱整洁"

任务：居家学习时，自主保持桌面整洁，做好课前准备，并合理使用电子设备。

【评分规则】

A等水平描述：你能每天坚持自觉做到准时上课，桌面物品摆放整齐、有序，及时收纳；还能根据电子产品的电量消耗情况提醒家长定时为电子设备充电，保证电量充足。

B等水平描述：你能每天坚持自觉做到准时上课，桌面物品摆放整齐、有序，电子设备电量充足。

C等水平描述：你能在家长的提醒和帮助下做到准时上课，桌面物品摆放整齐，电子设备电量充足。

D等水平描述：你不能在家长的提醒和帮助下做到准时上课，桌面物品摆放不整齐，不能保证电子设备电量充足。

【案例呈现】

活动一：居家课堂整洁调查有反思

由于空间距离的限制，教师无法通过网络连线了解到每一个学生的居家课堂整洁情况，因此教师在课前利用"问卷星"对学生进行了一个"居家课堂整洁"小调查，主要了解"居家上课期间，学生是否能自己整理桌面、是否能在课前准备好书本和电子设备、是否会提醒家长为电子设备充电"三方面的情况。

这一调查其实是学生对于"居家课堂整洁"表现的自我评价。课堂学习中，借助数据，不同水平的学生形成不同的自我反思。比如，在"自主保持桌面整洁"方面，有一半的学生认为自己能够在家长的督促下做到桌面整洁，但是也有近一半的学生认为自己没能做到或做得不好，他们有的觉得自己做得好是因为已经掌握了整理桌面的方法，有的认为自己做得不够好是因为自己这方面的主动意识还不够强，需要有人提醒。又如在"合理使用电子设备"方面，大多数学生认为自己做得不好是因为其实不清楚电子设备在怎样的情况下需要充电，还有一部分学生提出自己虽然表现还可以，但是往往等到电用完了才会想起让家长充电，充电的事都由家长代劳。甚至有学生提出自己做得不好原因是以往的学习中，电子设备并不是自己必要的学习用品，所以对电子设备的充电意识比较淡薄，缺少相关经验。总之，不少学生反思自己保持家庭课堂整洁的自我约束力不够，居家课堂整洁的自律能力还有待加强。

活动二：宅家课堂自理分享利改进

根据以上调查结果，教师从班级中找了两个保持家庭课堂整洁方面做得比较好、居家课堂整洁自律能力较高的学生进行经验交流。借助"一起小学"网络平台，一个学生介绍自己课前合理摆放桌面物品的方法，另一个学生介绍iPad的使用方法。

线上经验分享的同时，通过模拟真实情境，学生在线下当场实践榜样分享的好经验、好方法。在实际操作中，学生发现还是需要根据自己家庭的实际情况对某些方法进行调整或改变。比如，按照课表将每天的书本提前按种类放好，对于一些桌面空间较小的学生而言就不适合，要适当调整和改进。经过线下及时模拟之后再进行方法修改与交流，找到适合自己的保持整洁的居家教学环境的方法。

由于讲卫生、爱整洁的自我意识和自我约束力培养需要经历一定的过程加以实现，因此课后借助为期一周的"居家课堂整洁"表现性任务，学生再次开展线上自评，学生之间的互动交流异常活跃：水平等级A等的可可在对自己一周表现表示满意的同时收获了不少同学的点赞；水平等级B等的文文在发现自己优点的同时也表示要向榜样可可多学习，有同学建议文文对每天每堂课的课前2分钟进行打卡榜设计，自我督促坚持做到保持整洁，逐步形成习惯；水平等级C等的小杰表达了自己的苦恼，有时找不到老师要求的书本和文具，还有几次在直播课中出现了电子设备电力不足的情况。不少同学提议让老师或家长对小杰多多督促和提醒。这有利于学生的居家课堂整洁表现在原有基础上获得进步。

活动三：特殊学生跟进促发展

随着一周"居家课堂整洁"表现性活动的深入推进，越来越多的学生开始具备讲卫生、爱整洁的意识，尝试并努力做到保持桌面整洁，所以每天得到笑脸的学生也越来越多。但小博同学连续几天未上交居家课堂照片。通过线上"云家访"，教师了解到他的家庭条件比较困难，没有属于自己的书桌，小博的居家学习是在餐桌上进行的。对比班级其他学生整洁干净的书桌，小博有些自卑，因此不愿意上传照片。在教师晓之以理、动之以情的教育引导下，小博终于明白桌子的款式并不重要，餐桌整理干净也能当书桌，也是爱整洁的表现。他慢慢开始上传自己整理干净的餐桌式书桌照片，并且得到许多同学的点赞。不久，小博也自信地给自己送上了好评。

【案例分析】

《我们爱整洁》是一年级道德与法治第二学期第一单元的内容，本单元的主题是养成好习惯，旨在让美好的自我形象在学生身上具体化，从好习惯的养成开始，为学生追求美好的自我起航。对小学一年级的孩子而言，讲卫生、爱整洁的生活还不是他们能够自发和主动的追求，因此许多孩子缺乏讲卫生、爱整洁的自我约束力，整洁良好的行为背后往往是家长的督促，甚至代劳。借助平台开展"居家课堂爱整洁"表现性活动和评价，围绕核心素养"自我管理"，聚焦什么是爱整洁的表现及怎样做到爱整洁，从这两个方面着力提高学生讲卫生、爱整洁的自我意识和自我约束力，培养学生爱整洁的好习惯。

本案例中，基于"课堂+生活"混合式学习活动创设更加开放的评价空间，通过学生的自我表现性评价，在爱整洁的道德形成过程中，学生不断自我反思、自我教育、自我改进，促进评价真实性的实现，有利于自身整洁良好的行为习惯的养成。首先，结合课前线下自我评价，不同学业水平的学生对自身"居家课堂整洁"行为进行反思，发现自己保持家庭课堂整洁的自我约束力不足、方法掌握也不够，激发进一步学习的兴趣。其次，在线互动讨论，分享获取整洁好方法后，再次开展为期一周的"居家课堂整洁"表现性活动，学生再次开展在线自我评价，并进行互动交流，同伴的生成性建议促使学生更好地进行自我教育，并寻找适合自己的家庭课堂整洁好方法改进现有行为。同时，个别特殊学生在老师合情合理的引导启发下，结合自身行为反思及时纠正了自身道德认识的偏差，积极投入居家课堂整洁习惯的养成之中，并获得明显的进步。

此次"课堂+生活"混合式学习活动中，"居家课堂整洁"表现性评价的设计是学生自我认识、自我澄清、自我教育的实施过程。结合自我表现性评价，有效发展了不同水平维度学生的自我管理素养，培养了学生讲卫生、爱整洁的意识和自我约束力和自制力。这样的自我表现性评价创建了更开放的学习氛围，让学生更自主地参与到活动中来，真正成为学习的主人。可见，在"课堂+生活"混合式学习模式下，可以创建学习共同体，创设利于情感表达、开放式沟通的学习环境，有利于促进学生的道德认识、道德情感、道德意志、道德行为的发展。

二、在多元表现性评价中实现知行合一

新德育课程的基本理念是回归生活，课程的设计要"源于生活，通过生活，为了生活"，因而道德学习是一种生活实践的学习。进入数字化信息时代，学生的生活更加丰富、多元，他们的学习也更加多元、开放，有多种途径、多种场所，多种形式、多种方式，也有课内学习、课外实践体验。需要指出的是课堂不是跑马场，不是通过教学与评价来对学生进行"好、坏、快、慢"的判断，而是培养学生各种能力，教会学生如何学习、如何思考的地方，重要的是将评定作为促进学生道德品行发展、培养学生生活才能的手段。因此，教学评是一致的，是相融相生的。从某种意义上说，评价是教，也是学，评价也具有多元的特征。

时代的进步已经使得移动自媒体进入每个学生的学习和生活。根据学习任务合理应用自媒体，能使学生一直保持在连续、无缝的学习状态中，从网络中获取信息，打破时空限制，在讨论交流中，实现信息交互、学习互动。通过课内外的融通，儿童视野得以拓宽，促成儿童道德成长，焕发道德教育的张力和活力。

新课标指出，本课程倡导多元、开放、整体的评价观。评价目标、内容、

手段和方法，从单一、封闭走向开放、多元，评价过程从片面追求学生的学业成绩，走向整体关注学生的全面发展。从课程层面来说，表现性评价关注评价的多元化，即评价主体的多元化、评价方式的多元化，以及评价任务的多元化，以真实情境任务为前提开展学习和评价，为学生创设了符合课标要求的学习环境，必将对学生本课程的学习起到推动作用。

构建多元化评价体系，有利于激发学生学习的自觉性，增强学生的主体意识和参与意识。混合式学习强调学生在评价过程中的主体地位，改变单一由教师评价学生的状况，鼓励学生、同伴、教师和家长共同参与评价，实现评价主体的多元化，帮助学生在自我评价、互相评价、师长评价中不断反思、认识自我，从而实现自主学习和发展。师生通过口头、书面、体态语言相结合等方式开展评价。在绝大多数情形下，口头式的评价最为常见；网络互动与评价作为一种沟通师生心灵极为有效的方法，已逐渐为广大教师所青睐；网络中多种动画表情、眼神、手势等，能引发共鸣，更有利于激励学生。在现实和虚拟的学习共同体中，评价任务分工可以更加细致，包括打分定等第、撰写评语、数据统计、汇报等多个项目，任务落实到每个人，由组长负责统筹和监督，体现评价任务的多元化。

课堂教学应当伴随着与课外生活紧密相连的表现性任务及评价，更加侧重社会实践能力与道德思辨等学科核心素养的培养。为此，教师要始终站在道德与法治学科的核心素养角度来统领教学设计和评价，不忘立德树人之初心，引导学生在自我生活中有所改变，实现知、情、意、行的有机统一，使得评价更加多元，从而促使学生良好道德品格及关键能力的自然生成，过一种积极、健康、有道德的生活。

【评价目标】

能说出本地区的交通情况；在生活中能正确认识与评估自我，具有安全意识；自觉遵守交通法规，掌握防止溺水的安全知识和技能。

【表现性任务】

主题："安全隐患大调查"

任务：完成安全出行问卷，学习《道路交通安全法》，观看相关视频、案例，在生活中自觉遵守交通法规，并根据实际情况填写"安全小达人"评价表。

【评分规则】

A等水平描述：你能完全根据路上的情况，正确说出应遵守的各种交通法规，积极学习《道路交通安全法》，自觉遵守交通规则，能做到拒绝超载、"一盔一带"、劝阻酒驾。

B等水平描述：你能根据路上的情况，较正确说出应遵守的各种交通法规，较主动地学习《道路交通安全法》，自觉遵守交通规则，做到拒绝超载，大多数情况下能做到"一盔一带"、劝阻酒驾。

C等水平描述：你能基本正确地说出应遵守的各种交通法规，能学习《道路交通安全法》但不太积极，在他人的帮助下遵守交通规则。

D等水平描述：你既不了解交通规则相关要求，也不能自觉遵守交通规则。

【案例呈现】

任务一：生活中有许多安全隐患，你和家长是否做到安全出行了呢？想一想，如实完成这份调查问卷。

为了贴近学生的生活实际，课前教师采用问卷星中的调查问卷等形式，搜集班级学生和家长外出遵守交通规则现状作为课内的生成资源，切实解决生活真问题。因为是匿名问卷，减少了学生和家长答题时的压力，体现了结果的真实性。从调查反馈中，教师选取了本班学生和家长日常安全出行中出现频次较多的"多人乘坐电瓶车等非机动车""车内不系安全带"两种典型情况，为课堂学习活动的设计和推进提供了有效的依据。

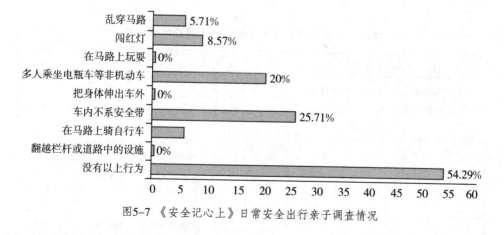

图5-7 《安全记心上》日常安全出行亲子调查情况

大家都知道这样做不对，但是为什么还会出现这样的现象呢？通过课堂学习交流，学生发现这些现象源于他们的生活实际，中间还糅合了复杂的社会动因。例如，有些学生说因为早上起晚了怕迟到；有些学生说家里现在二胎、三胎，家人不能一个个送，只能走捷径；还有的说家长一直是这么送自己的，从来没出过事；还有学生延伸到汽车超载现象……

对于三年级的学生而言，还不能真正体会生命的来之不易，安全意识比较薄弱。课堂学习中，学生通过观看大量真实的"正反"视频案例和数据，不仅从"反面"案例中知晓"我们不应该怎么做，这是违反法律的"，要引以为戒，还从"正面"案例中知道"我们应该怎么做，这是正确的"，得到正向引导，更好地培养自身的法律观念与法律态度。

之后就这些安全出行两难问题进行小组讨论，积极寻求解决的策略与方法。学生此时关注到，超载是一种违法行为。因为相关法律规定：自行车、电动自行车仅限在后座载1名12周岁以下未成年人。还有学生关注到超载也同样违反了《中华人民共和国道路交通安全法》第五十一条规定：机动车行驶时，驾驶人、乘坐人员应当按规定使用安全带，摩托车驾驶人及乘坐人员应当按规定戴安全头盔。大家都建议不超载，哪怕小孩也要戴头盔——"一盔一带"。对于汽车超载，他们提出了换大车或打车等解决方法。

任务二：课后请同学们学习《道路交通安全法》等相关法规，观看相关视频、案例，掌握一定的交通安全知识，并在生活中加以落实与改进，自觉遵守交通法规。请大家根据自身实际情况，在两周后按提示完成"安全小达人"评价表。

表5-1 《安全记心上》安全小达人表现性评价表

评价内容	评价标准			
能完全根据路上的情况，正确说出应遵守的各种交通法规	正确	较正确	基本正确	不正确
	☆☆☆☆	☆☆☆	☆☆	☆
能做到拒绝超载、"一盔一带"、劝阻酒驾	完全	大多数	一般	做不到
	☆☆☆☆	☆☆☆	☆☆	☆
积极学习《道路交通安全法》	积极	基本做到	不积极	做不到
	☆☆☆☆	☆☆☆	☆☆	☆
自觉遵守《道路交通安全法》	自觉	基本做到	不自觉	做不到
	☆☆☆☆	☆☆☆	☆☆	☆

续 表

评价内容	评价标准
评价说明：根据活动作业完成情况，对照评价量表中的评价标准进行评价，得出评价结果，13—16颗星为"优秀"，7—13颗星为"良好"，5—8颗星为"合格"，4颗星以下为"需努力"。获得"优秀"等第的学生可获得"安全小达人"称号。	
在本次活动中共获得了（　　）颗星，等第为（　　），获得"安全小达人"称号。	

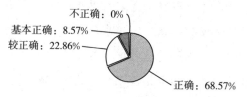

第2题：我知法规——能完全根据路上的情况，正确说出应遵守的各种交通法规。（单选题）

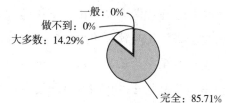

第4题：我会守法——能做到拒绝超载、"一盔一带"、劝阻酒驾。（单选题）

第3题：积极学法——积极学习《道路交通安全法》。（单选题）

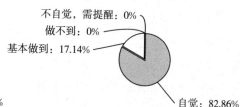

第5题：自觉守法——自觉遵守《道路交通安全法》，做到安全出行。（单选题）

图5-8　安全小达人自我评价情况

学生在课堂中学习的情况如何？学生是否能将课堂所学运用到自己的生活中，从而解决问题呢？为此，教师设计了"安全小达人"表现性评价任务，借助这一评价任务，完成自评的同时学生可以将课堂中所学到生活中去实践、巩固和提高，对生活中出现的难题或矛盾点引发思考和探究。然后根据这份学习报告，全体学生还可结合自身学习发展需求自主下载拓展资源或补充资源，阅读相关要求再次学习。特别是鼓励学业水平较低的学生，通过在线反复学习解决单元学习问题，保障其道德品质的形成和核心能力的培养。

【案例分析】

《安全记心上》是部编版小学道德与法治三年级上册第三单元"安全护我成长"中的第2课，本课旨在从正面引导学生去发现生活中存在的安全隐患，初步掌握日常生活中基本的自护自救能力，提高安全意识。

本案例中，基于"课堂+生活"混合式学习活动创设更加多元的评价空间，在多元主体评价中，促进学生反思日常生活，改变日常生活行为，培养法治素养。一方面，借助问卷星课前开展日常安全出行亲子调查，即学生和家长对自身安全意识和日常安全出行的自我评价。通过评价活动，学生和家长了解到自身对日常生活中的安全隐患麻痹大意，安全意识比较薄弱，不注意交通安全且普遍存在侥幸心理，尤其表现在"多人乘坐电瓶车等非机动车""车内不系安全带"这两种行为上。由此形成对法律信仰的认可、追求和信奉，知道法是我们人生中的最高准则，是做人的底线。之后针对这些实际生活中的道德真问题，学生更易讲述内心真实想法，剖析这些问题背后深层的原因，积极寻找解决对策和方法。同时，在小组讨论、情境演绎、案例分析等多形式学习中，学生在获取法律知识、树立安全意识的同时，自身的法律观念、法律态度得到深化与坚守。

另一方面，通过课后"安全小达人"的表现性评价任务，学生在自我评价反馈中将课堂中的所学到生活中去实践、巩固和提高，在改变日常生活行为中逐步培养法治素养。同时对生活中出现的难题或矛盾点引发进一步的思考和探究，并根据学习报告，在线开展自适应学习，保障自身道德品质的形成和核心能力的培养。

本案例中的表现性任务及评价，以"灵活生动、立体丰富、多元选择"为主，挖掘学校、家庭和社区的教育资源，融入信息时代数字化因子，结合学生实际生活，用学生喜欢的方式开展生动、丰富、多元的表现性评价，将道德与法治学习切实落实到现实生活中。

第四节 "课堂+生活"混合式学习实证小结

通过将"课堂+生活"混合式学习样态应用于课堂实践，我们结合理论和实证案例得出了以下结论：

一、有利于提高道德判断力

对于小学生而言，通过"课堂+生活"混合式学习样态，开展生活道德情境思辨学习对提高学生道德判断有明显效应吗？将信息技术链接生活情境开展道德思辨学习活动应用到统编教材小学道德与法治一年级下册第二单元《6　花儿草儿真美丽》"课堂+生活"的混合式学习是如何提高道德判断能力的？

通过相关实验班和平行教学班对照，得出如下研究结果：

（一）有利于在对话思辨中把握事物真相

通过"课堂+生活"混合式学习样态，学生利用微视频和电子书链接课堂和生活中的道德问题，体验源于生活的真实学习情境，进行探讨与思辨，加深道德体验，学会辨别真伪、分辨是非，提高道德判断能力。

在统编教材小学道德与法治一年级下册第二单元《6　花儿草儿真美丽》案例中，学生观看"皮球压坏绿苗"微视频链接课堂和生活，捕捉校园生活中爱绿、护绿问题。源于生活的真实情境、生动逼真的声像画面充分吸引了学生的注意力，学生积极参与到这些生活情境的讨论交流中，产生积极的、可商讨的、富有教育意义的对话。

师：看到这一幕，你有什么想说的？

生1：这个大哥哥玩皮球太不小心了，皮球都滚进学校绿化带压倒小苗了。

生2：球滚进了绿化带，这位大哥哥怎么不去捡球呢？他不要这个球了吗？

师：看来，你对大哥哥的做法提出了质疑。

生3：我也是这样想的，球都把小苗压倒了，可能已经压坏了，他怎么能离开呢？

师：听得出来，你有些生气，认为大哥哥不该这样做。是啊，一走了之并不能解决问题，那么该怎么办呢？

生4：他可以走进绿化带把球捡起来。

生5：我不同意。走进去会踩到更多小苗，还是请老师来帮忙捡球。

生6：找不到老师的话，他可以站在绿化带边上，和好朋友手拉手捡球。

生7：我觉得问保安叔叔借个小网兜把球捞出来更方便呀。

生8：如果小苗被压坏了，就再种一棵。

学生对情境中主人公发现皮球不小心压坏绿苗后转身离开的行为表示愤

慨、质疑和不认同，将爱绿、护绿的基本行为自然内化于心，自觉形成护绿、爱绿的小公民意识，并产生多种护绿补救方法。

之后，在电子书"护绿小难题"生活道德情境辨析中，面对不同伙伴的不同观点，学生和同伴、老师共同及时梳理、提炼，尽管观点各有不同，但"种绿不扰邻，种绿要安全"的价值判断是一致的，是非分明，并且达成共识。当个人利益与他人利益发生严重冲突的时候，需要有明知且正确的道德决策，寻找到既符合道德理性支撑的平衡点，又行之有效的解决方案。

表5–2　护绿小难题及解决方案

护绿小难题	解决方案
省时踩绿	小萱：纠正自己贪睡的坏习惯，保证充足的时间，就不需要踩绿化带抄近路了
阳台种绿	鹏鹏：给阳台植物下面加个托盘就能防止水滴到楼下，影响下面的邻居 小逸：安装阳台小护栏，可以避免台风天气刮落小植物伤到人
晒被伤绿	静静：家里买个晾衣架，不要把被子晒在绿化植物上

平行班学生由于没有使用信息技术捕捉生活中真实的护绿情境，学生对解决护绿过程中出现的矛盾冲突只能就事论事，对于爱绿、护绿的道德判断的主动参与度不高。

基于"课堂+生活"混合式学习模式，通过信息技术链接生活情境开展道德思辨学习活动，学生能够积极主动参与生活道德情境的对话互动并交流思辨，从而对情境中的个体行为形成基本的价值判断，明辨是非和真伪，把握事物真相，明白基本的道德规范。

（二）有利于在道德融情中化解矛盾冲突

学生利用电子书和微视频链接课堂和生活道德两难问题，通过价值拷问，形成情感共振，升华道德情感，从而进一步开展理性分析，合理对待两难问题，优化道德学习，提高道德实践的智慧。

在统编教材小学道德与法治一年级下册第二单元《花儿草儿真美丽》案例中，"绿化带捡球、种绿不扰邻、安全护绿"等联系生活实际、适合学生身心发展特点、能够引发道德价值冲突与反思的鲜活、真实的两难问题情境话题，能够帮助学生主动参与道德情境学习。通过线上投票展现全班学生在"花园小路"具体道德情境和真实的价值拷问，形成情感共振。

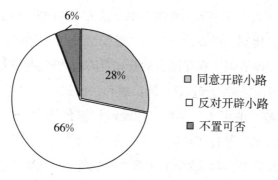

图5-9 "关于开辟小路"第一次投票结果

师：为什么你不同意小明的建议，在小区外围的绿化带中开辟一条小路？

生：因为小明喜欢睡懒觉，怕上学迟到，所以想在小区外墙绿化带里开小路。这样到小区对面上学是方便，可是他有没有想过小区绿化就少了呢？

生：我倒觉得这条小路开出来，不仅方便小明一个人，凡是住在小区里的学生上学近了，家长们接送他们也方便多了。

生：可是我听爸爸说开一条小路要花不少钱，这钱谁来出呢？另外，开路要和路政管理部门商量，不是随随便便想开就开的。

生：是的，我们上海已经进入老龄化了，小区里的老人也比以前多了。我发现，他们大部分喜欢边散步边欣赏绿植，没有了绿化散步时多无聊呀，而且绿化还可以净化空气，对大家的身体也有好处呢。

生：其实，我觉得没必要为了方便上学开一条小路，因为学校就在对面，小朋友们晚上睡得早一点，早上起得也早一些，就不用怕迟到了呀！

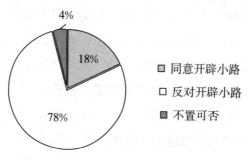

图5-10 "关于开辟小路"第二次投票结果

从投票和论坛发言中反映出，全班同学有66%反对开辟小路，28%同意开辟小路，6%不置可否。在线下课堂教学中，"为了省时踩绿化"道德情境辨析中，学生能"将心比心、以心换心"，在道德情感上产生深刻体验，进而萌发改变自身生活习惯的意识，在保证上学有充足时间的同时，减少此类现象，形成积极向上、具有正能量的连带感、同类感和共振感。

随着探讨和辨析的深入，学生对"爱绿护绿公共生活能否满足我们的自尊、安全、集体归属感及自我价值实现的道德需要"这样的问题不断产生深层思考。在第二次投票中，78%的学生同意开辟小路，18%的学生反对开辟小学，4%的学生不置可否。学生从绿化容积率、造路成本、道路交通管理等方面展开理性分析，形成合理对待两难问题的态度和意识，感悟到如果我们学会积极担当义不容辞的爱绿护绿责任和义务，我们自身会多一些快乐和幸福。在学习过程中，学生升华了道德生活的意义感、获得感和幸福感。

平行班的学生由于缺乏信息技术支撑，无法实现在短时间内汇总和呈现全班学生的观点和意见，无法有针对性地深入展开讨论。而实验班学生由于使用投票和论坛能更全面、快速地交流观点，充分引发真实生活中两难问题各种价值冲突的讨论，有效解决矛盾冲突，提升道德学习效果。

二、有利于强化道德自律

对于小学生而言，通过"课堂+生活"混合式学习，开展自组织学习对强化学生道德自律有明显效应吗？

将生活道德事件应用到统编教材小学道德与法治二年级下册第三单元《9　小水滴的诉说》"课堂+生活"的混合式学习是如何促进道德自律的？将表现性评价应用到统编教材小学道德与法治三年级上册第三单元《8　安全记心上》"课堂+生活"的混合式学习是如何促进道德自律的？

通过相关实验班和平行教学班对照，得出如下研究结果：

（一）有利于促进自我反省，使道德理解内化于心

通过"课堂+生活"的混合式学习样态开展自组织学习，学生能够借助互联网信息技术对生活中的真实道德事件进行自主观察、比较、分析，发现并探究产生道德困境的原因，探寻走出道德困境的方法，产生有意义的建构学习，实现自愿认同社会道德规范的价值取向。

在统编教材小学道德与法治二年级下册第三单元《9　小水滴的诉说》案例中，学生宅家学习期间，无法实地观察、探究、体验生活中各种水资源的浪费。实验班学生借助网络学习平台观看"生活中水的浪费"导学微课，开展家庭生活中浪费水现象的问卷星调查。学生自主观察图片和数据，发现许多同学洗漱、洗澡时会一直开着水龙头，存在一定的浪费情况。但是，对于低年段的小学生而言，缺乏基本科学常识，从而引发对这一道德难题的质疑与思考。

生1：既然水这么充足，为什么还要节约用水呢？

生2：我家有很多水龙头，每个水龙头里都能放出很多水。

生3：是呀，上海有黄浦江，还有许多小河，我们还在海边，怎么会缺水？

于是，学生利用互联网对我国的水资源及现状开展自组织学习，通过海量学习资源的搜索，了解到我国水资源缺乏的现状，不同地区水资源分布不平衡，以及河水变成自来水过程的不易。学生在意识到自身对水资源重要性认识不足的同时，也反思自己日常生活中浪费水的情况，自觉树立节水惜水意识，促进学生道德自省能力的提升。此外，学生自发组成"生活节水小妙招"小组，探究如何在生活中既要节约用水又要讲究卫生用水，与同伴展开在线交流，深入探讨，最终明确"合理用水、适当用水、科学用水、节约用水"的理念，产生人人都是护水小使者的意愿。

表5-3　"一水多用"节水小妙招

小组成员	节水小妙招	生活小感悟	资源形式
小雅	淘米水洗碗筷	淘米水具有解油腻的功能，既洗干净了碗，又节约用水	微信视频
星宇	洗衣水洗抹布	洗衣服时，用来漂洗的水比较干净，可以用来洗比较脏的抹布	语音
晓言	洗脸水冲马桶	我奶奶经常用洗脸水冲马桶，我家每月用水量很少	照片
乐乐	养鱼水浇花	养鱼水里有鱼的粪便，是很好的肥料，一举两得	抖音视频

平行班的学生由于没有开展在线交流，学生只能从在线课堂的讲解中了解节约用水的原因，知道一些节水小窍门，但是缺乏对自身生活的感悟和体验。而实验班的线上学习是基于生活中的真实问题和思考，充分应用网络开展自组

织学习，学生在生活经验的交流中增强了理解和内化，进一步认识到在惜水护水活动中自我的内在潜能和价值，形成爱水惜水的生活态度和价值取向。

基于"课堂+生活"混合式学习样态，开展个体自组织学习，学生与网络学习平台和学习共同体形成相互默契的互动关系，自然产生关于生活道德事件的交流与问题解决行为，使得学习可以自行发生、自行组织，并实现自愿认同社会道德规范的价值取向。

（二）有利于促进自我教育，促进道德认知外化于行

通过"课堂+生活"的混合式学习样态开展自组织学习，学生借助互联网信息技术创设更加开放的评价空间，能够自主开展表现性评价，并不断进行自我反思、自我教育、自我改进，把外在的道德规范变为自觉的行动，促进自身良好的道德行为习惯的养成，最终达到道德的自律。

在统编教材小学道德与法治三年级上册第三单元《8 安全记心上》案例中，实验班的学生在课前利用"问卷星"完成了"日常安全出行"小调查。这是学生对自己上下学表现的自我评价，主要反思自己日常出行的安全意识和行为表现。

生1：许多同学和我一样，平时上下学能自觉遵守交通规则。

生2：不过也有人存在不守交通规则的行为，比如25.71%的同学在乘坐私家车时不系安全带。

生3：还有20%的同学和多人乘坐同一辆电瓶车，这不是超载吗？太不安全了！

生4：是啊，估计他们没有想过这样做很不安全，万一刹车不稳，容易摔倒受伤。

生5：我觉得他们可能抱有侥幸心理，认为自己不会这么倒霉。

生6：我认为这些同学和他们的家长对不遵守交通规则行为产生的后果认识不足，需要增强交通安全意识。

课堂交流中，学生观察数据不仅反思了自己的行为表现，还分析了其他同伴的表现，并发现不少同伴交通安全意识不强的问题，从而产生进一步学习的兴趣。针对同伴违规较多的"行车中不系安全带"问题，组成"一盔一带"学习小组。在线阅读相关学习资源后，学生进一步明确了缺乏安全意识、违反交通法规会带来相当严重的后果。

课后，还开展了为期2周的"安全小达人"表现性活动，学生根据自己的表现再一次在线进行自我评价。在反思自我行为的同时，促使学生更好地进行自我教育，并自觉改进现有行为，积极投入安全出行习惯的养成之中，促进学生形成安全出行的道德自律。

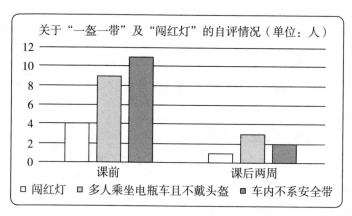

图5-11 "安全小达人"表现性评价数据统计图

平行班的学生由于缺乏信息技术支撑，无法实现在短时间内汇总和呈现全班学生安全出行的行为表现，无法有针对性地深入展开讨论。而实验班学生由于使用问卷星调查能够快速呈现结果，促进学生深入反思自身和同伴的行为并开展自我教育。

基于"课堂+生活"混合式学习样态，在创建学习共同体中，对于学生情感表达、开放式沟通的学习环境将得到创设，道德认识、道德情感、道德意志、道德行为将得到发展。

（三）有利于促进情与法相容，自觉践行道德规范

通过"课堂+生活"的混合式学习样态，将信息技术链接课堂开展家庭生活复杂情境的学习活动。通过信息化平台将亲情遭遇法律的家庭生活复杂情境引入课堂，创设人性化的德育环境。学生在体验式学习中正确认识亲情和法律，学会尊重与体谅，让家庭生活既有情理又有法理，更好地践行道德规范。

在统编教材小学道德与法治三年级上册第四单元《10 父母多爱我》案例中，教师借助魔灯平台将妈妈经常偷看日记的家庭生活情境以微视频"小亚的苦恼"作为学习资源引入课堂学习中。逼真的家庭生活场景、真实的儿童语言，加上部分学生在现实生活中有过类似遭遇，激发了他们的交流欲望。

师：小亚最近很苦恼，原来是因为妈妈经常偷看他的日记，如果你是小亚会怎么做?

生:我觉得妈妈不尊重我,侵犯了我的隐私权,她违反了《中华人民共和国未成年人保护法》。

师:看来你不赞同妈妈的做法。

生:我会告诉妈妈,她这样做是不可以的,是违法的。

师:你选择向妈妈提出交涉来维护自己的隐私权。

生:我觉得像小莉这样直接跟妈妈说估计会吵起来,可是不讲吧,她还会继续看我的日记,我也不知道该怎么办。

师:是呀,家庭中出现法律问题时确实很难处理。

生:我觉得妈妈应该不会随便偷看我的日记,可能是我的什么表现让她担心了,看日记是想弄明白什么事情吧。

师:你的想法和他们不一样,是站在妈妈的角度来想的,真是个能体谅父母的好孩子。

通过角色扮演,学生换位思考,共同探讨处理方法,并从多角度提出自己的看法。当情理两难、探讨达到白热化时,学生借助网络平台推送的学习资源包,自主学习解惑,懂得亲情遭遇法律时,守法、互谅并举的智慧解决方法。

表5-4 关于"妈妈经常偷看日记"的主题论坛情况统计

学生看法	课堂资源包	生活小实践	相关法理说明
小东:心里存有不满	沟通小技巧之一:心平气和、告之以法、互相体谅	小东:妈妈,未成年人的信件、日记、电子邮件是不能开拆和查阅的哦,这是《中华人民共和国未成年人保护法》规定的	《中华人民共和国未成年人保护法》第三十九条规定:任何组织或者个人不得披露未成年人的个人隐私。对未成年人的信件、日记、电子邮件,任何组织或者个人不得隐匿、毁弃;除因追查犯罪的需要,由公安机关或者人民检察院依法进行检查,或者对无行为能力的未成年人的信件、日记、电子邮件由其父母或者其他监护人代为开拆、查阅外,任何组织或者个人不得开拆、查阅
岚岚:直接提出交涉	沟通小技巧之二:耐心解释、晓之以法、互相尊重	岚岚:妈妈,《中华人民共和国未成年人保护法》保护我日记的隐私权。我知道你看我的日记是对我的关心,但这样是违法的。你如果有什么问题,我们可以交流	
小彦:不知可否而苦恼	沟通小技巧之三:及时沟通、换位思考	小彦:妈妈,你写日记吗?如果我没有经过你的同意,看到你的日记,你会怎么想呢?	

学生看法	课堂资源包	生活小实践	相关法理说明
周周：认为妈妈在担心	沟通小技巧之四：换位思考、经常交流	周周：妈妈，我很理解你的心情。如果你要了解我，可以直接和我谈话	第六十九条规定：侵犯未成年人隐私，构成违反治安管理行为的，由公安机关依法给予行政处罚

平行班的学生没有借助魔灯网络平台观看家庭微视频，无法从复杂情境的角度展开分析和讨论。而实验班学生经过真实问题情境的体验和探讨，从不同角色演绎中真切感受情境中的情理价值冲突，并能借助平台及时阅读相关学习资源包，与同伴、老师产生深入的对话交流，获得情理相容的道德实践之法，并迁移运用到家庭生活中。

在人性化的德育环境中，学生进而明确有效解决家庭中出现的法律问题时需要方法和艺术，如果处理不当将会严重伤害亲情，可以采用"互相尊重、互相体谅、耐心解释、及时沟通、换位思考"等方法来维护家庭关系，让家中既有法理又有情理，智慧地践行道德规范，使家庭生活更加和谐美好。

（四）有利于促进知情相互作用，自觉坚守核心价值观

通过"课堂+生活"的混合式学习样态，将信息技术链接课堂开展校园生活复杂情境的学习活动。通过信息化平台将校园生活中自护与护他的复杂情境引入课堂，展示学生真实的内心世界，让学生顺应个性需要参与学习。在拓宽道德实践空间的同时，促使学生的认知与情感产生相互作用，提高道德行为的制约作用，用实际行动坚守社会主义核心价值观。

在统编教材小学道德与法治四年级上册第五单元《14 当冲突发生时》案例中，教师借助魔灯平台"知音信箱"将生活中受欺负学生真实的内心世界作为课堂学习资源引入课堂学习中。道德学习资源是与学生生活紧密相联的，呈现学生真实的内心，促进学生产生情感共鸣。

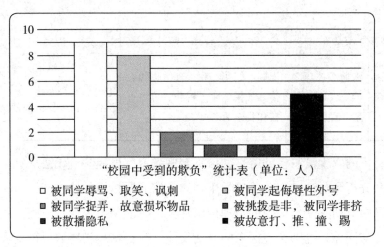

图5-12 "知音信箱"中"在校园中受到的欺负"相关数据统计

在交流讨论中，学生顺应自己的经验和内心需要，从"与受欺负者共情、对欺负者进行谴责、帮助受欺负者解决问题"等不同维度谈感受。

（师：出示"知音信箱"中的同学心声）

师：请大家认真读读这些同学的心声，结合自己的经历谈谈感受。

生1：读了这些心声，我觉得被欺负的同学一定很伤心，很同情他们。

生2：我深有同感，也曾被班里的同学取过绰号，感觉很委屈。

师：是呀，被欺负者的心情肯定是伤心、难过的，想一想他们为什么会这样呢。

生：我认为是欺负人的同学造成的，他们实在太可恶了，总想着欺负人，难道不能和同学友好相处吗？

师：你说的对，他们的行为是错误的。

生：被欺负者太可怜了，我觉得他们一定希望得到他人的帮助，让自己不再被欺负。

师：是啊，大家都能体会到被欺负者的感受，他们是那么无助，多么希望有人能想办法让欺负者停止这样的行为。

这样由浅入深的探讨，加深了学生对欺负行为给他人带来危害的理解，自然达成"变欺负者为保护者，变旁观者为调解者"的道德共识，形成正确的道德判断。同时，结合魔灯投票开展课前与课中两次"面对校园欺负"的行为和角色选择，拓宽道德实践空间，及时捕捉学生"变旁观者为调解者"的道德发展、道德成长的轨迹。学生在进一步的互动交流中促使自身认知与情感产生相互作用，提高道德行为的制约作用，学会在真实的校园生活中坚守"友善"的社会主义核心价值观，有智慧地践行道德规范。

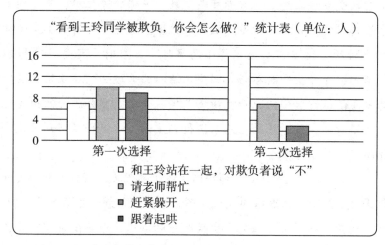

图5-13 "看到王玲同学被欺负，你会怎么做？"二次投票结果

平行班的学生因为缺乏互联网支持下的知心话交流平台，无法读取校园复杂情境中同伴的心声，对于道德事件的情感共鸣都不高。实验班学生能充分借助平台功能表达交流自己的成长困惑，在网络信息支持下展开深入的对话交流，认识到同龄人共同的问题，探讨解决的办法，产生道德制约行为，助力自身的道德成长和道德发展。

校园是社会的缩影，校园中发生的各种霸凌事件是有悖社会主义核心价值观的不和谐的音符。在小学道德与法治的混合式学习中，通过线上"知音信箱"让学生吐露心声，树立"诚信、友善"的价值观，"变欺负者为保护者，变旁观者为调解者"。同时，在自己或他人受到欺凌的时候能诚实地说出自己的遭遇，勇敢地利用法律武器和合法手段保护自己的权益。

三、有利于即时联系生活，促进知行合一

对于道德与法治课程而言，通过"课堂+生活"混合式学习，创设链接生活的学习环境，对即时联系生活，促进知行合一有明显效应吗？通过实验课观课教师的现场评课，得出如下研究结果：

（一）有利于即时联系生活

1. 立足生活问题，即时回望品味，激发学生思想教育内生动力

"回望"生活是找寻意义的方法。《当冲突发生时》一课聚焦学生日常学习生活中的受欺负问题。××老师在执教这一课的过程中，借助网络平台将受欺负学生真实的心声作为学习资源引入课堂。通过"你有过类似受欺负的经历么？你当时的心情如何？还记得小马事件中，当时自己是怎么想怎么做的吗？"等话题引导学生即时参与、回望生活、品味过去，在互动交流中加深对欺负行为危害的认识和体验，产生情感共鸣，分清是非善恶，做出道德认知判断，提炼生活智慧，使学生的思想感情得到熏陶，主观世界得到改造，道德水平得到提高。

——G老师评四年级上第五单元《14　当冲突发生时》

2. 依据成长需求，即时探讨实践，提升学生过有道德生活的行动力

《我不拖拉》一课旨在强化学生惜时守时意识，养成惜时守时的良好生活方式和行为习惯。××老师在执教这一课的过程中，利用互联网平台即时采集学生在线学习的相关数据，在互动讨论中引导学生发现学习拖拉行为。同时，鼓励学生分享珍惜时间的生活经验，探寻适合自己的惜时守时小妙招。尤其课后的"小小时间管理员"表现性评价活动，更是由内而外地链接生活，帮助学生把课堂所学及时运用到生活实践中，即时深化惜时守时意识，促进惜时守时良好行为习惯和生活方式的养成，更好地体验生活、参与生活，过科学、健康、文明的生活。

——Y老师评一年级下第一单元《3　我不拖拉》

3. 基于道德事件，即时唤醒情感，升华学生公民道德境界

能科学、合理、巧妙地护绿爱绿，是成为一名护绿小使者的前提。《花儿草儿真美丽》一课聚焦学生日常生活中的爱绿护绿问题。××老师在执教这一课的过程中，利用互联网平台，以微视频的方式将"绿化带捡球踩绿""为了省时穿小路踩绿"等生活道德事件作为学习资源引入课堂。面对"爱护绿化"与"捡回皮球"之间的道德价值冲突，鼓励学生深入思辨，守住护绿道德底线，学会科学、合理、巧妙地护绿爱绿的方法和行为准则。同时，通过对"为了省时穿小路踩绿"的情境探讨，唤醒学生"己欲立而立人，己欲达而达人"的道德情感共振，改造主观世界，形成个人利益服从集体利益的集体主义精神和良好的公民道德素养，升华道德境界。

——C老师评一年级下第二单元《6　花儿草儿真美丽》

综上所述，通过"课堂+生活"混合式学习，即时联系学生思想、学习、生活实际，以儿童现实生活中的成长需要、生活问题、道德事件为出发点，引导学生即时回望品味、即时探究实践、即时唤醒情感，将思想道德教育的内生动力、道德生活的行动力、公民道德境界的培养有机结合，用道德的力量、正确的价值观引导儿童在生活中发展，在发展中生活。

（二）有利于促进知行合一

1."互联网+"推动在体验、探究和合作中解决问题，进一步促进学生的社会性发展

《小水滴的诉说》一课旨在培养学生惜水节水的环保意识、法治意识的树立和行为习惯的养成，倡导学生过绿色生活。××老师在执教本课的过程中，将学生日常洗手卫生与节约用水的道德困惑及我国水资源现状作为课堂资源，通过互联网平台引入课堂，引导学生在交流互动中体验水资源的重要和来之不易。同时，结合线下人们在法律、科技、政府和个人生活等不同层面节水护水方法的探寻，鼓励学生在线展开深入讨论和思辨，进一步明确保护水资源的社会责任，从而落实于自我行动之中，促进其生活中节水护水生活习惯和绿色生活方式的养成，更好地认识社会、参与社会、适应社会。

——L老师评二年级下第三单元《9　小水滴的诉说》

2."互联网+"助力课前、课中、课后的整体贯通，进一步加深学生的生活实践

好习惯的养成有助于学生美好的自我形象的树立，《我们爱整洁》一课聚焦特别时期居家学习时学生"居家课堂整洁"的问题。××老师在执教这一课的过程中，以"居家课堂整洁"表现性评价活动为载体，借助互联网平台，通过人人、时时、处处的环境创设和生活体验，引导学生对自己课前、课后的活动表现进行观察、反思、评价。例如，在线讨论"保持桌面整洁"方法时，有的学生根据自身生活经验提出可以对照课表提前摆放书本和学具，有的学生则发现这种方法不适合桌面空间狭小的情况，还需要适当调整和改进。纵观整个学习过程，有了互联网平台的助力，学习氛围更加开放，学生能够更加自主地参与到学习活动中来，在实践中发现和提出问题，真正成为学习的主人。

——S老师评一年级下第一单元《1　我们爱整洁》

3. "互联网+"催生亲身参与的实践智慧，进一步培养学生的探究意识和创新精神

《早睡早起》一课旨在引导学生按时作息、规律作息，养成独睡的良好习惯。××老师在执教本课的过程中，借助互联网平台，由外而内地链接生活，将学生真实的生活作息状态引入课堂，引导学生关注生活、审视生活，在互动交流中发现并解决"如何能独睡"的问题，积极探寻早睡早起的好方法，学会构建属于自己的有规律的作息生活。例如，探讨独睡问题时，有学生提出每晚睡觉前洗热水澡或用热水泡脚可以帮助入睡，有的学生提出听小夜曲或小故事也可以帮助入睡。这些独睡方法的特别之处在于分别是从养成生活习惯、摆脱情感依赖的角度来解决问题，体现了学生的探究意识和创新精神。

——Q老师评一年级上第三单元《12　早睡早起》

4. "互联网+"加速把知识运用于社会，服务于社会，进一步增强学生的社会情感和遵守规则的意识

具有安全意识是自觉遵守交通规则的前提，《安全记心上》一课聚焦学生日常学习生活中的交通安全问题。××老师在执教这一课的过程中，以微视频方式将"我国儿童交通事故""安全乘车""一盔一带""酒后驾车"等作为学习资源引入课堂，引导学生对"多人乘坐电瓶车等非机动车""车内不系安全带"这两种违规行为展开讨论，使学生在获得法律知识、形成安全意识的同时，深化自身的法律观念和法律态度。"安全小达人"课后表现性评价任务的开展，由内而外地链接生活，使学生运用课中学到的交通法律知识改变其日常生活行为，自觉遵守交通规则，形成对法律信仰的认可、追求和信奉，加快自身法治素养的培养，有助于社会良好交通秩序的形成。

——J老师评三年级上第三单元《8　安全记心上》

5. "互联网+"促进感悟生活、知行转化，进一步帮助学生认识社会、学会做人

《花儿草儿真美丽》一课旨在帮助学生学会用科学、合理、巧妙的方法护绿爱绿，形成环保意识，学会过绿色生活。××老师在执教本课的过程中，借助电子书呈现学生实际生活中的护绿种绿道德难题，在多个生活道德情境活动的辨析中，引导学生守住护绿的道德底线，鼓励学生形成"种绿不扰邻，种绿要安全"的价值判断和自觉行为。尤其通过引导学生对"公共道德生活能否满足我们的安全、自尊、集体归属感和自我实现的需要"这一问题的反复思考，帮助学生认识到"生活中的快乐和幸福往往来自自身积极担当、义不容辞的责任和义务"，从而升华了道德生活的意义感、获得感和幸福感，帮助学生在感悟生活中认识社会、学会做人。

——Z老师评一年级下第二单元《6　花儿草儿真美丽》

高德胜在《生活德育论》一书中提出：生活德育要求人过道德的生活，通过过道德的生活而学习道德。生活德育与整体性的生活血脉相连，从生活出发，在生活中进行而又回到生活，不是撇开生活"另立门户"地割裂德育。生活德育的整体性表现在这种德育贯串在人的所有生活之中，不是像传统德育那样在专门的课程与时间里教授道德，而在另外的课程与时间里对道德问题麻木不仁、漠不关心或自觉不自觉地干着违背道德的事情。

综上所述，"课堂+生活"混合式学习的提出就是一种道德与法治"因事而化"的教学方式的创新，通过在体验、探究和合作中解决问题，进一步促进学生的社会性发展；助力课前、课中、课后的整体贯通，进一步加深学生生活实践；催生学生亲身参与的实践智慧，进一步培养学生的探究意识和创新精神；加速把知识运用于社会，服务于社会，进一步增强学生的社会情感和遵守规则的意识；促进感悟生活、知行转化，进一步帮助学生认识社会、学会做人。"课堂+生活"混合式学习，不断增强课程教学的知行合一，使得人人、时时、处处参与学习环境创设、道德生活体验，实现课程教学充分与生活链接，充分关注生活中的人，关注人和人的生活，为提高人的生活质量服务，引导人去构建个人完满的道德生活，追求生活的完整性，在完整的生活结构中获得个性的完满。

第 六 章

智慧教育视域下混合式学习发展
趋向与深化

第一节　智慧教育视域下学习方式
发展趋向与深化

智慧是一种高阶思维能力和复杂问题解决能力，但离不开基础知识技能的必要支持，更强调"辨析判断、发明创造的能力"。智慧的精神内核是伦理道德和价值认同，是利用人的成功智能、创造力和知识以达到"共善"（Common Good）。智慧强调文化、认知、体验、行为的圆融统整。"智慧"主要有两层含义，一是对事物认知的识见，二是对事物施为的能力，而这种识见和能力均具有创新的特点。因此，智慧教育专指信息技术支持下的为发展学生智慧能力的教育。智慧教育是经济全球化、技术创新和知识爆炸的产物，也是教育信息化发展的必然阶段。从目前国际上用词习惯来看，Smart Education主要指技术支持的智慧教育（Education for Wisdom with Technology）。依据华东师范大学祝智庭教授的观点[①]，信息时代智慧教育的基本内涵是通过构建智慧学习环境（Smart Learning Environments），运用智慧教学法（Smart Pedagogy），促进学习者进行智慧学习（Smart Learning），从而提升成才期望，即培养具有高智能（High-Intelligence）和创造力（Productivity）的人，利用适当的技术智慧地参与各种实践活动并不断地创造制品和价值，实现对学习环境、生活环境和工作环境灵巧机敏的适应、塑造和选择。

2012年3月13日，教育部正式颁布《教育信息化十年发展规划（2011—2020年）》[②]，标志着未来十年教育信息化顶层设计与战略构想的正式出台，从总

---

① 祝智庭，贺斌.智慧教育：教育信息化的新境界［J］.电化教育研究，2012，33（12）：5-13.

② 教育部.教育信息化十年发展规划（2011—2020年）（正版全文）［EB/OL］.https：//wenku. baidu. com/view/29144cdb5022aaea998f0fae. html，2012-03-13.

体战略、发展任务、行动计划、实施要求等方面指明了教育信息化发展的开拓意义和实践智慧，明确指出"坚持育人为本，以教育理念创新为先导，以优质教育资源和信息化学习环境建设为基础，以学习方式和教育模式创新为核心，以体制机制和队伍建设为保障，在构建学习型社会和建设人力资源强国进程中充分发挥教育信息化支撑发展与引领创新的重要作用"。

小学道德与法治是小学阶段学科德育的主渠道，与学生的生活紧密相连，直接影响学生身心健康和全面发展，是国家课程中立德树人课程价值定位的显性体现。新时代的小学生都是数字原住民，他们已经适应了以开放、包容的心态接受新技术、新思想对生活方式的创新。互联网思维日益进入人们工作、生活的方方面面。互联网思维的人机结合必定会成为新的课程学习活动的新结构和新模式。本书所探讨的"互联网+"混合式学习，坚持以学习者为中心，恰当利用信息技术和学习资源引起学与教的深层创新，通过"线上+线下"混合式学习、"静态+动态"混合式学习、"课堂+生活"混合式学习，构建智慧学习环境，运用智慧教学法，为学生提供个性化的学习服务，促进学习者进行智慧学习，在教育理论创新、学习方式创新、教研机制创新等方面追求新的突破。

当今社会，人们的生活、学习已经无法离开互联网。依靠网络来节省时间、空间上的投入，避免人员的大规模聚集和接触的工作和生活方式已经不可替代地融入了人们的生活和工作之中。对学校和教育而言，正带来一场前所未有的学习革命。

首先，学校的线上授课成为一种新常态，不仅可以提供像"空中课堂"那样大规模的教学视频，还可以根据个体的学习特点、爱好和学业水平进行个性化培养。其次，课程的开发和实施可以实时调整和变化，以适应世界外部的快速变化。教师获得对课堂教学的开发权、自治权，通过网络将孩子聚集到一起，可以在灵活多变的学习环境中开展无固定时空的学习活动，组织方式也将变得多元而丰富。此外，学校的课程开发可以根据校本化的教育环境来组织和调整教学节奏，通过各种学习平台开展混合式学习，并且与家庭教育、社区教育结合，实现个性化教育。学校课程必将进入"互联网+"教育的时代，具有更多混合式学习的特征。学生可能不必固定在一个组织、一个时空、一个单元里学习，课程的学习方式拥有多种选择的可能。学生可以根据自己的需要选择优质课程资源、教师资源。其中，尤为关键的是建立清晰、明确、执行的课程目标和价值观体系，围绕社会主义核心价值观和立德树人的根本任务设计和建立适应儿童个性、兴趣、素养发展的课程体系。

学习是学习者的事，学习者需要获得更多的真实感、拥有感、责任感、安全感和平衡感。智慧教育的关键在于学习者学会如何利用富有智慧的信息技术支持学习和实践。这从根本上要求通过现代信息技术手段开展移动学习、泛在学习、个性化学习和自组织学习，使所有的学习内容和学习方式按照生活情境中的真实案例及其活动形式来展开，缩短"认知鸿沟"和"经验鸿沟"，从而充分调动学习主体的情感动力系统和认知意动投入。[①]

一、移动学习

移动学习是指学生通过移动设备（手机、电脑等）不受时空限制获取学习资源，开展交互学习，实现个人与社会知识建构的过程。

（一）指向知识传递的移动学习

以知识为中心的移动学习，其核心考虑是内容涉及、传递和交互，基于行为主义和认知主义的内容传递与课堂反馈。师生可以利用移动设备的便携性、移动性和无处不在的通信网络，将原来在纸质课本上完成的作业迁移到手持式设备中。通过无线网络便携地传递，将原来需要通过面对面、有线网络传递进行互动反馈的信息通过无线技术进行。

当学生自主学习时，遇到随时随地都可能出现的棘手问题，可以利用互联网通信手段向老师提出或者通过搜索引擎寻找答案，这样个体的答疑解惑就不一定发生在课堂或者教师身边。当学生按照关键词匹配的方法检索数据库时，数据库会自动将答案反馈给学习者；当搜索引擎提供的答案不够精准的时候，由教师解答。学习者在单元、课时的练习中进行相关基础知识的练习设计，学生完成系统提供的练习，获得反馈，复习巩固并改进订正。最后，通过平台提交作业，平台可以检索到学生作业的完成情况、学业成果等，教师再通过互联网平台进行个性化反馈。

---

① 祝智庭，贺斌. 智慧教育：教育信息化的新境界［J］. 电化教育研究，2012，33（12）：
5-13.

（二）指向认知建构的移动学习

移动学习利用"便携、廉价、通信、交互"等本质特性传递知识。除此之外，移动学习还可以为学习者创造体验、探究、合作学习的环境，帮助学习者自己发现原理，从而促进以学习者为中心的认知建构。教师要充分认识到移动技术的价值，善于开发和应用，通过它们来加工信息、加工认知和建构社会认知。

首先，适当使用移动设备促进显示问题的解决。为了让学生从信息的被动接受转为主动积极的建构，必须为他们提供积极参与学习的环境和运用知识的适当工具。移动设备的适当使用，可以让学生进入一种虚拟学习场景，通过场景的建构和相应信息的管理与应用，利用认知工具来支持、引导学生在线下的各种学习活动的思维过程，促进其知识内化和现实问题的解决。其次，利用移动设备能够充分体现学生的学习主体性。移动学习模型的建构就是以学生为主体来规划学习过程，利用各种移动技术优势体现学习主体性，促进学生深层次参与。

（三）指向情境感知的移动学习

随着信息技术突飞猛进的发展，移动设备能将我们所处生活环境中各种人类器官能够感知的、不能感知的信息都采集到方寸之间，通过传感器、探测器、采集器将人们带入数字化的虚拟世界中。首先，利用移动设备开展情境学习。在移动设备支持的虚拟感知学习环境中，学生会受具体情境的影响，情境不同，所发生的学习也不同。情境学习就是引发学生与学习环境的互动，将知识情境化应用，同时也能理解和辨识不同情境的知识表现，根据知识所处的背景信息联系实际来辨识问题本质、灵活解决问题。其次，利用移动设备将知识与实践紧密结合。在今天的学习中，简单的知识传递已经不能满足日新月异的社会变化和复杂的学习情境。情境感知是将知识与实践紧密结合的最佳方式之一。[①]

小学道德与法治课具有活动性，课程的主要形态是儿童直接参与的各种主题活动、游戏或其他实践活动。课程目标主要是通过学生在教师指导下的活动

---

① 余胜泉.互联网+教育：未来学校［M］.北京：电子工业出版社，2019.

过程中体验、感悟和主动建构来实现。[①]移动互联技术的优势之一就是学生可以脱离传统教师，在真实的学习情境和问题情境中，借助无线网络和移动设备来完成学习任务、解决现实问题，以达到学习目标。[②]

例如，小学道德与法治三年级上册第三单元《8 安全记心上》第一课时，教师通过数字化手段模拟了与学生生活比较贴近的违反交通规则的场景、例子，学生通过辨析、讨论、交流，把违反交通规则的现象与相应的交通规则、法律条文联系起来，引导学生关注身边的交通安全问题，知道遵守交通规则的重要性，在具体事例的分析中进一步提高守法意识。

【案例呈现】

活动一：生活辨析，感知后果

1. 出示PPT，播放上学、放学时的情境图片。

2. 交流：你有没有看到过这些危险情况？这样做可能会带来什么后果？

3. 师小结：一旦发生事故，后果更为严重。

4. 播放《我国儿童交通事故》视频片段。

5. 讨论问题：行车中不系安全带的行为带来了怎样的后果？我们该如何避免危险的发生呢？

6. 师小结：没有规矩不成方圆。我们只有把安全警钟时常敲响，这样才能保障我们的生命安全，做到平安出行。

活动二：分析数据，提高警惕

1. 出示2013—2017年中国不同年龄段儿童交通事故死亡状况统计图。

---

① 中华人民共和国教育部.义务教育品德与社会课程标准（2011年版）［S］.北京：北京师范大学出版社，2011：2.

② 陈祺娜.浅谈小学低年级道德与法治学科评价实施策略［J］.学周刊，2019（14）：56-57.

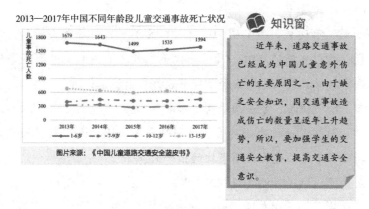

图6-1　2013—2017年中国不同年龄段儿童交通事故死亡状况统计图

2. 交流：根据统计图，说说你的发现。

3. 师：是呀，近年来，道路交通事故已经成为中国儿童意外伤亡的主要原因之一，而且儿童伤亡的数量逐年上升。那我们该如何避免呢？

4. 播放学生论坛"安全乘车、一盔一带"微视频。

活动三：自我评价，反思改进

1. 出示课前调查表及班级数据汇总。

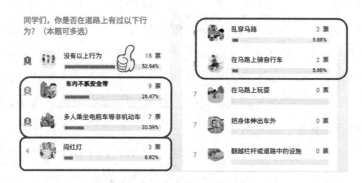

图6-2　课前调查表及班级数据汇总

2. 交流：这是我们班级遵守交通法规的相关数据。你们发现了什么？

3. 师小结：看来我们还有很多方面做得不够。

4. 出示电瓶车等非机动车超载的现象。

5. 讨论交流：你身边有过这样的现象吗？为什么会有这种不当行为？如何改正？

6. 追问：什么是"一盔一带"？

7. 师小结：有时候，我们明知道这种行为不对，却还是要违反，抱有侥幸心理，这样就会引发交通事故。交通法规是生命之友，我们只有提高交通安全意识，学法守法，我们的生命安全才能得到保障。

活动四：情境模拟，学法用法解决难题

师过渡：酒驾是一种违法行为。我国每年由于酒后驾车引发的交通事故达数万起，酒后驾车已经成为交通事故的第一大"杀手"。

1. 播放情境视频《对酒驾说"不"！》。

2. 情境体验：如果你在场，如何来劝说安然的爸爸？

（1）出示活动任务。

（2）小组内情境演绎：劝说安然爸爸。

（3）全班汇报。

（4）随机出示相关法律条例。

3. 师小结：交通安全关乎每个人的生命安全。任何违反交通规则的行为都将受到法律的制裁。我们都要自觉遵守交通法规，做一个知法懂法守法的小公民。

【案例分析】

三年级的学生自主活动能力增强，但对日常生活中的安全隐患麻痹大意，安全意识比较薄弱，不注意用电、用火安全，不注意交通安全、游泳安全，普遍存在侥幸心理，往往容易造成安全事故。教师通过移动设备获取交通安全、预防溺水、预防火灾等教育资源，将纸质课本上枯燥乏味的静态资源转化为鲜活、有趣的动态资源，通过鲜活的案例、真实的数据，正面引导学生发现生活中的安全隐患，帮助他们树立生命安全观，初步学会日常生活中基本的自护自救的方法，提高安全意识，从而从被动接受转为主动积极的建构。

课上，教师借助"问卷星"呈现真实数据，提出思考："你身边有过这样的现象吗？"引导学生基于移动学习产生的问题开展学习与反思，促进知识内化和现实问题的解决，促进学生深层次的学习。教师在分析学情的基础上，通过移动互联网技术，创造真实的学习情境和问题情境。通过播放情境视频，引导学生了解酒驾行为的危害，并把生活场景搬到课堂中来，让学生在真实的情境中有理有据地劝阻违法行为，将所学的法律知识情境化地应用，达到按律对照、以案导学的教育目的。这些电子化的微型感知设备所捕获的设备、场所、问题等真实世界的信息通过计算、处理，变成师生学习、角色的参考知识，在一定程度上联通虚拟世界和现实世界，增强我们对现实的理解。

21世纪，学习者不再是一个只会吸纳大量事实信息的人，而是一个知道如何检索、评价和应用所需信息的人。移动学习可以满足人的发展需求，它是移动通信、网络技术和现代教育三者有机结合的产物，学习仅通过学校教育获取知识是远远不够的，要想适应未来快速变化和发展的社会，必须在生活和工作中不断学习新知识，同时未来学习应该摆脱时间和空间的限制，可以根据需求随时随地地学习移动技术和设备，以满足学习者对终身学习的需求。[①]

二、泛在学习

互联网时代的到来使得学习与生活、工作的边界日益模糊，终身学习的理念已成为一种常态和趋势。人们在实际生活中对学习的实践和认识也日趋多元和深入。今天，人们所需要的泛在学习首先是一种真实性学习，它关注学习任务、学习目标，而并不刻意关注学习所应用的技术手段。技术是一种自然的存在，不需要花大力气去支撑。

最好的技术是运用于生活的技术，最好的学习是融入生活的学习。人的道德养成和法治素养的形成与人的日常生活和体验是密不可分的，大部分的道德学习是在非正式场合下发生的。小学道德与法治的学习应当是与学生的生活紧密结合在一起的、无所不在的、充满个性化的学习。学生通过日常生活开展社会交往，形成自我监控、自我负责的道德生活状态。每时每刻可以通过社会交往等形式开展学习，将课堂正式学习和生活非正式学习互补融合，开展无缝学习，这是小学道德与法治教学的大势所趋。

有研究发现，具有防止、减少人与人接触的云端一体化智能技术迅速发展，并进入各个应用领域。未来学校、图书馆、教室、博物馆都能自动发射自身信息，每个学生都将沉浸在现实世界和数字世界交织的信息生态环境中。通

---

① 李兴敏. 移动学习在成人教育中的应用研究［J］. 深圳大学学报（人文社会科学版），2008，
25（04）：148-151.

过情境感知的移动设备，学生可以轻松地获取对象的详细信息，体验新的虚拟、现实交织在一起的学习空间；利用位置跟踪，学生可以参与社会实践、加深社会过程内化，实现社会学习，并在这一过程中形成正确的社会认知，提升道德与法治的价值认同，加深其行为趋同。[①]

例如，上海市闵行区蔷薇小学以"红领巾小银行为载体"，以信息技术为支撑，以代币制激励为手段，开展小学生道德品行养成教育。

【案例呈现】

第一阶段：成立"红领巾银行"[②]

这不是一个普通的银行，而是一个充满童趣的银行，它存的不是钱，是储存文明、储存良好行为习惯的虚拟银行。它结合信息化手段，以代币制的形式对学生的行为规范进行激励式的评价。用奖励强化所期望的行为，用惩罚消除不良行为，尝试以代币法来攻克德育中的弊端。这个小银行让每一个学生都能够在点点滴滴的日常行动中，存道德、存学习、存劳动、存健康、存文明、存进步、存奉献、存快乐，是学生成长轨迹的呈现和积淀，帮助少先队员学会正确认识自己、制定适当的进取目标；是生生、师生、家长等多方参与评价的泛在学习和评价系统，引导少先队员能够积极主动地进行有效的自我评价、自我约束、自我激励，养成良好的学习、生活习惯。

第二阶段：建设"在校行为管理系统"

通过系统全面支撑起学生行为养成研究的运行，记录下数据和学生成长的足迹，包含点币的获取、评价的过程性记录、心愿的兑换等环节。学生通过移动智能终端设备观看学习校园的相关信息和历史事迹，也可进入个人成长档案，访问每个学生的作品和荣誉。集体加分获币模式使得每个参与班级拥有一个属于班级的集体账号，用于集体点币的进出使用记录。凡使用集体加分获币模式获取的点币，将直接进入班级集体账户，班主任对于账户内点币有自由支配和使用的权利。班级集体账户内点币按照利息计算产生的利息，班主任及任

---

① 余胜泉，杨现民，程罡. 泛在学习环境中的学习资源设计与共享——"学习元"的理念与结构 [J]. 开放教育研究，2009，15（01）：47-53.

② 李宣海. 为成长奠基 [M]. 上海：上海教育出版社，2011.

课老师可以用来奖励表现好的学生。班级集体账户内点币可用以支持班级集体或者学生违反规定后扣除的点币。班级集体账户内点币不够扣除时，可将班级学生个体账户内点币数平均移入班级集体账户内。班级个体账户内点币数总和不够扣除点币数时，可由班主任老师向信用社提出贷款申请，贷款需支付相应产生的利息。

第三阶段：开通户外执勤终端

同学和老师各持手持终端读取学生电子校徽进行身份认证，随后可以进行学生行为记录、集体评分记录、学生心愿兑换等在线活动。在手持终端的辅助下，师生的互动评价变得方便快捷，在校内的任何时间、任何地方都可以对任何同学的行为进行评价，弥补了脑终端不能即时性进行过程性评价和事后教育的不足，实现了校内的Anytime，Anyone，Anywhere的3A信息化服务质量。同时，也改变了教师评价的单一性，鼓励学生之间的评价。在手持终端的辅助下，心愿兑换的流程变得方便快捷，学生只要在手持终端上扫描一下，身份认证后进行心愿的选择就可以完成心愿记录和点币自动扣除的任务，并同步到点币数量的统计和参加心愿兑换活动的统计。

第四阶段：安装使用一体查询机

在学校公共场所安装一定数量的查询机，可供学生进行个体和集体点币数量，以及获得点币原因的查询。学生通过电子校徽进行身份认证进入查询系统，就能全面地了解自己的行为和行为带来的收获，鼓励自我保持这些良好的行为、纠正不良习惯，争取获得更多的进步；同时也能促进同学之间的良性竞争，以及对班集体荣誉感的提升。

平台的创建将方案照进了现实，可操作的模式更明确了管理者、教师、学生的网络使用权限和操作规范，通过这样的操作模式为学生的良好行为养成提供了动力、创造了可能。平台的开发，逐步改变了学校传统管理过程中依靠人工统计、汇总，信息获取缺失等行为模式，使学生行为信息的传递、交流和储存更为便捷和高效，同时增加了德育的趣味性，深深地吸引学生不断地用自己的行为改变自我、提升自我，使自己的进步更加透明、更加民主、更加有对比性。

图6-3 师生使用一体查询机

第五阶段：制定完善奖励原则

"红领巾信用社"中的"工作人员"以自愿参加、乐于服务为原则，面向集体招募工作人员，通过公平竞选的方式，组建工作小组，负责正常、有序开展日常工作。信用社每日正常"营业"，工作时间为每日的中午12：20—12：50，每个工作日内服务一个年级的学生储户，在一周5个工作日内，完成1—5年级所有学生的点币储存、贷款业务，心愿活动主持业务等。学校根据小学生的年龄和心理特点，制定并完善了红领巾银行的奖励原则。

零门槛原则：没有任何附加条件，不论行为大小，学生的点滴品德积累都可以通过"点点币"的形式进行奖励，然后存入"点点行"。通过这种以小见大、以少积多的方式，鼓励学生逐渐改掉生活中的陋习，形成自觉的道德行为习惯。因为门槛低，对行为偏差生来说，改变也不是一件难事，让孩子们在一件件小事、一个个闪光点中找回自信，找到进步的快乐。

加分原则：系统所采用的点币获取都是加分原则，每一个良好行为都有相对应的分值。由于小学生的行为反复性比较大，在其成长过程中肯定会有不良行为，对这样的行为系统会做出行为记录，但是不扣分，主要以鼓励表扬为主。

精神性奖励为主原则：在对学生进行良好行为结果进行奖励的过程中，不否定物质性奖励，但是教师鼓励学生兑换精神性奖励，通过活动兑换来体验更多的生活乐趣。

【案例分析】

本案例中，学校根据本校数字化环境资源优势和学生道德品行养成教育的需要积极开发校园内部的泛在学习机制，通过行为评价促进学生知情意行的统一发展。同时，学校利用平板电脑等技术手段，将这种泛在模式扩大至家庭和社区，实现将道德教育融入生活，呈现出连续性、社会性、情境性、连接性等泛在学习的核心特征。

连续性：通过校园红领巾小银行，创新道德品行培养的嵌入式学习，将道德与法治学科要求融入日常生活中，无处不在，使人无法察觉学习的存在。同时实现学生个人学习和社群学习相融合，线上学习和线下学习相融合。

社会性：校园生活、家庭生活、社区生活是社会性学习的本质属性，学校通过红领巾小银行建构社会认知网络，促进学生道德认知和道德行为的深化，达成育人目标，在校园规则的运行和社会性学习发展中，促进学生道德发展和法治素养的培养与形成。

情境性：学校因地制宜开发查询机、电子校徽、身份卡等智能终端服务，通过提供位置感知、二维码等各种情境感知，有力地支持道德教育学习活动向课堂外延伸，为学生课外探究提供支持和帮助。

连接性：集体加分获币模式的设计和应用，使得学生个体在校园生活中逐渐建构个体认知和社会认知网络的联系。个体通过共同情境问题的探讨、互动构成社会认知网络，同时通过点币评价和档案系统逐渐形成头脑中自我内部知识结构和网络上集体外部知识结构之间的连接。连接的广度和深度随着校园生活的丰富和延伸而日趋扩大、加强。

新型的学习理论体系"泛在学习"的实现需要数字化技术环境、数字化学习资源、复合教学模式和灵活学习支持服务等多方面资源的支撑。本案例中红领巾银行体系的建立，使得学生可以在任何地方、任何时间接入他们所需要的各种信息。这些信息的提供是基于学习者自身道德品行发展的需求的，是一种自我导向的过程。随着互联网的普及深入，泛在学习将会是普适计算环境下未来的主流学习方式，这也是无缝学习的方向。我们要引导学生善于利用零碎时间来补充课堂学习，克服数字学习的缺陷或限制，以形成终身学习的习惯。[①]学校只是学习和生活的一部分，家庭、社区与学生发展有着更紧密的联系。

从某种程度上说，家庭对学生道德形成的影响远比学校深远。在家庭生

---

① 陈志华.面向泛在学习环境的高等教育学习资源库构建［J］.广东技术师范学院学报，2014，35（03）：99-104.

活中，家长观察学生的道德行为，并对其良好的品德行为用"点点币"进行鼓励；学校与社区联手，把"点点币"的行动延伸到社区里，由社区工作人员来发现学生在公共场合的良好表现。三者合力，促成学生在各种场合中保持行为的一致，对其形成正确的、长久的良好行规有着助推的作用。

三、个性化学习

教育改革发展大趋势正从一刀切的统一模式向个性化、选择性学习转变。个性化学习强调以学生为中心，帮助学生自主掌握学习进度，自主选择学习路径，并帮助其形成自主探究和学习的能力。[①]

不同学生学习过程的非线性因素使得教师不能指望教室中的所有学生都能以完全相同的方式或完全相同的速度学习。个性化学习是根据每个学生不同的需求和能力设计的教育环境和课程。每个学生的学习方法和速度可能会有所不同，但是最终目标和标准并没有区别。每个学生必须在单元或学年末达到一定的主题掌握水平。通常学生需要自己决定学习过程来实现个性化学习，这会教给学生至关重要的技能，这些技能将终生为他们服务。合理地设定目标有利于激励学生的学习动力，进行自我评估有助于学生发展自省能力，提供最适合的学习内容有助于提高学生学习热情，个性化学习环境中学生可以大大提高知识水平。

正如教育家玛丽·安·沃尔夫（Mary Ann Wolf）所说："个性化学习不仅需要改变学校设计，还需要利用现代技术。"电子学习系统可实现个性化学习，该系统可动态跟踪和管理所有学生的学习需求……随时随地，但在传统教室的四面墙中是无法实现的。个性化内容的传递和交互可以通过控制学习环境来帮助学生提高学习水平。使用创建个性化的学习环境技术至关重要，它能够使学生主动关注自己的学习经历。在自己的学习经历中有发言权的学生自我激励能力更好。为了进一步使课程个性化，给学生多种机会展示他们的知识，老师可以给学生机会，在实际的环境中展示他们学到的东西。

---

① 黄丽英，叶晓豪. 从"知识课堂"到"生命课堂"——试论新课程背景下高中思想政治课堂教学形态的转变［J］. 江西教育学院学报，2009，30（05）：124-128.

例如，上海师范大学附属闵行第三小学以"环境即课程，生活即课程"为核心理念，通过跨年段、跨学科的环境活动课程，打破现有课程架构，活化静态环境，拓展生活资源，实施了个性化学习计划。

【案例呈现】

课程开发由"一"系列（一度电、一粒米、一滴水、一阵风等）总课程及"博物馆布展探究营"社会实践课程、"传感集市"课程、"会展"课程三个子课程组成。课程从最简单的概念和最基本的元素开始，贴近学生，激发学生的学习兴趣和探究欲望。活动板块由"亲子互学小组""社区互动小组"组成，整合了小学道德与法治、科学等学科间资源，打通学生学习脉络，拓展生活资源。

第一阶段：通过系统平台选课，建立项目学习"生生互助小组"

建立个性化的学习清单，形成对于内容项（此处内容项指电、米、水、风等）的认识和计量方式的理解，能够提出创造性解决问题的策略。当使用学习清单进行自主学习活动时，学生可以选择最适合自己的学习活动类型，尽自己最大的努力参加学习活动。活动的选择完全取决于学生，使他们可以自由选择最适合自己的学习活动。

组建灵活的学习小组，形成跨年段、跨班级的组合之后，通过改变固定教室和虚拟网络学习的物理空间，减少学科问题，活跃学习气氛，给学生带来更多舒适感从而使注意力更加集中，有利于学生进行开放式协作、沟通，形成创造力和批判性思维。通过灵活学习团队人员组成和灵活学习环境的创设，直接影响学生的行为和学习成果。

第二阶段：通过"亲子互学小组"，与相关的各大博物馆建立关联

招募社会成员（家长、社区）参与项目，为学生提供个性化的辅助和经验支持，对于学生们提出的探究问题给予相应的反馈与互动。

根据年级制定分段分层学习项，设定与内容相关的活动点及活动要求，设计跨学科的长程实践课程。

通过智能设备和场馆资源，搜寻和获取日常周边生活中不易感知到的信息，通过对虚拟世界的知识学习，联通现实世界和虚拟世界，以此来增强对现实世界的理解和驾驭能力。

第三阶段：推进物联网"一"系列课程学习场开发

通过校园智能设备建构与课程相关的学习场，内设供学生小组探究头脑风暴、记录"瞬间"灵感的魔法屋；提供配备课程使用的各类"传感器"。

帮助学生走近物联网，启发思考、观察探究、活动体验，逐步了解环境自然系统如何运行的知识，以及社会系统如何干扰自然系统，促进学生探究意识与实践能力的提升，发展其科学探究素养，而且提高其对环境的感知力与敏感性，触发学生尊敬自然环境的态度，关心人类对自然的影响。[①]

第四阶段：建设基于"一"系列课程的"学习会展中心"

通过合作对前期项目学习资源进行统筹、取舍，建构逻辑合理、主线鲜明、组合新颖的会展中心，在"会展"布局设计及"学习会展中心"物理空间组建中提升综合素养。

【案例分析】

本案例中，学校以跨学科、跨年段的四阶段课程为项目学习的主线，进行课程实验。学生通过小学道德与法治、自然常识等基础型课程的学习，已经具备了一定的学科素养，该项目的学习能够帮助学生实现个性化学习和全面发展，确保每个学生做的工作量正确，学生就可以完成所有必要的学习，但可以按照自己的方式和步调完成。最后，教师可以设置学习检查点，在该检查点中，学生需要继续展示对某个主题的掌握才能继续下一步。

这是一种基于基础课程又超越基础课程的灵活课程安排，不是按照传统的学期或固定的课程节奏来组织学习，适合学生的个性化需求。学习的过程和成果具有开放性和推广价值，在学习会展中心的设计、建构过程中，既可以反映学生的个性、兴趣、目标和价值观，也为其他学生创造了个性化学习体验的共享资源，拓展了学校的学习时空。学校智能空间的建立和完备的数据记录与分析、可视化的个人及家庭的知识结构，成为学习越来越柔性、越来越个性化的必备前提。

随着"互联网+"教育的融合越来越深入，数字化的教育服务日新月异，

---

① 赵慧君，李春超.教育学基础（普通高等教育十二五规划教材）［M］.北京：科学出版社，2014.

我们要关注个体教育要达成和真正适宜达成的目标，来选择精准的教育服务，搭建服务网络可以给予这种个性化的成长期待最有力的支撑和引导。网络环境下，个性化学习要关注学习者学习能力的差异，满足学生对学力发展的个性化需求；学生的兴趣差异唤起每个学生的学习兴趣，作为课程实施的重要条件；学生生活经验的差异，把学生的学习与学生的个体生活差异相结合，提高了学生对学习内容的理解力，使学生的生活经验成为学生学习的力量支持。

四、自组织学习

如果说个性化学习，关注和强调的是人的差异性，那么自组织学习更多研究和开发的是人的自学天赋。有研究表明，没有接触过计算机的孩子自己可以学会使用计算机，这和他们的教育背景、语言能力、社会经济水平、种族、性别、遗传、智力等个体差异没有关系。自组织学习是在没有外部要求、帮助等学习发生的条件下，学生与智能化的学习设备和学习社区形成相互默契的互动关系，自然地产生交流与问题解决行为。在此过程中，人的大脑内部认知网络与智能学习设备表征的外部知识网络相互连接和转换，形成相互促进的正反馈认知循环，自动地形成有序的整体分布式认知结构，从而实现知识的迁移和发展。[①]

"学习是个体头脑内的认知加工活动，但这还不够，学习还是一个自组织的社会性建构活动。学习的社会性与科学家研究工作的社会性一样，也是在学习共同体的信息分享、协作、对话和社会文化的情境脉络中建构，是一个自组织特征相当鲜明的过程。"[②]"自组织"理念指导下的学习活动，要让孩子们在自己营造的环境下学习，能够有更多自发形成团队、主动学习的行为。学生的兴趣和问题是自组织学习的起点。小学道德与法治学科中，应当激励孩子们以团队形式利用互联网解决问题，激发其逻辑思维能力、问题解决能力和创新能力等各项潜能。今天的课堂内外，学生可以轻易借助网络获得丰富资源，开展广泛的人际互动交流。教育在"互联网+"时代，就应该是解放人原有的内

---

① 余胜泉.互联网+教育：未来学校［M］.北京：电子工业出版社，2019.

② 吴向东.学习情境导向的信息化课程资源建设［J］.中国电化教育，2008（07）：51-55.

在学习能力。叶澜教授在"新教育基础改革"四个"还给"中提出"把课堂还给学生，让课堂充满生命气息"。自组织学习就是一种把课堂还给学生的重要形式。学生具有学习的兴趣、产生学习的问题，加上合适的学习环境和学习成员间的联结，就有可能组成一个自组织学习系统。学习可以自行发生、自行组织、自我激励、自行演化，从无序走向有序。

例如，在统编小学道德与法治五年级第二单元的学习中，教师利用线上学习平台，发布一个单元综合学习活动。

【案例呈现】

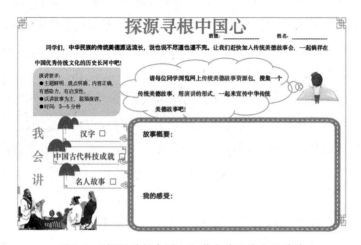

图6-4 "探源寻根中国心"学生单元综合活动单

1. 开放的学习环境：学生通过智能学习工具随时获取学习资源和活动信息，无处不在的通信网络帮助学生参与班级、年级的主题活动，了解活动动态，通过电子书包实现与外部的信息交换。

2. 挑战性的问题：通过本单元的学习，学生已经掌握了一些中国传统文化的基本知识，但是对真正从内心欣赏和感慨的文化还不够清晰，需要进一步触发思考，而传统美德故事会以"大"问题的形式出现，既包含了本单元课文中出现的知识内容，也延伸和拓展到其他生活中、历史中的故事，具有挑战性。

3. 良好的激励体系：良好的激励是自组织学习系统的动力机制，利用智能化评价系统开展班级、年级演讲会的学生互评，激发学生内在的求知欲、好强性，放手让学生使用学习工具，与家庭社区相互作用，体会成功的愉悦，产生正反馈的运行模式，从而推动整个学习系统的演化。[①]

4. 非线性知识获得模式：本项五年级单元综合活动是对线性知识获得模式的一种突破，打破了传统单元课时学习和课后活动的平衡态，打破了整齐划一的班级教学进度。对学生而言，他可以跳跃、往复地参与本单元主题系列中的中华传统文化的探究和学习，并以自己喜欢的方式来表达、演讲自己的发现和感受。知识不仅仅来自学校、教师，还运用互联网多样化的知识来源渠道和社会化的互动模式。"互联网+"班级初赛、年级复赛的形式，智能化引擎、数据挖掘等技术，帮助学生实现个性化学习选择，提供了自组织学习非线性的演化途径。[②]

5. 教师角色的转变：过去学科教学的组织形式是以班级为单位，以课时教学为流程的，在单元综合活动中，教师扮演着平台架构、活动策划、现场主持等多重角色，承担着除了知识传输者之外的引导者、组织者、激励者的重要职责。这对教师提出了挑战性的专业要求，教师要放弃传统的知识权威和垄断，成为自组织学习中的一分子，与学习者一起思考和解决问题。

叶澜教授曾说："要把人的生命主体意识看作是对教育的重要规定。"人作为万物之灵，本身就有自然的逻辑和自组织的能力，发掘它，才是正路。"自组织"是人生命活动的一个根本特征，自组织学习是人获得德行、知识、智慧和美感，实现生命成长的主要方式，人与环境交换精神能量和信息，实现精神的自我建构。与此同时，学习者的自组织学习有一定限度，需要教育者激发学习者的内在学习动机，在学习过程中，具有意向启动的意义。使学习者具有真正人生发展的价值，还必须通过长久自主组织学习实践，使学习成为一种习惯，让自主学习成为一种高度自觉且持久的生活方式。

---

① 余胜泉.互联网+教育：未来学校［M］.北京：电子工业出版社，2019.

② 同上.

第二节 智慧教育视域下主题教育发展趋向与深化

培养什么样的人，是教育的根本问题，是教育工作的根本任务，也是小学道德与法治的根本任务。国家的教育综合改革向纵深方向推进素质教育，不断提高思想站位，坚持并完善以"立德树人"为核心的教育质量观，构建了以社会主义核心价值观为引领的大中小幼一体化德育体系，将"思政课程"转向"课程思政"，提出了新时代"德智体美劳"全面发展的教育行动计划，以"立德树人"为核心，形成"德智体美劳"五育并举的政策格局。小学道德与法治作为立德树人的主渠道，应当在五育并举、全面育人方面发挥不可替代的作用。那么，如何在智慧教育视域下开展主题教育，是对"怎样培养人"的一个时代回应。

中华人民共和国教育部《教育信息化2.0行动计划》指出"实施教育大资源共享计划。拓展完善国家数字教育资源公共服务体系，推进开放资源汇聚共享，打破教育资源开发利用的传统壁垒，利用大数据技术采集、汇聚互联网上丰富的教学、科研、文化资源，为各级各类学校和全体学习者提供海量、适切的学习资源服务，实现从'专用资源服务'向'大资源服务'的转变"。小学道德与法治"互联网+"混合式学习就是要进一步优化"平台+教育"服务模式，依托各级各类数字教育资源服务体系，解决各种学习瓶颈问题，完善学科生成性资源体系，赋予主题教育以新时代内涵，以帮助学生达成优质的个性化学习体验，满足学习者个性化学习需求。

一、真干实做的劳动教育

习近平总书记多次强调："真抓才能攻坚克难，实干才能梦想成真。"中国梦的实现需要良好的社会风气，需要每一个中国人保持奋发向上的精神面貌，脚踏实地地努力前行。他多次强调要在全社会大力弘扬劳模精神、劳动精神，让劳动光荣、创造伟大成为铿锵的时代强音，让劳动最光荣、劳动最崇高、劳动最伟大、劳动最美丽蔚然成风。2018年9月，习近平总书记在全国教育大会上指出："要在学生中弘扬劳动精神，教育引导学生崇尚劳动、尊重劳动，懂得劳动最光荣、劳动最崇高、劳动最伟大、劳动最美丽的道理，长大后能够辛勤劳动、诚实劳动、创造性劳动"，并在阐释教育目标时首次完整提出"培养德智体美劳全面发展的社会主义建设者和接班人"，进一步凸显了劳动教育在新时代教育体系中的重要地位，推动新时代劳动教育回归初心、回归育人。2020年3月，中共中央、国务院发布《关于全面加强新时代大中小学劳动教育的意见》，指出劳动教育是中国特色社会主义教育制度的重要内容，直接决定社会主义建设者和接班人的劳动精神面貌、劳动价值取向和劳动技能水平。

长期以来，各地区和学校坚持教育与生产劳动相结合，在实践育人方面取得了一定成效。同时我们也要看到，我们在劳动教育过程中出现的一些问题，近年来一些青少年中出现了不珍惜劳动成果、不想劳动、不会劳动的现象，他们的劳动观念淡薄了，劳动技能弱了，劳动习惯也不尽如人意。正如著名教育家于漪在《劳动教育，让孩子拥有幸福生活的能力》中谈到："我们一直在讲要全面贯彻党的教育方针，要德智体美劳全面发展，但有时候在认识上仍会存在一些不足。在新时代，特别是人工智能快速发展，脑力劳动和体力劳动要很好地结合起来。我们不能够培养四体不勤、五谷不分的人。"

《关于全面加强新时代大中小学劳动教育的意见》指出："小学低年级要注重围绕劳动意识的启蒙，让学生学习日常生活自理，感知劳动乐趣，知道人人都要劳动。小学中高年级要注重围绕卫生、劳动习惯养成，让学生做好个人清洁卫生，主动分担家务，适当参加校内外公益劳动，学会与他人合作劳动，体会到劳动光荣。"在小学道德与法治系列教材中，没有专门提到"劳动"二字的相关内容，但是把劳动教育渗透到各个学段的不同话题中，让学生在实践与反思中学会劳动、热爱劳动、尊重劳动。比如，一年级的"我们爱整洁""干点家务活"，二年级的"我是班级值日生""试种一粒籽"，四年级的"这些事我来做"，五年级的"我参与我奉献"等，能看出教材在劳动方面是有一个螺旋式上升的。一年级和四年级其实都提到了"做家务"，但是具体的劳动技能、劳动意识、劳动精神意志，以及劳动的集体意识、沟通能力和团队精神都是随着年龄的增长逐级提升的。针对当前小学生成长中面临的实际问题，学生劳动素养提升的核心在于加强劳动实践教育，完善学校、家庭、社会三方协同育人的机制，发挥实践育人的真正实效，劳动教育不仅仅是说起来重要，做起来更加重要。

在智慧教育背景下，我们的学生已经处在一个全新的时代环境之中，劳动教育就理应不断创新形式。我们应当探索与时俱进的劳动教育新形式，以劳动教育理念创新为先导，以劳动教育优质资源和信息化学习环境建设为基础，以落实劳动实践育人为核心，构建劳动教育混合式学习模式，充分发挥教育信息化支撑劳动教育发展与引领创新的重要作用。

例如，部编版小学道德与法治二年级第一学期第二单元《3　我是班级值日生》。本课从观念到责任，引导小学生通过值日生这一班级角色，落实对集体的责任感。集体责任感是学生在班级共同生活与学习中萌生和形成的，做事的能力也是在做事的过程中逐步实现的。课上，教师充分利用空中课堂的资源，将课本内容进行视频化呈现，引导学生进行交流反思，及时捕捉学生平时生活中的场景，通过音频等方式重现，启发学生思考。课堂重现学生遇到的实际困难，让学生在实践操作中，获得学习经历，体悟劳动精神。通过课后作业的布置，将课堂所学延伸到家庭中。通过家庭这一教育场景进行持续教育。

（一）"线上+线下"混合式学习，树立劳动信心

劳动创造生命，劳动创造财富，劳动让社会生存发展、不断进步。通过"线上+线下"的混合式学习，促进学生树立劳动最光荣的意识，发挥自己的力量为他人服务，贡献一份力量，在劳动中发现和创造快乐，从而激发劳动兴趣，树立劳动信心。

【案例呈现】

师：今天轮到丁丁做值日了，让我们走进丁丁的值日生活吧。

（出示市课视频：丁丁的值日生活）

视频内容：今天轮到我值日了，我早早起了床，戴好红领巾，检查自己是否穿戴整齐，这是要给全班同学做榜样的啊。我早早来到学校，把教室的门打开。数学课结束收作业的时候，我发现有小朋友少做了一道题，于是我问他是不是不会做，我教他把题目做好，还提醒他遇到不懂的地方可以问老师和小伙伴。中午的时候，我发现教室的地面有点脏，于是我拿出扫把把地面扫干净，

这样大家能在整洁的教室里学习，会更舒适。

师：看了丁丁的值日生活，请大家来评价一下，你觉得她身上有哪些地方是值得你学习的。

生1：丁丁会早早地来到学校做准备。

师：是呀，所以你想学习丁丁，就要早点到学校做准备。

生2：丁丁每天都会检查好自己的衣服和要带的东西。

师：是的，自己检查好自己的东西可是非常重要的。

生3：丁丁收本子时还能注意到同学有没有题目不会做，能主动帮助同学。

师：像丁丁一样善于观察，热心帮助同学，才能成为一个受人喜爱的值日生。

师：小朋友们肯定了丁丁的值日工作，她很高兴，我们来听听丁丁的心里话。

丁丁的心里话：谢谢大家对我的肯定，我觉得做值日生是一件光荣的事情，虽然做值日生有些苦有些累，但做值日生就是为大家服务的，就要认真完成。班级是我们在学校里的家，我们每一个人都是班级的一员，当然要为班级出力，这样的话，我们的班级生活就会更美好。

师：是的，值日生是一项光荣的工作，需要班级的每一位小朋友主动承担，为班级服务，为同学服务，希望大家都能成为快乐的值日生，为和谐美好的班级建设出一份力。

（板贴：值日工作真光荣，服务班级和同学）

【案例分析】

对低年级学生来说，如果课堂上教师直接将教材的描述传授给学生，学生由于知识经验的不足，便会导致理解不够透彻，通过合理地借助线上学习资源，链接学生的"生活经验"，产生行动力，可有效突破重难点。

本片段截取自空中课堂"丁丁的值日生活"这一教学资源。在教材中，"丁丁的值日生活"是以四幅图片进行展示的，空中课堂将四幅图变成了动态的形式，以丁丁的口吻展现了四幅图的内容，这个生动又具象的学习资源，能够唤醒学生生活情境，很容易将"丁丁的值日生活"与"自己的值日生活"形成关联与对照。从动态的视频中，学生能够理解丁丁的值日工作出色，不仅需要善于发现问题、主动承担责任，更需要合理安排时间、克服困难并坚持付出才能实现。同时，视频中丁丁的心里话也启发学生做值日生是一件光荣的事情，虽然做值日生有些苦有些累，但做值日生就是为大家服务的，就要认真完成。作为班级的一员，要为班级出力，班级生活就会更美好。视频中的丁丁为学生树立了良好的"榜样"，其他学生激励自己也要努力做好值日工作，产生了劳动的兴趣和信心。学生通过线上的教学资源联系自身的生活经验，回想起自己在做相关值日工作时的表现，在线下的实际生活中能够反思学习，逐步培养劳动能力。

（二）"课堂+生活"混合式学习，培养劳动耐心

现代生活力求方便、快节奏，这当然有方便人们生活的一面，但另一方面也造成人们缺乏耐心的后果。在日常生活中，孩子劳动的耐心也是需要培养的，实践是劳动必不可少的环节，养成有始有终、坚持不懈地把事情做好的习惯，这将是送给孩子终生受益的一份厚礼。

学生亲身参加劳动操作实践，在解决实际问题的过程中发展创新素质。在"互联网+"背景下，通过"课堂+生活"混合式学习，创设足够的时间和空间，千方百计为学生创设劳动实践的条件，组织开展符合学生年龄特点的劳动，以体力劳动为主，注意手脑并用、安全适度，强化实践体验，让学生亲历劳动过程[①]，以最佳的体力、智力和耐力状态完成各项劳动。

【案例呈现】

师：在做值日时，常常会遇到一些困难。看，你们的桌面上有好多油画棒印迹，怎么才能弄干净呢？老师给你们提供了一些工具，请小朋友们分小组一起试一试。（准备工具：抹布、水、湿巾、纸巾）

（生分小组一起尝试将油画棒印迹擦干净）

师：擦干净的小朋友可以举手示意老师。

师：谁来说一说，你是怎么擦干净的？

生1：一开始我以为这就是普通的脏东西，用抹布轻轻一擦就好了，没想到一点都没用。我就想加点水吧，加了水之后油画棒的印迹就蔓延了，更多了，然后我看其他同学有用纸巾擦的，我也用纸巾试了一下，发现用纸巾擦就可以

---

① 中共中央国务院关于全面加强新时代大中小学劳动教育的意见［N］.赤峰日报，2020-03-20.

了，就是要用力气，用力擦。

师：你尝试了好多种办法，最后成功解决了，真棒！

生2：我是先用纸巾把上面的厚的用力抠掉，然后用湿巾把剩下的擦干净，最后用抹布把桌子擦干。

师：你还会用不同的工具处理不同的地方，真会观察和思考。

生3：我就用抹布擦的，要用力，很大的力，多擦几下就擦干净了。

师：同学们的方法真多呀！有时候我们会遇到困难，但是只要我们多试一试，各种方法都尝试一下，最后总能找到解决办法的。

（板贴：掌握方法多尝试）

师：瞧，通过我们积极想办法、耐心地劳动，老大难问题得到了解决。那么，大家有没有发现，在我们身边，家里、教室里、校园里还有哪些老大难问题，需要我们去解决呢？请你用手机去拍一拍，动手做一做，并把成果在班级圈里晒一晒。如果遇到麻烦和问题，大家也可以在班级圈内讨论解决。

【案例分析】

陆游诗云："纸上得来终觉浅，绝知此事要躬行。"意谓从书本上学来的东西终归是浅显的，只有参与到实践活动中才能够获得最真实的知识。实践知识本身就是一种知识，不身体力行地动手操作，不可能领悟其中的奥秘。[①]

在擦拭油画棒印迹的过程中，学生至少采用了三种方法，都达到了清洁的目的。难能可贵的是这些方法是由学生自己思考、实践获得的。这种劳动耐心的培养和意志力锻炼并非在课堂上一时半会儿便能培养出来的，而是需要学生在生活中加以巩固和锻炼才能形成。教师通过手机抓拍功能，鼓励学生寻找生活中的老大难问题，并动手劳动加以解决。在劳动过程中，学生会遇到各种各样的即时性问题，这些问题的解决可以借鉴他人的经验，但更多的还是需要依靠自己想办法。想办法的过程，看似为了解决眼前的困难，其实锻炼的是学生在遇到问题时的思考方式和情感态度。学生通过寻找方法、尝试实践，体会成功。当然，在尝试实践后，也会遇到失败挫折，那就鼓励学生再次寻找方法、尝试实践，直至成功。这是一个有意义的过程，给学生提供了一个以实践的方

---

① 刘枕. 以劳动教育塑造青少年健康健全人格［J］. 中国工人，2020（07）：52-53.

式接受教育的途径，使人的心智意志得到充分锤炼，从而不断丰富和完善。可以帮助学生发展出耐心、专注这样相对难以获得的优秀品质。

（三）"跟踪+分析"混合式学习，加强劳动自律

"互联网+"环境下的小学劳动教育课堂教学评价，形成课后追踪、数据分析相结合的劳动教育网络，将学生的学习过程、学习内容、知识迁移能力、情感获得和包括讨论、互动等一系列活动都作为成绩评判的依据，不再以最终的学习结果作为评判的主要依据，多元化、过程性、发展性的评价有利于促进学生的个性化学习和多样化能力的培养。①

【案例呈现】

师：课后我们单独告知每位小朋友的得星数，拿到自己的得星数后，请主动星4颗以下的同学，每天在家里坚持一项小劳动，拍照上传。

技能星4颗以下的同学学会一项劳动技能，视频展示。

团结星4颗以下的同学下周组成一个组，负责教室一周的放学打扫。

1. 劳动岗位评价表

劳动岗位	劳动人	主动星				技能星				团队星				总计		
		周一	周二	周三	周四	周一	周二	周三	周四	周一	周二	周三	周四	主动星	技能星	团队星
图书管理员	姚蒻庭	☆	☆	☆	☆	☆	☆	☆	☆	☆		☆	☆	4	4	3
	詹琬臻	☆			☆	☆			☆					2	2	0
桌椅小管家	许轶浩								☆				☆	0	0	1
	王泽宇	☆		☆		☆	☆			☆		☆		2	2	1
	吴思逸	☆	☆	☆	☆	☆	☆	☆	☆	☆	☆	☆		4	4	3
书包小督察	沈吴珺	☆	☆	☆		☆	☆	☆		☆		☆		3	3	2
	蒋屹	☆	☆	☆		☆	☆	☆				☆		3	3	1

检查人：赵梓睿　　　　日期：第15周（12.07~12.11）
主动：能在课间自觉去做劳动岗位。
技能：劳动过程有方法，完成效果好。
团队：小组内分工合理，互相协作。

图6-5　劳动岗位评价表截图

2. 学生录音

学生A：做小岗位又苦又累，还占用我写作业的时间。我作业都写不完

---

① 杨小东."互联网"背景下的课堂教学评价［J］.教育·校长参考，2018（37）：78.

了，我不想做小岗位。

学生B：每次下课，我都想去做我的小岗位，但每次要去做的时候，就被别的吸引了。

3. 数据分析

课前教师在班级做了一周的劳动岗位评价，通过三个维度进行观察评价，分别是主动、技能和团队。主动是指能够在课间自觉主动去做劳动岗位，技能是指劳动过程有方法，完成效果好，团队是指小组内分工合理，互相协作。通过一周的观察，班级这三种星的得星率为主动星81.20%、技能星60.90%、团队星46.80%，从数据中可以看出班级在劳动技能和团队协作方面不太理想，所以在课堂上，教师着重在这两方面设计了活动。第一个活动是"顽固的油画棒"，让学生在课堂上实践一下，如何解决顽固的油画棒痕迹，引导他们体悟劳动要有方法，要多尝试不同的方法。第二个活动是完成"小蜜蜂乐园分工表"，以放学后的班级打扫为任务，小组内进行分工，合作完成这一任务。

从课堂结果上看，在劳动技能方面，"顽固的油画棒"活动班级大部分同学都完成了，完成率较高。在团队协作活动方面，班级六个小组，只有一个小组在规定时间内完成了分工表，其余五个小组均未完成，完成率很低，需要课后再进行有针对性的团队协作教育。

【案例分析】

本课中，借助劳动岗位评价表的数据分析，老师发现班级学生劳动岗位中出现了问题，班级在劳动技能和团队协作方面不太理想，在课堂上着重从这两方面设计了"顽固的油画棒"和"小蜜蜂乐园分工表"两个活动，通过有针对性的作业布置，让学生有针对性地分步提高劳动意识和能力，有的放矢地以学生真实需求为驱动开展劳动教育，借助网络平台搭建劳动教育载体，这是智慧教育背景下混合式教学的积极尝试。

当然，家庭一直是教育不可忽视的主阵地，特别是对于劳动教育中意志品质的培养，更是需要家校的密切配合与沟通。家校合作，微课指导，开展基于数据跟踪式的家务劳动实践等，也是智慧教育背景下劳动教育的新内涵。一方面，学生在课堂中所获得的方法技能，需要在日常生活中不断加以变化地应用，才能逐步成为陪伴学生终身的习惯与品质；另一方面，通过完成统一的作业，有利于学生之间形成一种良性的竞争与督促，获得更多同伴经验的同时更能促使自我学会坚持，锻炼意志。

例如，开展的居家学习中，给了学生更多的居家劳动时间。劳动实践活动期间，家长和孩子积极参加"亲子活动圈"的分享与挑战，学生在老师、家长们带动下，做起来更有动力，在加强劳动教育的同时，还增进了亲子关系，孩子在遇到困难时，会更加主动地去探索有效的方法。同时，由于线上班级群的使用，让劳动作业的统计与反馈有了更加方便和直观的呈现，这也是智慧教育背景下混合式教学的积极尝试。

二、护航人生的法治教育

习近平总书记多次寄语全国广大青少年要"系好人生第一粒扣子"，青少年的法律素质如何，将直接关系到青少年的健康成长，关系到法治建设的未来。"法治"是社会主义核心价值观的重要内容。教育部、司法部、全国普法办印发的《青少年法治教育大纲》中明确指出："小学阶段，着重普及宪法常识，养成守法意识和行为习惯，让学生感知生活中的法、身边的法，培育学生的国家观念、规则意识、诚信观念和遵纪守法的行为习惯。"

为推动法治教育发展，2016年，由教育部、司法部、全国普法办联合印发了《青少年法治教育大纲》（以下简称《大纲》）。按照统一部署，将中小学《品德与社会》课程与教材名称统一更名为《道德与法治》。这一次更名非常重要，是我国法治理念不断进步的标志。党的十五大以来，"法治"相关论述逐步深化，从"法制宣传教育""法制观念"，到"法制宣传教育""法治精神"和"学法守法用法"，再到"法制宣传教育""社会主义法治精神""法治理念"和"学法尊法守法用法"。在此基础上，党的十八大将"法治理念"提升为"法治精神"，提出"法治思维和法治方式"，将法治教育与法治实践相结合。对于教育工作者而言，"法治教育"不仅是法律知识普及，更是法治精神的启蒙。[1]

小学阶段法治教育的核心素养最关键的是培养学生进行自主性和合作学习与探索，以宪法精神为主线突出国家意识与公民意识的教育。法治教育是小

---

[1] 任海涛.我国青少年法治教育的发展历程及展望［J］.教育家，2020（20）：15-16.

学道德与法治课程中的重要教学内容，要培养学生法治思维，其中包括法治知识、法治行为和法治观念，让学生从认知走向实践。智慧教育背景下开展混合式学习，把传统学习方式的优势和网络化学习的优势结合起来，为小学生法治教育提供了自主学习与合作学习的平台，充分体现了学生作为学习主体的主动性、积极性与创造性。[①]除此之外，电子产品的使用，为学习者提供了丰富多彩的时政资源，让儿童感受生活中的法律，在时代的宏大背景下培养学生国家观念、规则意识、诚信守法等核心素养。教师角色也发生了转变，利用网络互动平台引导、启发、监控学习过程，发挥教学主导作用。

（一）线上交互，多种形式感受法治力量

"互联网+"混合式学习不仅关注技术通道，更关注"教"与"学"过程中的信息传递通道，即研究哪些信息传递通道最具典型性，采用什么样的信息传递通道能更有利于促进学生有效的学习和提高学习效果。[②]

传统课堂中我们强调教学中的对话和学生的主动参与，这种对话包括学生之间的对话、师生之间的对话、学生与文本之间的对话，那么在特殊时期，由于受到时空的限制，如何实现对话教学呢？我们的做法是多地采用空中课堂以线上互动等方式进行混合式教学。学生可以通过"虚拟课堂直播间""班级圈话题互动"等方式进行对话。在设计课堂活动时，教师试图设计出让学生感兴趣、有话可说的内容，以及引导学生实践的内容，在平等、对话式的学习过程中，儿童能够敞开心扉，真正参与到道德与法治的学习中，实现自身道德的成长、法治素养的提升。

【案例呈现】

课堂回放1：连线律师，普法面对面

师：仲裁、索赔、报案和诉讼这四种维权方式是什么意思，能解决哪些法律问题，你们知道吗？

生1：我知道索赔，例如王小萌被狗咬了，她受到了损失，可以向狗的主人索要赔偿，如误工费啊、医药费这些。

---

① 朱蕾.大数据背景下信息技术学科结构化评价体系构建研究［J］.文理导航，2018（24）：98.
② 张子石.未来教育空间战的设计与应用研究［M］.武汉：华中科技大学出版社，2016.

师：你的积累很丰富，受到损失的一方可以向对方提出损失赔偿的要求。

生2：我知道报案，就是把事情报告到警察局，让警察把小偷抓起来。

师：嗯，你基本回答对了。报案就是机关、团体、企事业单位和公民将违反法律危害社会治安的事件报告给公安或司法机关。

生3：我觉得诉讼就是向法院投诉的意思。

师：看来同学们对仲裁和诉讼比较陌生。今天老师请了一位专业人士来为我们答疑解惑，她就是我们班黄子凌同学的妈妈——胡晶律师。

师：胡律师，我们刚刚说到可以使用仲裁和诉讼的方式维护自身权利，小朋友们不是特别理解，麻烦您为我们解释一下。

胡律：那么下面接着讨论金老师关于仲裁和诉讼的话题，我先给大家做一个简单的介绍。首先，就是我们要明确什么叫仲裁。仲裁是平等主体之间的公民、法人和其他组织产生合同纠纷及财产纠纷时，双方当事人协议将争议提交给第三者，由第三者对争议的是非曲直进行评判并做出裁决的一种解决争议的方法，双方当事人先要签署仲裁协议。那么，仲裁和诉讼有一个比较大的区别。仲裁庭，一般设置在直辖市、省、自治区人民政府所在地。仲裁在争议中有很多的优势。简单来说，第一，它审理案件的这个审限非常短，一裁终局。第二，它更注重当事人的意思。我们法院的审判通常情况下是由法官来主导整个诉讼的过程。而仲裁在同等情况下，仲裁员、首席仲裁员一般是由专家律师、某个行业的专业人士担任。它和法院的最大区别在于法院其实只有法官。另外，诉讼是可以公开审理的，但仲裁是不可以公开审理的。而诉讼是我们可采取的最终的一种维权方式。

师：感谢胡律师的解答。在课前对学生的生活困扰调研中，发现我们班级有一位同学，他们家和邻居产生了一些纠纷，至今没有解决。今天趁此机会，想请胡律师帮帮她。

生4：就是我们家楼上的邻居，基本每天晚上都要在上面跳舞、唱歌，有时候还要大叫，有时还发出打篮球那种声音，吵死了。我们上去跟他们说了四次，还是解决不了。然后我爸找了居委会，还是没有什么改变。

胡律：首先，这位同学非常有自我维权意识。其实，这是一个涉及妨碍相邻关系的问题。根据《民法典》规定，大家是要维护和谐的相邻关系的。通常情况下我们应该分四步走。第一步，就是我们要去找这个邻居进行协商，告诉他，你的行为已经严重地妨碍了我们的生活。如果他不予理睬该怎么办呢？我们可以去找居委会。因为居委会是我们民间的一个基层的自治性的组织。居委会干部作为中立方进行调解。这一步还不行，怎么办呢？我们每个社区，居委会都有一个社区片警，这个时候我们可以找社区片警进行投诉，要求他来帮助我们协调。这是第三步。如果依然不奏效，我们该怎么办？这个时候我们就要走第四步，去法院起诉。因为法院是我们公民解决纠纷的最终的、也是最具公权力的这么一个组织。我们去法院进行起诉，起诉楼上的这个居民，他妨碍了我们的生活。但是你去起诉的时候，要把前面几次调解过程的材料和证据准备好。这就是我对解决这个问题的一个四步解决方案。

师：非常感谢胡律师的解答。（生道谢、告别）

【案例分析】

青少年法治教育是集法律知识教授、法律技能培养、法治理念涵育于一体的，系统、复杂、漫长的教化过程，既不应急功近利，也不能草率为之。[①]作为开展法治教育的一线教师，还应熟练掌握重要的部门法知识。然而现有师资队伍的教育背景基本上都不是法学专业，其个人知识结构已经基本定型，对各种条文法律知识也不能全面掌握。因此，通过线上视频连线的方式，直接请律师家长作为本课中法制教育的辅导员，以事论法、以案释法，增强了法制宣传教育的实效性。

本片段主要通过现场视频连线的方式，将专业人士资源引入课堂，通过动态生成性对话帮助学生答疑解惑，学习在日常生活中维护权利的四种方式——仲裁、索赔、报案及诉讼。其中，索赔及报案学生可以联系生活经验进行理解。而仲裁及诉讼，学生几乎没有接触，在这里采用现场连线律师的方式，通过与专业人士的直接对话，使学生了解仲裁、诉讼的区别及适用范围，这就是法治知识。在课前调研中发现，班级超过70%的同学家庭曾发生过邻里纠纷问题，本次课程选取了其中还未解决的生活实例请律师帮忙出主意，丰富学生的维权方式，这样才会产生法治行为，在加强学生维权意识的同时，逐步培养学生法治观念。通过课堂上多种方式的线上交互，借助专业人力的力量，将法治

---

① 程林.中小学法治教师应具备哪些专业素养［N］.中国教育报，2020-04-07.

教育融入课堂教学中，增强学生的法律意识，让他们直观地感受法制的威严，最大限度地受到教育。

（二）网络检索，多种方式学法尊法

随着信息技术的进一步发展，将互联网技术和教育规律有机结合，有利于发挥互联网在教育资源共建共享中的作用，最大限度地促进教育发展。混合式学习充分利用数字产品，助推学生随时随地进行泛在学习，帮助学生熟练运用互联网学习工具开展泛在学习的同时，筛选、处理相关信息，为课堂提供与社会时事发展相关联的动态学习资源。教师合理利用网络平台，关注时政，提高了学生的道德认知水平。在维权过程中，也会产生违法行为，学生对这些行为认识不清，请他们现场借助平板查找行为是否触犯法律，使学生知晓必须在法律范围内行使和保护权利。

【案例呈现】

课堂回放2：现场搜索，知道维权应依法

师：赵志刚的姑父和跳广场舞的阿姨协商无果后，和几位同样受到广场舞音乐影响的居民一起想出了以下几个解决方法。你们觉得这些做法合适吗？

做法一：把他们的音箱砸了，揍她们一顿，她们就老实了。

做法二：实在没人管，咱们也买个音箱，开大音量跟她们对着干。

做法三：在广场上抛撒垃圾，把他们赶走。

生1：我觉得做法一不合适，无论怎样都不能打人吧。

生2：我觉得做法二不合适，开大音量也会影响到其他居民的。

生3：我觉得做法三也不合适，因为我们不能乱扔垃圾，这会破坏环境的。

生4：我觉得之前反复沟通都没用，就应该把她们打一顿，这样她们就老实了！

师：有的同学认为这几种做法从道德层面来说不可取，会影响到他人或环境；也有的同学认为打一顿能够很快见效。那么从法律上来说，这几种行为是否可取呢？当我们不确定，又没有专业的律师可以询问时，我们可以求助网络。例如，度小法。

（现场查找：殴打他人）

师：同学们可以看到，殴打他人是违反《中华人民共和国治安管理处罚法》的，会受到罚款及拘留的处罚。那么其他几种行为是否违反法律呢？请你学着老师的样子来查一查。

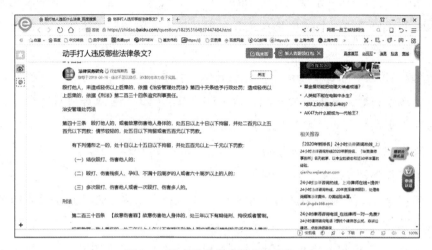

图6-6　搜索引擎搜索相关法律条文

图6-7　学生小组合作学习

生5：我们小组主要搜索了"做法一"中的砸音箱行为。根据《中华人民共和国刑法》第二百七十五条规定，故意毁坏公私财物，数额较大或者有其他严重情节的，判处三年以下有期徒刑、拘役或者罚金。故意毁坏公私财物，数额巨大或者有其他特别严重情节的，判处三年以上七年以下有期徒刑。另外，故意毁坏他人财物构成犯罪的，还要承担民事赔偿责任。根据《中华人民共和国刑法》第三十六条第一款的规定，由于犯罪行为而使被害人遭受经济损失的，对犯罪分子除了依法给予刑事处罚外，并应当根据情况，判处赔偿经济损失。①所以这个砸音箱的行为是违法的。

生6：我们小组主要调查了"做法二"。"做法二"违反了《中华人民共和国治安管理处罚法》和《中华人民共和国环境噪声污染防治法》，会被处以警告、罚款的。

生7：我要补充，根据城市区域环境噪声标准，在疗养区、高级别墅区、高级宾馆区等特别需要安静的区域，白天50分贝，晚上40分贝即可成为噪音；在以居住、文教机关为主的区域，白天55分贝，晚上45分贝即可成为噪音；在居住、商业、工业混杂区，白天60分贝，晚上50分贝即可成为噪音。②做法二的分贝数很可能会超过规定，成为噪音的。

师：分贝是对声音响度的计量单位，你的补充让同学们了解了噪声的具体数值。

生8：我们小组主要搜索了做法三。做法三违反了《上海市市容环境卫生管理条例》，会被处以罚款的。

师：看来这三种做法都不可取。当我们在维护自身权利时，一定要注意在法律允许的范围内。如果你不确定这种行为是否合法，可以寻求网络或老师的帮助。

【案例分析】

本片段主要利用互联网强大的搜索引擎，帮助学生形成借助网络搜索法律条文解决法律问题的意识和能力。通过了解法律条文，学生首先知道在行使、保护自身权利时，不能超越法律范围滥用权利，也不能用违法的方式维护自身权利。同时，他们意识到对于一些维权方式是否已经超越法律感到疑惑时，现在可以便捷地使用网络来帮助自己进行判断，从另一个角度增强了学生依法维权的意识。在上述案例中，教师通过视频连线技术现场连线律师，请专业人士为学生解答什么是仲裁及诉讼，同时帮助学生解决实际问题，提供维权方法，增强依法维权意识；应用检索技术，通过度小法等较为专业的网络工具，搜索维权方式是否合法，使学生了解到依法维权需合法，同时增强学生依法维权意

---

① 张玮. 为博网友打赏点赞　开砸酒店物品［N］. 滨海时报，2017-10-17.
② "城市管家"以人为本治理广场舞噪音扰民［N］. 泰安日报，2019-04-17.

识。帮助学生树立依法维权的意识其实存在一定难度，学生总是认为法律离自己很远。而书本上举的例子有些学生也从未接触到，如受义务教育权受到侵犯；仲裁、诉讼等维权行为对于学生来说也较为陌生。在课堂教学时，请到专业律师为学生进行解答使得学生对于法律的权威更有信服感，面对面的交流也使他们更容易理解。

蒸汽机的出现改变了人类的交通方式，互联网的出现已经开始改变人类的学习方式。混合式教学是信息技术与教育结合的产物，是学习资源的混合、学习环境的混合、学习方式的混合，强调学生自主探究、深度对话与学习。它为新时代的法治课堂提供了丰富多彩的课堂资源与跨越空间的互动渠道，突破了传统法治课堂的空间局限性与信息滞后性，为对话创造了有利的条件，值得深究。

（三）内外融合，切实引导守法用法

法律素养指的是一个人认识和运用法律的能力，包括掌握法律知识；树立法治意识、法制观念及用法能力。《青少年法治教育大纲》中"小学高年级（3—6年级）教学内容与要求"中要求学生能够初步了解公民的基本权利和义务；初步理解权利行使规则，树立依法维权意识。法治教育对于学生来说较为枯燥。"互联网+"混合式学习进行教与学方式的变革，采用"内外融合"的方式，通过法治故事、案律对照、情景剧表演、法治辨析等形式进一步加强生活和课堂学习的链接，培养学生法治意识，帮助学生掌握法治知识，同时能在实际生活中用法律武器保护自己。

例如，部编版小学道德与法治五年级第二学期第五单元《12 知法守法依法维权》将视野从未成年人扩大到一般公民，引导学生遵守法律、做守法公民，帮助学生用好法律、维护权利，让学生了解到维护权利的途径、方法和技巧。

【案例呈现】

《知法守法依法维权》第一板块话题是"用好法律维护权利"，目标期待在于通过法治故事、案律对照、法治辨析，能够培养学生用法律解决问题的思维方式，引导学生学习运用相应的法律维护自身权利，同时知晓要运用合法手段，在法律范围内行使和保护权利。

课中，教师将现代化的信息技术与课堂融合，帮助学生理解较为专业的法律知识，如仲裁、诉讼，现场连线律师，请专业人士通过视频连线与学生对话。课后，班级共45人，分成4个小队开展维权活动，学生运用课中所学法律知识解决在生活中遇到的问题。

旋风阳光小队通过将同学受到欺负的情况告诉老师，追踪老师解决方案，成功帮助同学维护在校权利。

漫城小队前往小区居委会，通过居委会调解的方式，帮助同学和邻居达成友好协商，解决邻居夜半扰民纠纷。

乘风破浪小队聘请律师妈妈作为家长志愿者，连同被借钱的同学家长，一起前往法院，希望通过提起诉讼的方式解决债务纠纷。

快乐小队通过和商家沟通的方式帮助同学妈妈，商家目前坚持不愿接受退回商品的协商建议，小队将尝试拨打12315消费者权益保护热线进行维权。

【案例分析】

在课堂上解决一个困扰大多数学生的邻里纠纷问题，会让学生感受到原来维权离自己并不远，也为他们提供了一套较为简单、明晰的处理在生活中最经常遇到的邻里纠纷的方法。在之后的课堂中，解决广场舞扰民事件时，学生就能够很好地运用从律师处习得的四步维权法——第一步：自行协商；第二步：找居委会调解；第三步：找片警调解；第四步：法院起诉。学生能够将这种维权意识带入生活中，将维权方法运用到生活中。学生在自己维权的同时，也能为家人提供一些好的建议。

当学生有了依法维权意识后，需注意也要合法维权。在生活中不可能随时有律师面对面地解答问题，借助便捷的网络，学生也可以自主判断维权行为是否合法。在课堂上，先由老师进行示范操作，再由学生自己进行实际操作，体会网络的便捷性。这种方式为学生提供了一种新思路，也增强了课堂的趣味性，学生通过这种方式自己习得的法律知识，一定比老师单方面输入的印象深刻。让学生体会到了原来不当的维权行为同样要受到法律的惩罚。

小学阶段的法治教育是对学生进行法律启蒙教育，不仅教给学生法律知识，更应教会学生如何在法治国家生活，做一个守法公民。通过生动、形象的"互联网+"混合式学习，学生学习有关法律的基本常识，逐步形成爱国意识、交通安全意识、环境保护意识、自护意识，以及分辨是非的能力，从小养成遵纪守法的好品德。

三、塑造品格的道德教育

习近平曾说："国无德不兴，人无德不立。"小学生正处在品德与社会性发展的启蒙阶段，教育必须从他们发展的现实和可能出发。我们要把美好的道德观念从小传递给孩子，我们要重视家庭文明建设，努力使千千万万个家庭成为国家发展、民族进步、社会和谐的重要基点，成为人们梦想起航的地方；要动员社会各界广泛参与家庭文明建设，推动形成爱国爱家、相亲相爱、向上向善、共建共享的社会主义家庭文明新风尚。[1]

中国互联网络信息中心发布的研究报告显示：目前，中国青少年网民规模达到2.87亿，占整体网民的41.7%，占青少年总体的85.3%。[2]众所周知，互联网是一把双刃剑。互联网等新兴媒体的快速发展，给未成年人学习和娱乐开辟了新的渠道。与此同时，腐朽落后文化和有害信息也通过网络大量传播，在慢慢腐蚀未成年人的心灵。这些新情况的出现，使未成年人的思想道德建设面临一系列新课题，加强对青少年的网络伦理道德教育也成为全球的普遍共识。

好品格成就孩子的幸福人生，为青少年一生的发展打下良好的基础。在信息化迅速发展的时代，学生通过线上线下混合式学习，为进一步塑造个人良好品格奠定基础。

（一）资源转换，创设情境，正确面对真实问题

文字是枯燥的，我们尝试利用互联网的手段还原课本场景，让课本内容"活"起来。例如，部编版小学道德与法治四年级第一学期第二单元《4 读懂彼此的心》，主要引导学生正视自己成长过程中的变化，了解长辈的想法，理解长辈的良苦用心，懂得化解家庭矛盾的前提是沟通，学习与家长积极主动沟通的方法。本课选取了家庭生活中比较典型的情境，着重引导学生在家庭生活中能够用心体会家人的爱，并与家人积极地交流、沟通。课上教师充分利用空中课堂的资源，将书上的文字资料转变成音频，将枯燥的文字变成学生家长吐

---

[1] 推动形成社会主义家庭文明新风尚［N］.洛阳日报，2016-12-13.

[2] 谢幼如，张惠颜，吴利红，等.基于ARCS的在线开放课程自组织学习模式研究［J］.电化教育研究，2017，38（07）：43-50.

露的心声。课前根据书上情境，提前请家长进行音频的录制，了解家长与学生相处时有哪些烦恼，以及家长遇到同一件事情会有怎样的做法，这样就能创设生活化的真实情境，用真人真事引导学生倾听并关注家人的想法，帮助他们多视角看问题，从而发现自己与家人处理问题的方式不同，通过解读父母这么做的原因，学会理解家人不同形式的爱。

【案例呈现】

课堂回放1：家长录音，感受父母也有烦恼

师：同学们，你们有没有想过，有的时候我们把父母的关心看作干涉；有的时候明明知道父母讲的是对的，我们却又故意地作对。这时候你们的目的很明确，就是想要告诉父母我们长大了，想要自己做决定。可是你们不要觉得自己有烦恼，其实我们的父母也有烦恼，我们一起来听听。

家长录音1：我觉得我女儿作业很糟糕，明明我已经辅导她好几遍了，可她还是听不懂，我觉得她上课肯定没有认真听讲。我上班已经很累了，回到家还要硬撑着给她辅导，情绪上难免会有些失控，可她毫不领情，还说我没有耐性，太让我伤心了。

家长录音2：我也深有同感，我给我家女儿报了英语兴趣班，我觉得她的口语还不够流利，这让我很焦虑，所以我拒绝了她报画画班的请求，我要为她的未来未雨绸缪。

家长录音3：我儿子小时候可听话了，我们教导他做的事他都会做，可是现在的他完全变了。我认为好的，他不屑一顾；我认为不好的，他反倒津津乐道。我都和他说了，要向那些好同学学习，他就是不听，原来的那个乖巧的儿子哪去了呀？

家长录音4：是呀，我是多么的疼爱我女儿，可是她对我们的关心一点儿也不在乎，还经常和我们拌嘴。我怕她上课分心就放下工作，陪着她学习，她倒好，非但不领情，还说我不够信任她，我到底该怎么办才好呢？

师：听了家长的烦恼，你有怎样的感受？

生：原来家长跟我们一样很辛苦，他们也有这么多的烦恼，他们的理解跟我们有很大的不同，导致他们也很焦虑。

师：是的，她感受到了父母焦虑的情绪，还有吗？

生：我感觉我们冤枉他们了，原来他们平时不仅要上班，还要给我们辅导作业，他们也很辛苦。

师：是啊孩子们，你们有没有想过，如果你像李晓欣一样，只把自己的烦恼写在日记里，家长能知道你真实的想法吗？

生：不能。

师：而平时你们又不去了解父母的想法，导致你们的矛盾越来越多。所以说只有当我们互相沟通理解，才能读懂彼此的心。（板贴：家人间有小矛盾只因心意未读懂）

【案例分析】

本片段主要是通过创设生活化的真实情境，联系学生实际，从学生自己的见闻和经历出发，引导学生学会多视角看问题，帮助学生关注家人的想法，从而发现自己与家人处理问题的方式不同，分析自己在日常生活中的行为是否符合道德要求，自己以往的道德观是否应该继续发展。学生运用所掌握的道德知识、观点，正确处理、解决自己在日常生活中遇到的有关问题。

书上的活动园是静态的文本，列举了两位家长的烦恼，请学生问问长辈，请他们说说与小时候相比，学生在言谈举止、行为表现方面发生了哪些较大的变化，了解一下家人与学生相处时有哪些困惑。教学中，教师提前按要求请本班的家长说出自己的烦恼并进行录音，在课堂上播放。学生真实、切身地了解自己言谈举止上的一些变化会让家人感到困惑，自己也需要了解长辈们的想法。这样的课堂资源真实、自然、合理，有效地刺激学生的多种感官，充分调动学生的主体参与，利用现实生活中丰富的思想品德教育资源，让乐于自主学习的学生主动参与、主动思考、主动实践、主动探索、主动创新，从而充分展现其"主角"形象。学生能够直面生活中的问题，把课堂内容与真实生活产生关联，正确地看待生活中的各种问题，创设生活化的情境能够引发学生多角度思考，形成看待生活中真实问题的多维方式和合理解决真实问题的技能。

（二）电子技术，换位思考，践行道德伦理

音频技术是利用电子技术和应用声学的原理记录可闻声发生、接收、变换、处理、加工、记录、重放及传播等音效功能。[1]小学生常常不能理解父母

---

[1] 倪其育.音频技术教程［M］.北京：国防工业出版社，2006.

的一些做法，致使他们不能感受到父母对于孩子的关爱。教师不妨利用互联网这个强大的平台，把生活中常见的生活场景搬到课堂上来，让学生从课堂回归到家庭中，反思家庭中的一些琐事，让学生多维度思考他人行为背后的原因，从而促进道德的发展。

【案例呈现】

课堂回放2：家长录音，理解同一件事有不同的做法

师：孩子们，你们知道吗？因为父母的人生经历、生活经验都比我们丰富，所以他们的生活态度、观念、兴趣爱好、行为方式等方面都与我们有所不同。即便是处理同一件事情，不同家长的态度也是截然不同的，我们一起来看个例子。书中有个小男孩，周日上午想去同学家一起做作业，我们来听听三位妈妈是怎么样的态度。

家长录音1：一起学习？是一起玩吧！不许去！

师：这位妈妈听上去明显不同意。

家长录音2：去哪个同学家？大概多长时间？和谁一起去？

师：这位妈妈问得特别详细。

家长录音3：去吧！路上小心，在别人家要有礼貌，懂规矩哦！

师：你们是不是最喜欢这位妈妈的回答？

生：对。

师：其实不同的家长在处理事情上确实不一样。有些方式是你喜欢的，有些方式你不喜欢。那么现在请你换位思考，如果你是父母，你为什么是这样的态度呢？我们先来看看第一位妈妈，来猜测一下她为什么不支持。

生：是因为不信任小男孩。

师：是不是有可能小男孩以前欺骗过妈妈，所以很明显妈妈不太信任他。我们再来看第二位妈妈，为什么她看上去特别谨慎？

生：我觉得是妈妈怕他遇到危险。

师：你们可能只考虑到周日上午，自己想去同学家一起写作业，可是妈妈的考虑更多了，她除了考虑你作业是否能完成以外，可能还要考虑你的安全问题。最后一位妈妈是你们最喜欢的，爽快地答应了。

生：她可能是看到我们每天都在学习有些累，想让我们适当地放松一下。

师：除了想让你们放松，还有什么原因？

生：信任，她相信我们是去学习的。

师：她相信这个孩子是去学习的，因为以往的经验告诉她这个孩子很诚实、很自律、很懂事。现在我们来看看面对同样一件事情，你的家人是如何回答的，想想他们这样回答的原因又是什么。

生：如果周末我想去同学家一起学习的话，我妈妈也会爽快地答应我。因为我妈妈比较信任我，觉得如果我去同学家学习就是去学习的，而且时间不会很久。不用她催，我就会回家了。

师：好的，请坐。能不能说说你的例子呢？

生：一般情况下，我喜欢写完作业一定要出去爽快地玩，但我妈妈总是像第二位妈妈一样，问得清清楚楚的，去哪里玩？多长时间回来？

师：现在你想明白原因了吗？

生：从小我的胆子比较小，妈妈害怕我走丢、被欺负。

师：其实妈妈是怎么对你的？

生：关心。

师：如果我们学习客观地分析问题，再加上换位思考，我想我们就能读懂彼此的心意。（板贴：换个位置想一想，互相理解爱意浓）

作业样本：

家长录音1：女儿在写作业时，虽然我已经辅导她很多遍，但是她依然速度慢，还经常出错。而我平时都要上班，因为很劳累，所以回到家在给她辅导时，情绪上难免会有些失控，因此，她经常埋怨我，还说我没有耐性，太让我伤心了。

家长录音2：我也深有同感，今年，为了提高我家女儿的口语能力，就给她报了英语兴趣班，又考虑到时间有限，我就拒绝了她报画画班的请求，为此，她也埋怨我。

家长录音3：我发现儿子变了，他小时候可听话了，会按照我的教导来做。可是现在的他完全变了，总是和我唱反调。

家长录音4：是呀，我女儿也是这样，不仅对我们的关心一点儿也不在乎，还经常和我们拌嘴，不让我们陪伴学习。

家长录音5：我家儿子喜欢和同学一起学习，但我觉得他们是一起在玩，所以不让他去同学家。如果要去的话，我会问清楚去哪个同学家，大概多长时间，和谁一起去，还会提醒他要对别人有礼貌。为此，他总认为我们不够信任他，还觉得我们啰唆。

【案例分析】

《新时代学校思想政治理论课改革创新实施方案》中明确指出，思想政治课的目标体系在小学阶段重在培养学生的道德情感。小学生正处于道德教育的关键时期，如果教育内容只是简单的说教，学生并不感冒，应将德育与日常生活相结合，从而使学生养成基本的道德行为习惯，形成基本的伦理道德，塑造健全的人格。

本片段中提前请家长进行音频的录制，根据相关情境和问题进行反馈与解答，既能展现班级真实问题，用真人真事引导学生倾听并关注家人的想法，帮助他们多视角看问题，从而发现自己与家人处理问题的方式不同，又能通过解读父母这么做的原因，学会理解家人不同形式的爱，家庭教育、社会生活联系起来，形成实践途径的广泛化，凝成强大的教育合力作为支撑点，让学生在道德情感的培养过程中找到实实在在的落脚点，不再孤立，使道德观念的培养更具实效。联系学生的思想实际，深入浅出地对学生进行针对性教育。[1]学生通过听录音了解父母在处理同一件事时有不同的做法，面对同样的事情，不同的父母可能有不同的回应，学生对不同的回应进行分析和解读，思考产生不同回应的原因，体会每个回应背后那份特别的爱。通过课堂中电子技术的应用，引发学生思考，从而形成解决生活中真实问题的多维方式。

在智慧教育背景下，突出课堂明理、生活实践，让学生融入社会，在社会中接触各种人和事，从而"见贤思齐焉，见不贤而内自省"，形成良好的道德行为。让我们充分利用信息技术的育人功能，家校共育"定制"塑造人格的道德教育。

四、培根铸魂的爱国主义教育

2015年12月30日，习近平在十八届中共中央政治局第二十九次集体学习时强调："要充分利用我国改革发展的伟大成就、重大历史事件纪念活动、爱国

---

① 刘富天.思想品德课导行教学浅探［J］.新教育时代电子杂志（教师版），2015（10）：269.

主义教育基地、中华民族传统节庆、国家公祭仪式等来增强人民的爱国主义情怀和意识，运用艺术形式和新媒体，以理服人、以文化人、以情感人，生动传播爱国主义精神，唱响爱国主义主旋律，让爱国主义成为每一个中国人的坚定信念和精神依靠。"①

2019年，中共中央、国务院印发了《新时代爱国主义教育实施纲要》。《新时代爱国主义教育实施纲要》指出："中国特色社会主义进入新时代，中华民族伟大复兴正处于关键时期。新时代加强爱国主义教育，对于振奋民族精神、凝聚全民族力量，决胜全面建成小康社会，夺取新时代中国特色社会主义伟大胜利，实现中华民族伟大复兴的中国梦，具有重大而深远的意义。"

爱国主义是中华民族的光荣传统，是推动中国社会前进的巨大力量，是各族人民共同的精神支柱，是社会主义精神文明建设主旋律的重要组成部分，同时也是中国培育"四有新人"的基本要求。爱国主义教育是提高全民族整体素质的基础性工程，是引导人们特别是广大青少年树立正确理想、信念、人生观、价值观，促进中华民族振兴的一项重要工作。②小学道德与法治学科是立德树人的主阵地，是开展爱国主义教育的主阵地。在实际教学中，我们经常发现小学生年龄小，对于爱国的概念有些模糊，对新中国来之不易的理解，只停留在很浅的层面，不清楚可以用什么样的方式爱国，不能设身去体验生命的可贵，热爱祖国的思想感情有待进一步激发。

智慧教育背景下的混合式学习，在"线上+线下、动态+静态、课堂+生活"的样态创建和应用中，需要与时俱进、因势利导，不断尝试和创新爱国主义教育的途径和方法。

（一）用好"数据库"，厚植爱国情怀

线上爱国主义教育基地是"专门数据库"，盘活全国的红色资源、传承红色基因，激发人的爱国热情，培养人的社会责任感，对增强社会凝聚力、提高国民文化素质具有重要意义。充分利用现有的"爱国主义教育数据库"，让学

---

① 司忠华.仪式：爱国主义教育的重要形式——以国家公祭仪式为例［J］.思想政治教育研究，
  2019，035（005）：60-64.
② 张曦.探求拓展训练对于德育工作的意义［J］.继续教育研究，2010（08）：161-162.

生根据自己喜欢的内容、时间、层次等条件进行筛选，根据自己的喜好、需求实现快速阅读；联系当前祖国的实际，以及大量引用学生自己感兴趣的新颖材料，引导学生自己分析总结，根据学生的理解能力设计问题让学生讨论，从而让学生自己总结出什么是真正的爱国情操，激发学生的爱国认知和爱国情感。

例如，教师在引导列举不同年代的爱国方式的时候，多次调动数据库中的相关资源，让学生足不出户就能与过去、现在、未来对话，激发对不同年代爱国志士的敬仰之情，认识到无论身处怎样的年代，都要有爱国表现。

【案例呈现】

探寻不同年代的爱国方式

1.鲁女的爱国方式

（1）其实，我们中华民族历来就有这样的爱国传统。古时候鲁国有一个女子，我们来读一读她的故事，请你说说鲁女是一个怎样的人。

① 出示教科书第53页"阅读角"。

② 交流反馈：鲁女是一个怎样的人？

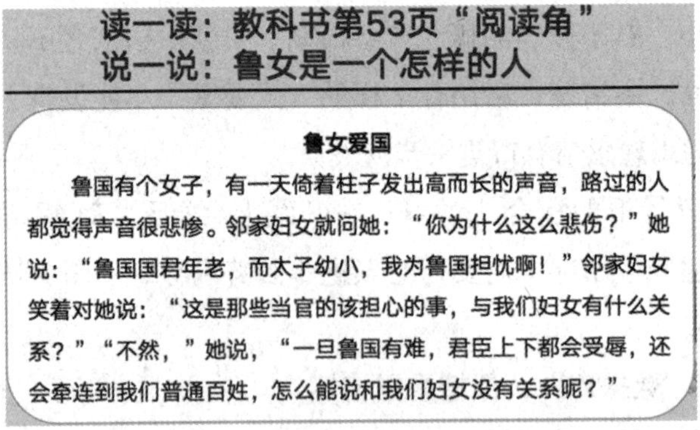

图6-8　故事《鲁女爱国》

（2）师小结：鲁国女子的故事让我们知道了：国家富强，人民能够幸福；国家衰弱，人们也会跟着遭殃。关心国家的前途命运，这是古代鲁国女子的爱国方式，那么在战争年代，又有哪些爱国方式呢？

2.战争年代的爱国方式

（1）这是大约100年前小学课本中的一段话，请大家读一读。出示教科书第54页"活动园"。

（2）师帮助学生理解句子意思。

（3）暑假里，在学校开展的学"四史"活动中，刘晓婷小队来到召楼古镇，探寻顾振烈士的故事。

① 播放视频。

② 交流反馈：说说你了解到了什么？

（4）你知道在战争年代还有哪些英雄人物吗？

（5）师小结：在战争年代，无数的英雄心系国家命运，不怕牺牲，浴血奋战，这不正是"天下兴亡匹夫有责"最好的体现吗？

（板书：战争之时——不怕牺牲、英勇奋战）

3.和平年代的爱国方式

（1）在和平年代，我们又该怎么做？

（2）师帮助学生理解句子意思：学好知识，坚守岗位，严于律己，待人诚信，同心协力，捍卫国家尊严，维护国家利益，这就是和平年代的爱国表现。

（3）在特殊时期，千千万万的逆行者诠释了这句话。让我们一起回顾赵晓玲阿姨的话。

① 出示赵晓玲的话。

② 说说令你感动的地方。

（4）在我们的生活中，找找令你感动的人。

案例分析：

　　我叫涵涵，是个爱旅游的男孩，每逢假期，爸爸妈妈就会早早安排旅行计划，带我出去旅行。今年也不例外，爸爸妈妈早早就制定好了旅行计划，暑假准备带我去日本游玩，飞机票、酒店早早就订好了，可是新型冠状病毒还没有彻底被打败，我该不该按原计划出行呢？

　　最终，我们全家决定放弃这次旅行，因为新冠病毒是无形的，如果去旅游那是有风险的，而且那么多人为了抗疫不顾生命安全，拖着疲惫的身躯坚守岗位，我们不可以只顾自己的感受，给那么多人添麻烦，为国家添麻烦，所以我们决定放弃这次旅行。

图6-9 案例《涵涵该不该出去旅行》

（5）案例分析——涵涵该不该出去旅行。

（6）师小结：当国家利益和个人利益摆在面前时，你们以国家利益为先，你们是好样的，所以在和平年代，坚守自己的岗位，奉公守法就是爱国的表现。

（板书：安定之时——坚守岗位、奉公守法）

（7）作为社会主义事业接班人，我们还有哪些爱国的方式呢？

在学校里：好好学习，遵守小学生守则，做好防疫工作……

走出校门：做好垃圾分类，遵守交通法规……

参加公益事业：做志愿者，每逢学雷锋日到社区宣传……

（8）探究组长介绍电子小报内容。

图6-10　电子小报

（9）师总结：作为新时代的好少年，我们要关心国家大事，以身作则，好好学习，健康成长，这是我们践行"天下兴亡匹夫有责"最好的行动。

【案例分析】

以上三则案例分别从古代、战争年代、和平年代三个不同时代的爱国故事入手，为学生呈现了三个人物的不同爱国表现。因为有了"数据库"，所以使得课堂的教学得到了更多的资源支撑，也让学生的混合式学习更能体现智慧教育的特点。从案例的时间分布中，可以让学生明白，爱国是古已有之的行为，并且延续至今。案例的故事内容，可以让学生了解国情历史，从而认同自己的国民身份。案例的挖掘程度，可以让学生更聚焦当下生活，特别是自己的所言所行，如何体现爱国，更具现实性。

爱国，是人世间最深层、最持久的情感，是一个人的立德之源、立功之本。孙中山先生说，做人最大的事情，"就是要知道怎么样爱国"①。厚植爱国主义情怀不是一蹴而就、一劳永逸的任务，而是要精耕细作。爱国之情是最

---

① 贾燕.青年当厚植爱国情怀［N］.吉林日报，2020-04-11.

朴素的感情，但厚植爱国主义情怀却不是一件容易的事情，用新时代中国特色社会主义思想铸魂育人，充分运用"爱国主义教育数据库"的资源，在学生分析、讨论中，总结出真正的爱国情操，激发学生的爱国认知和爱国情感，引导学生增强中国特色社会主义道路自信、理论自信、制度自信、文化自信，把爱国情、强国志、报国行自觉融入坚持和发展中国特色社会主义事业、建设社会主义现代化强国、实现中华民族伟大复兴的奋斗之中。①

（二）用好"一站式学习平台"，树立民族自信

致力于创建"一站式学习平台"，通过百度搜索"一站式学习平台"数以万计的学习平台就会映入我们的眼帘，各行各业都有专攻的学习平台。例如，"学习强国"APP就是专门的思政学习平台，精心打造的手机客户端和PC客户端，可以满足不同学生开展自主学习的需求，学生可以利用平台提供的海量、免费的图文和音视频学习资源，探索"有组织、有管理、有指导、有服务"的学习，让学习更多样、更个性、更智能、更便捷，主体内容与学习强国网站同步更新，从而增强学生学习的主动性，从"要我用"变为"我要用"。

"学习强国"学习平台不仅满足不同题材需求，还有翔实的专题内容。平台PC端有"学习新思想""十九大时间""学习文化""学习慕课""环球视野"等十几个板块100多个一级栏目，手机客户端有"学习""视频学习"等板块30多个频道，聚合了大量可免费阅读的期刊、古籍、公开课、歌曲、戏曲、电影、图书等资料。②这些涵盖政治、经济、文化、社会、生态等方面的学习资源，能使学生产生浓厚兴趣。这个平台人人可参与、人人能学习，可以作为学生混合式学习的"好参谋、好助手"。

我们要借助一站式学习平台，以教育为中心，优化"平台+教育"服务模式与能力，解决教育地域差异化，实施教育大资源共享计划，不遗余力地培养青少年的民族自尊心和自豪感，树立为国家和民族无私奉献、英勇献身，为国家安全而奋斗的理想信念，自觉维护国家和民族的尊严与利益，提高民族凝聚力，促进国家现代化建设，人民有信仰，国家有力量，民族有希望。

---

① 汪红梅. 高校思政课中厚植爱国主义情怀的几点建议［J］. 丝路视野，2019（04）：25-26.
② 王培源. "学习强国"学习平台正式上线［N］. 聊城日报，2019-01-03.

图6-11 "学习强国"满足不同用户需求

图6-12 "学习强国"满足不同题材需求

例如，在教学五年级第一学期第二单元"骄人祖先灿烂文化"中的第三课《传统美德源远流长》时，通过信息化平台资源的合理开发和应用，引导学生深刻认识中国梦是每个人的梦，我们要以祖国的繁荣为最大的光荣，以国家的衰弱为最大的耻辱，增强国家认同，培养爱国情感，树立民族自信，形成为实现中华民族伟大复兴的中国梦而不懈努力的共同理想追求，培养青少年做有自信、懂自尊、能自强的中国人。

【案例呈现】

视频导入，揭示主题

1. 出示PPT，放学生在"学习强国"浏览学习的镜头，播放钟南山的视频。

2. 交流：看完视频，说说钟南山爷爷令你敬佩的地方。

3. 当钟南山说道"能不去武汉就别去，能待在家里就待在家里"时，人们是怎么做的？

4. 出示课题：天下兴亡匹夫有责的爱国情怀。

【案例分析】

2016年公布的《中国学生发展核心素养》总体框架中，"国家认同"被列为其中一个基本要点，其主要表现是：具有国家意识，了解国情历史，认同国民身份，能自觉捍卫国家主权、尊严和利益；具有文化自信，尊重中华民族的优秀文明成果，能传播弘扬中华优秀传统文化和社会主义先进文化；了解中国共产党的历史和光荣传统，具有热爱党、拥护党的意识和行动；理解、接受并自觉践行社会主义核心价值观，具有中国特色社会主义共同理想，有为实现中华民族伟大复兴中国梦而不懈奋斗的信念和行动。[①]

中华文明深厚的文化底蕴，是学生树立民族自信取之不竭的资源宝藏。本案例中，学生借助"学习强国"的平台开展自主学习，能从不同角度观察相关社会事物和现象，并产生自己的理解。借助平台，学生视野得到拓展，认知、探究能力得到提高，初步感受到国家利益和个人利益是息息相关的，只有祖国的强大，才会有幸福的每一天。"学习强国"是一个爱国主义教育的一站式学习平台，学生借助各种信息平台，开展主题探究，明辨是非，践行爱国行动，增强爱国情怀，树立为了祖国的强大而不懈努力的价值观。

五、传承创新的中华传统文化教育

优秀传统文化是一个国家和民族传承发展的根本和精神命脉。习近平同志指出，中国特色社会主义文化"源自中华民族五千多年文明历史所孕育的中华优秀传统文化"。党的十八大以来，习近平总书记高度重视中华优秀传统文

[①] 李坤凤.大学生"国家认同"核心素养评价指标体系的构建 [J]. 学校党建与思想教育，2017（09）：60-64.

化的传承发展，为传承和创新发展中华优秀传统文化指引了方向。2020年9月28日，习近平在中央政治局第二十三次集体学习时强调，在历史长河中，中华民族形成了伟大民族精神和优秀传统文化，这是中华民族生生不息、长盛不衰的文化基因，也是实现中华民族伟大复兴的精神力量，要结合新的实际发扬光大。十九届五中全会通过的《中共中央关于制定国民经济和社会发展第十四个五年规划和二〇三五年远景目标的建议》提出要传承弘扬中华优秀传统文化。

中华传统文化的范围广泛，文字、语言、书法、音乐、武术、曲艺、棋类、节日、民俗等都属于传统文化的范畴。传统文化是我们生活中息息相关的，融入我们生活的，我们享受它而不自知的东西。①具体地讲，中华传统文化以节日、古文、古诗、词语、乐曲、赋、民族音乐、民族戏剧、曲艺、国画、书法等为载体。比如正月初一春节、五月初五端午节、八月十五中秋节等节日和各种民俗活动，以及包括传统历法在内的中国古代自然科学及生活在中国的各地区的传统文化等，都是中华传统文化的组成部分。

中华优秀传统文化既需薪火相传、代代守护，更要与时俱进、革故鼎新。我们唯有以科学态度对待传统文化，以创造性转化与创新性发展的路径赓续传统文化，充分发挥优秀传统文化在社会系统中的涵养功能，大力推动优秀传统文化走向世界舞台，才能切实传承创新中华优秀传统文化。

（一）开展线上调研，在传承中树立文化自信

"投票小程序"是一个面向个人和商户的投票应用，用户扫一扫或在小程序中搜一下就可以打开应用，无须安装下载，触手可及，可以快速简单地创建实时投票。通过线上投票，能够让你的投票变得更加与众不同。

互联网平台开发的投票小程序功能可以运用于多个教育场景，比如开展在线调查、快速创建支持文字或图片投票、在朋友圈分享小程序码、灵活查看投票结果等，教学中常用的"在线投票"小程序包括问卷星、腾讯文档、接龙软件等。

例如，统编小学道德与法治三年级上册第四单元《12　家庭的记忆》，

---

① 黄何. 文化自信　从娃娃抓起——刍论把中国优秀文化根植于幼儿语言教学中［J］. 赢未来，2018（08）：261.

通过在线调查，引导学生了解家庭这一基本的社会单位，了解自己家庭的历史变迁，进而体会中国人重视家庭的传统文化。学生能够交流分享家庭的发展变化，知道家庭的重要日子和事件，从而增强对家庭的认识；通过在线投票，感受家庭的传统和价值，体会自己的成长与家庭发展变化的关系。

【案例呈现】

课堂回放1：课前调查，学生家史了解情况

师：这些年我们家里发生的变化你们都了解吗？今天我们就来开展一次家史小调查，回忆一下家庭大事记。

课前，老师让你们做了关于家史你想了解什么的课前小调查。我们一起来看看结果吧。（出示调查结果）

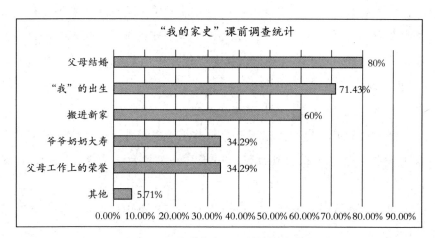

图6-13 "我的家史"课前调查统计表

师：大多数同学想要了解父母结婚和"我"的出生这两件大事，而有60%的同学想要了解搬进新家的故事。班级中有超过三分之一的学生认为过大寿和父母获得工作上的荣誉对家庭来说是大事。

还有同学在其他这一栏中填写了来上海上学。是呀，为了接受更好的教育或者和父母生活在一起而来到上海，对家庭来说确实是一件大事。

师：你们是通过哪些方法来了解这些家庭大事的？

生1：我是通过询问爸爸妈妈来知道一些家庭大事的。

生2：我询问了爷爷奶奶。

师：原来你们是通过询问长辈来知晓家庭大事的。还有其他好方法吗？

生：我翻看家庭相册知晓了家里的一些大活动。

师：是呀，有的家庭会在活动时将画面用相机记录下来，可以时常翻看。

生：我看了奶奶写的日记，上面也记录了很多家庭大事，我是通过这个方法知晓的。

师：你们的方法可真多啊！了解家史让我们更爱自己的家，同学们纷纷记录下了父母结婚的日子，让我们开列小火车，说一说，爸爸妈妈是在哪一年结婚的！

（后续围绕调查结果，继续家庭大事记的分享）

【案例分析】

本片段主要是通过调查学生最想了解的家庭发展中的大事，真实呈现学生的情况，从学生自身出发，围绕家史进行后续教学。这样学生能够更快更好地融入课堂之中。完成这一项课前调查之后，学生可以根据自己想了解的不同选项进行后续的大事记"我"知晓，在课堂上进行分享交流。

【案例呈现】

课堂回放2：在线投票，感知家庭传统美德

师：刚刚说到的爱岗敬业、孝敬长辈都属于家庭美德，你们的家庭传承了哪些家庭美德？请以小组为单位讨论一下，并投票做出选择。一会儿请同学来说说。

（小组使用平板进行投票，由于网络问题有两个小组无法提交投票，后续手动在电脑上加上选票。）

生1：我们组选择"勤俭节约"这个选项，我们家里人会把快递盒子都拆好卖掉，践行节约。

生2：我们组选择爱国敬业，有一个小朋友的爸爸十分爱国，而爷爷奶奶又都是党员，对于爱国敬业身体力行。

师：还有一个小组在其他选项内填入了他们的选择，请组长来说一说。

生：我们填入的是助人为乐。因为邻里互助只是针对邻居之间的，而助人为乐的范围则更大。

师：老师发现每个家庭都很重视良好的家风建设和家庭美德传承，也给我们晚辈树立了榜样。

表6-1 "我的家庭美德传承"统计表

你们的家庭传承了哪些家庭美德? ［多选］	
选项	小计
爱国敬业	4
诚实守信	4
尊老爱幼	4
美好善良	4
勤俭节约	4
邻里互助	4
其他［详细］	1

【案例分析】

本片段主要是通过学生在线投票，选择家庭传承的家庭美德。通过小组合作的形式能够让学生的合作能力得到最大程度的锻炼。同时，在小组合作的过程中，需要学生做到勤思考、善沟通。让学生回忆家庭中的人事物，感知家庭美德在每一个家庭中的存在。

（二）开展线上活动，在创新中弘扬优秀文化

一个家庭几十年前的样子对于现在生活在"蜜罐子"里的小学生是很难想象的，但是充分利用"互联网+"的信息技术，人们"穿越时空"的梦想得以实现。

【案例呈现】

课堂回放3：视频播放，说说童年不同样

师：关于勤俭节约，王紫萱的爷爷可是有话要说，他想来和小朋友们分享他的童年生活。

（视频播放）

在他的童年生活中，有很多我们可能不曾见过的物品，这是煤油灯，而我们现在学习、做作业都是使用——台灯。这是他们自制的铅笔，而我们现在使用的铅笔可高级了。虽然在这么艰苦的环境下，爷爷还是坚持学习，我们应该向长辈们学习他们的优秀品质和传承下来的传统美德。接下来，想一想我们的

童年和长辈的童年，还有哪些不同的地方？

生1：以前长辈们穿的衣服都很破旧，而现在我们的衣服款式多，还很保暖。

师：是呀，现在我们物质生活水平提高了，在这么冷的冬天，不用穿特别厚的衣服都不会觉得冷了。

生2：他们以前吃的都是萝卜咸菜，伙食不是很好，而我们现在每天三餐都吃得很好，很有营养。

师：曹梓艺结合自己的生活实际，说出了饮食变化，食堂每天都会为我们准备营养午餐。

师：通过刚才大家的交流，我们发现了社会的发展与进步，以及长辈的努力带来了家庭生活水平的提高和生活内容的丰富。我们要珍惜幸福，更要感谢父母长辈们为家庭所做的努力和贡献，是他们让我们的家更美好，而对于长辈传承下来的传统文化，我们也要继续继承和发扬。

【案例分析】

本案例中运用了多种信息技术手段，调查问卷、在线投票、PPT制作和视频录制等方法将教学串联起来，从课前到课中，充分发挥学生的主观能动性，贴近学生生活实际，将简单却又真实的数据呈现出来，让学生自己去了解家史，找到家庭大事记。同时，让学生在课堂中进行在线投票，能够快速收集到投票结果进行呈现交流。学生是课堂的主人，他们的充分交流与分享能够让课堂"动"起来。长辈视频的录制，能够让他们更为直观地感受童年的不同，结合现在我们的美好生活，让学生切实地感受到家庭的变化、社会的发展和祖国的美好。

中华民族是一个非常重视家庭的民族，尊老爱幼、孝亲敬长也是中华传统美德的重要组成部分，以家庭为主题的学习内容在道德与法治教材的几个学段都有所体现。中年段以家庭为主题的学习，主要引导学生体会父母对自己的爱，理解和接纳父母表达爱的方式；了解父母以力所能及的方式表达了他们对孩子的爱；了解自己的家史，提高对家庭是组成社会的基本单位的认识，以及加深对中国家庭传统文化的了解。学生要知道，家庭是生活的重要场所。除了建立与家庭的情感联系之外，还需要了解并熟悉家庭成员之间的关系和称呼。①

以上三个案例分别从了解家庭大事、感知家庭美德、对比家庭变化三个方面展现了家庭在学生道德教育中的重要地位，是进行中华传统文化教育的重要组成部分。三个案例既能单独呈现家庭的一个方面，又能连成一条时间轴，指引学生完整、全面地了解自己的家庭。从纵向上来说，能够让学生对于自己的家庭有一个延展性的认识，不仅了解过去，更能生成自己对于家庭的责任意识；从横向上来说，从自己与他人家庭的比较中更明晰家庭观念是中华传统文化的重要组成部分，能够从小培养家国情怀，正像一首歌里唱的"家是最小国，国是千万家"。可以想见，在中华优秀传统文化的教育中，传承就是创新的基础，而创新则是传承的发展。

青少年要关心国家大事，尽公民义务，树立关心国家大事和社会事务的观念，自觉投身于政治生活之中。养成阅读、收听和收看新闻、关心社会和国家大事的习惯。从小关注国家发展，关心国家命运，和祖国同呼吸、共发展，长大才能为祖国做出更大的贡献。同时，了解国内外的时政大事，对于今后的健康成长有着非常积极的作用。

智慧教育背景下的混合式学习，引导学生通过在线投票、问卷调查等方式，把了解到的信息讲给同学听，大家互相介绍自己了解到的新闻，交流自己的看法，激发学生关心国家大事的积极性。《颜氏家训》中指出："人生小幼，精神专利，长成已后，思虑散逸，固须早教，勿失机也。"中小学阶段开展传统文化教育，在学生成长的关键期开展传统文化教育，能够加深学生的人文积淀，培养人文情怀，健全人格，使学生可以自我管理，乐学善学，勇于探究。这能够帮助学生在未来形成解决复杂问题和适应不可预测情境的高级能力和人性能力。从这个角度出发，培养中小学生的核心素养，开展传统文化教育是大势所趋，不可或缺。②

---

① 鲁洁主编，义务教育教科书　教师教学用书　道德与法治　三年级上［M］.北京：人民教育出版社，2019：184.

② 杨阳.传统文化教育与中小学生核心素养的培育［J］.中国教师，2017（16）：37-40.

第三节 智慧教育视域下学生核心素养培育 发展趋向与深化

核心素养是党的教育方针的具体化，是连接宏观教育理念、培养目标与具体教育教学实践的中间环节。党的教育方针通过核心素养这一桥梁，可以转化为教育教学实践可用的、教育工作者易于理解的具体要求，明确中国学生应具备的必备品格和关键能力，从中观层面深入回答"立什么德、树什么人"的根本问题，引领课程改革和育人模式创新。①

十八大和十八届三中全会提出把立德树人的要求落到实处。2014年教育部印发《关于全面深化课程改革落实立德树人根本任务的意见》，提出"教育部将组织研究提出各学段学生发展核心素养体系，明确学生应具备的适应终身发展和社会发展需要的必备品格和关键能力"。2016年9月，教育部颁布《中国学生发展核心素养》②，对培养学生的核心素养提出了新的框架和要求，主要以培养"全面发展的人"为核心，又分为文化基础、自主发展、社会参与三个方面，综合表现为人文底蕴、科学精神、学会学习、健康生活、责任担当、实践创新等六大素养，具体细化为国家认同等18个基本要点。各素养之间相互联系、相互补充、相互促进，在不同情境中整体发挥作用。③

随着《关于深化新时代学校思想政治理论课改革创新的若干意见》发布，习主席在全国思政教师大会上提出大中小思政一体化建设成为当务之急。中国学生发展核心素养也是小学道德与法治落实学科育人的核心要素，在课标和教

---

① 范美林，廖圣河.评选德育积分先进　加强德育过程评价——作为义务教育薄弱校德育评价的实践探索［J］.中小学校长，2019（05）：47-50.

② 核心素养研究课题组.中国学生发展核心素养［J］.中国教育学刊，2016（10）：1-3.

③ 张何聪.高中思想政治"综合探究"的教学设计研究［D］.上海师范大学，2018.

材中均有体现。小学部编道德与法治教材分为五个年级，共10册，旨在满足少年儿童思想道德成长的需要，有利于学生核心素养的培养，促进小学生基本文明素质的养成。教材站在儿童的立场，以儿童生活作为建构教材整体结构和内容的核心，不仅全面反映儿童生活的多重性、动态性，而且系统地体现了国家和社会对儿童道德发展的要求，对社会主义核心价值观培育的要求。

广大学生借助互联网自主开展小学道德与法治"互联网+"的混合式学习，其间涌现了不少案例，凸显了学生在"自主发展"方面的"学会学习""健康生活"素养的发展，落实了"乐学善学、勤于反思、信息意识、珍爱生命、健全人格、自我管理"等基本要点，促进了自律、合作、内生素养的提升。

一、自律素养

"自我管理"是"健康生活"素养具体表现的基本要点之一，其内涵解读为"能正确认识与评估自我；依据自身个性和潜质选择适合的发展方向；合理分配和使用时间与精力；具有达成目标的持续行动力等"①。从心理学角度来看，自律就是学生雅正的行为和自我约束、自我反省、自我节制，是自觉提升人格品质的一种自我修养。可见，自律是落实"自我管理"这一基本要点必不可少的素养之一。

《义务教育品德与社会课程标准（2011年版）》有关于"养成自尊自律的态度"的要求，进一步明确了自律对于发展学生良好行为习惯、个性品质和基本素养的重要作用。在2020年"六一"国际儿童节到来之际，中共中央总书记、国家主席、中央军委主席习近平代表党中央，向全国各族少年儿童致以节日的祝贺，并希望广大少年儿童刻苦学习知识，坚定理想信念，磨炼坚强意志，锻炼强健体魄，为实现中华民族伟大复兴的中国梦时刻准备着。②自律的过程就是自我发展、自我完善的过程。少年儿童要达成这些目标，也必须具备自律素养。

---

① 于旸.发展核心素养，落实人格教育［J］.新教育时代电子杂志（教师版），2017（37）：251，255.

② 为实现中华民族伟大复兴的中国梦时刻准备着［N］.平原晚报，2020-06-01.

【案例呈现】

《我不拖拉》是部编版道德与法治一年级下册第一单元"我的好习惯"的第3课。本课主要结合学生日常生活中的惜时守时基本习惯问题而设计,侧重培养学生认真负责、不拖拉的好习惯。教师抓住"如何做到不拖拉"这一核心概念,设计并开展了以"争做'不拖拉'的好苗苗"为主题的"互联网+"混合式学习活动。

课堂教学利用网上互动教学模式,依托信息技术,利用钉钉平台发布活动任务及评价表等,把信息技术与教学评价反馈有机结合,优化教学模式,同时通过对数据的收集、跟踪与分析,挖掘数据背后的潜在故事,关注学生差异,进行差异化指导。在活动中,通过情境辨析、设计居家学习与生活时间计划表、交流做到不拖拉的小方法,以及行为操练、表现性评价反馈等一系列"线上+线下"体验活动来引导学生懂得珍惜时间,懂得勤快有利于成长,学会克服拖拉的生活技能,培养做事专心不拖拉的好习惯。

活动一:居家时间我安排,能力差异可视化

前期,通过关注、捕捉、在线呈现学生学习生活中的拖拉现象,结合"居家网络学习"的真实状态,引导学生懂得时间的珍贵,进而学会观察思考自己的日常居家学习生活行为,在师长指导下,乐于改掉拖拉的坏习惯。学生根据自身实际情况制定"居家学习与生活时间安排表"并上传钉钉平台。借助网络平台观察对比分析上传的诸多时间计划表,教师能够清晰地捕捉学生在时间管理中的不同水平维度及呈现的不同问题。

样例1:(等第A)

说明:学生能根据自身实际情况安排时间,起床、课前准备、作业、吃饭、睡觉等时间设置合理,而且每段时间与每一项事情都能做到合理搭配。(见图6-14中的左图)

样例2:(等第B)

说明:作息表中的时间、事件大多能做到合理安排。但是存在个别事件设置安排较为笼统的现象,例如,下午4点40到晚上9点,学生设置了"写作业、晚饭、室内活动"三个事件,时间不够明确。(见图6-14中的中间图片)

样例3:(等第C)

说明:计划表中的时间、内容都不全,学生没有进行时间计划,缺少部分

事件，只注明了个别事件，与实际生活不符。（见图6-14中的右图）

图6-14　"一日居家时间表"作业样图

活动二：共性问题云互动，规律作息成习惯

按照自己制定的"居家学习与生活时间安排表"，学生开展"争做'不拖拉'的好苗苗"一周生活实践活动，在钉钉平台完成争做"不拖拉"的好苗苗评价表。相关数据统计如图6-15：

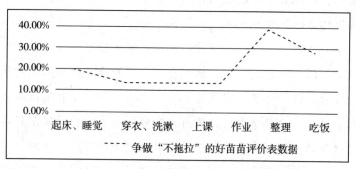

图6-15　争做"不拖拉"的好苗苗评价表各拖拉指数统计数据

数据表明：大部分学生在"起床、睡觉""穿衣、洗漱""上课""作业"等方面做得较好，拖拉现象较少，但是在"整理""吃饭"方面有明显的拖拉现象，比例较高，分别是38.05%、27.43%。

基于数据，学生能够发现自身时间管理上的个性问题，教师能够捕捉学生在这一素养基本点上的共性问题。针对共性问题，结合平台讨论区的交流互动，教师及时进行在线教学反馈指导，同时深挖数据背后的故事，从家庭生活、个性心理等不同方面进行指导与干预。在线教学反馈评价中，学生班级主动学习"小榜样"丰富有效的时间管理方法：有的提出看小闹钟知道时间进行居家生活学习，也有的建议用手机或者平板来设定提醒时间进行居家生活学习等。针对"整理""吃饭"的拖拉问题，学生能自主说出真心话，从不同的内心感受、不同的家庭情况了解个体的差异性，探寻造成拖拉的原因。例如，有些学生的拖拉现象与自身的家庭教育有关系，家长以"看电视"的错误奖励方式想让孩子做到不挑食，违背了学生心理发展规律，产生恶性循环的同时还使学生养成了吃饭拖拉的坏习惯。于是教师多次在云端开展家校沟通，有效指导家长进行科学合理的时间管理。

"通过习惯进行道德学习，贵在持之以恒，一次行动不是习惯，不能凝结为品质，只有长期笃行才能养成习惯。"在宅家学习的日子里，全班继续推进21天"和拖拉说再见"的活动与评价，学生自主根据每日家庭生活与学习情况，开展与家长的互动评价，提高合理安排、自我管理时间的能力和素养。

【案例分析】

道德教育只有在使学生的真实生活与学习变得更有意义、更有利于学生的成长与发展时，才能最终实现它的目的。罗伊·加恩也指出：自律是修身立志成大事者必须具备的能力和条件。

通过"争做'不拖拉'的好苗苗"活动，学生通过线上活动对日常生活学习情境的辨析，深入认识到拖拉带来的危害，在理性认识中深化情感，激发认知和行动的需求，进一步投入实践行动中。课后，学生结合宅家学习生活管理的实际需求，设计21天作息表及开展自我监督、自我评价的实践行动，将线上课堂所学与线下的生活经验串联起来。在线上线下的反馈交流中，发挥学生的互助作用，激发学生相互学习、在实践中改进的积极性，有效提升学生生活经验，实现生活经验的成长，从而更好地促进学生自我管理和自律素养，培养学生做事不拖拉的自我约束力和自制力。

二、合作素养

古代《学记》中有言："独学而无友，则孤陋而寡闻"，倡导学生在学习过程中要互相切磋，彼此交流经验，以提高学习的效率。如今迈入信息社会，越来越多的对话需求产生了一种可能性，即协调各自不同的视角，在不同的领域以对话为共同的工具。这一现象被描述为社会的"对话性转折"①，它极大地影响了教育心理学的研究，并产生了这样的结果：互动和对话被放在了当前学习理论的中心位置。②

培养学生的合作素养，是新时期对教育的呼唤，是素质教育的核心。在这一发展背景下，社会建构主义者提出要在教育过程中通过合作建构促进个体成长。换言之，学习是通过合作发生的。③通过合作学习，可培养学生的思想人格，提高其交际能力、协调合作能力，形成正确的道德观、思想观、价值观，培养健康人格。国家新课程标准，也积极倡导合作交流的学习方式。《义务教育品德与社会课程标准（2011年版）》明确要求学生要养成团结合作的品质，学会清楚地表达自己的感受和见解，倾听他人的意见，体会他人的心情和需要，与他人平等地交流与合作。④

在2016年发布的中国学生发展核心素养⑤中，"学会学习"是从属于"自主发展"方面的核心素养之一，其内涵解读为"学生在学习意识形成、学习方式方法选择、学习进程评估调控等方面的综合表现。具体包括乐学善学、勤于反思、信息意识等基本要点"。

"互联网+"混合式学习能够激发和培养学生合作的兴趣和意识，创设合作氛围，为学生提供合作的机会，指导学生合作的技巧。在"线上"的互动和对话中开展合作学习，能够促进同伴之间相互学习，对减少宅家学习的枯燥感，产生乐学善学积极体验具有重要意义。

① FLECHA R, GOMEZ J, PUIGVERT L. Contemporary sociological theory〔M〕. New York: Peter Lang, 2003.

② RACIONERO S, PADROS M. The dialogic turn in educational psycholo〔J〕. Revista de Psicodid á ctica, 2010, 15(2): 143−162.

③〔德〕瓦西里奥斯·伊曼努埃尔·菲纳克思著，胡亿军，张虹译.合作建构：儿童和教师共同建构知识和探索意义〔J〕.幼儿教育（教育科学），2017（07）：3-7.

④ 中华人民共和国教育部.义务教育品德与社会课程标准（2011年版）〔S〕.北京：北京师范大学出版社，2012：6.

⑤ 核心素养研究课题组.中国学生发展核心素养〔J〕.中国教育学刊，2016（10）：1-3.

【案例呈现】

《我会努力的》是二年级道德与法治第二学期第四单元的内容。本单元由《13　我能行》《14　学习有方法》《15　坚持才会有收获》和《16　奖励一下自己》4课组成，分别对应"鼓舞学习的自信心""积累分享学习上事半功倍的好方法，树立互帮互助的意识""培养克服困难坚持学习的毅力""看到自己全方面的成长，尝试规划新学期目标"四个方面的教学内容。前三课为递进关系，而最后一课《奖励一下自己》是本单元也是本学期的总结课，旨在通过合作交流从整体上看到自己和小组的成长，树立新学期目标，迎接新阶段的学习生活。4课既相互联系又各有侧重，形成相互衔接的学习内容。

本案例聚焦"乐学善学、勤于反思"单元重点核心素养，设计开展主题为"领跑新学期"的"互联网+"混合式单元学习活动，借助线上线下的互动交流，使活动和互动合作评价对学生产生良好的激励、导航、辐射作用，提高学生将单元所学迁移运用到生活中的程度，培育学生核心素养，提高学生合作学习的能力，使其健康成长。

活动一：在线发布单元表现性任务

聚焦本单元重点核心素养"乐学善学"和"自我管理"，确定"分析原因、解决困难""乐于交流、分享方法""悦纳自己、赞美他人"等可测可评的素养具体表现标准，设计以"领跑新学期"为主题的单元综合表现性任务，包含"新起点、新目标、新展望"等系列子任务。借助钉钉平台发布任务开展活动。

为了帮助学生更好地理解任务，可借助直观形象的海报发布任务。海报中创设真实情境，告知学生活动的内容和方法步骤，呈现帮助学生理解任务的指导语，明确在活动中需要完成的作品、表现的技能、达到的理想水平状态。

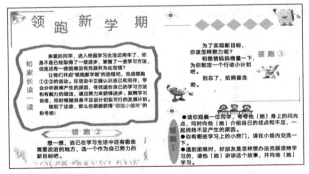

图6-16　《我会努力的》单元表现性任务"领跑小健将"海报

活动二：创建线上合作学习共同体

在本单元的学习活动中，通过创建网络虚拟学习小组，助力学生之间的合作交流、合作评价。学生通过输入简单的符号表达自己的观点，也可以借助语音表达自己的疑惑和见解，以便教师、同伴和他（她）实现多角度、多层面的交互对话，加速合作分享。

以本单元《13 我能行》一课为例，对应"鼓舞学习的自信心"学习内容，教师通过"我来点个赞"线上表现性任务，指导开展师生、同伴间的个性化评价，帮助学生在合作交流中发现他人和自身优点，知道人人都有长处，尝试用恰当的方式赞美他人、悦纳自己，从而增强自信。如表6-2所示：

表6-2 "我来点个赞"表现性任务线上合作评价（摘录）

《13 我能行》表现性活动——"我乐学"之"我来点个赞"			
学生自评	教师个性指导、激励导航	同伴评价	教师个性指导、积极导航
A等样例： 生：我的大拇哥叫"全能好学生"，把它送给自己，因为我学习不错，每次数学考试都能得到满星。还有我跳绳也很好，这次还拿了年级第二名呢！ 生：好的，我会努力的，谢谢老师！	师：呀，你找到了自己数学学习上计算正确率高，还有体育学习上跳绳跳得好两大优点。老师也觉得你的学习能力很强，希望你再接再厉，把其他本领也学好，一定会成一个人人羡慕的"全能好学生"，好吗？	A等样例： 生：我的大拇哥叫"小能手"，把它送给小杰，因为他跳绳又快又好，而且经常帮助同学，大家都喜欢他。 生：谢谢老师！	师：你真会观察，发现原来小杰有这么多的优点呀，"小能手"送给他真的是当之无愧。老师还要把"亮眼睛"的称号送给你。
B等样例： 生：我的大拇哥叫"扫地能手"，把它送给我自己，因为我很快就能扫好地。 生：老师，我在家里还洗过碗，可是洗得不干净。	师：你有一双明亮的眼睛，找到了自己扫地本领强的优点，真是个能干的孩子。老师相信只要认真学，你在生活上肯定还会学到其他本领的。 师：哇，真不错，你真是个勤劳的好孩子，老师和大家相信，只要多练习，总有一天，你一定也能学会洗碗这个本领。	B等样例： 生：我的大拇哥叫"写字小能手"，把它送给小风，因为她的字很漂亮。 生：好的老师，我会继续努力观察的。	师：你真是个有心人，发现小风写字本领棒。只要多留意，相信你一定会发现小伙伴身上更多的优点。让我们把掌声送给勇敢的小唐，也用掌声鼓励下小风吧。

续表

学生自评	教师个性指导、激励导航	同伴评价	教师个性指导、积极导航
C等样例： 生：我的大拇哥叫"能写字"，把它送给我自己，因为我写字快了。 生：是的，所以我的大拇哥叫"能写字"。	师：老师听懂了，你是想说自己现在写字写得比以前快了，对吗？ 师：你一定经常练习写字，才会有这么大的进步。瞧，同学们，其实我们每个人身上都有闪光点的。	C等样例： 生：我的大拇哥叫"读书"，把它送给小吴，因为她会读。 生：是的。 生：好的，我的大拇哥叫"朗读小能手"，把它送给小吴。	师：你是不是觉得小吴朗读课文很流利，而且声音也好听？ 师：那我们送小吴"朗读小能手"的大拇哥，好吗？ 师：这下说清楚了，老师觉得你的大拇哥送得对。
		D等样例： 生：我想不出来小王有什么优点。 生：我知道了，他会擦黑板、会扫地，我要送他"会劳动"大拇哥。	师：不着急，你再想一想。 师：我们请大家来帮忙，找找小王同学有什么优点吧！（有两名学生分别夸小王"劳动很认真""很爱整洁"） 师：说得真不错，相信只要你做个有心人，多观察、多记录，一定能把大拇哥送给更多的小伙伴。

借助"我来点个赞"线上活动及表现性评价，教师有针对性地根据学生不同的学习水平做出科学、合理的判断，为学生提供具体的指导性反馈意见，以评价激励学生，促进学生知、情、行和谐统一发展。活动中，学生借助同伴示范，在合作交流中懂得只要平时多观察、勤思考，就能找到小伙伴和自己身上的闪光点，就会发现人人都有长处，而且通过努力还能做好更多事情，变成自身新的闪光点，从而全面客观地认识自己和他人，保持成长的自信，鼓舞学习的信心，促进"乐学善学、勤于反思"素养的达成。

再如《14 学习有方法》的教学中，学生通过游戏"乘法口诀"引发对过去学习《九九乘法表》的回顾，以在线举牌的方式自我诊断学习效果。之后，借助网络情境再现"两份日常数学作业"，引发学生对"两份作业差别怎会如此之大"的剖析与学习方法的思考。通过线上分组开展小组讨论，寻问题、找原因、想办法，在互动合作交流中，寻找身边的榜样，自我反思，举一反三，懂得好的学习态度在学习中能够起到重要作用，产生探寻学习好方法的欲望，从而树立正确的学习观。在课后的实践活动中，学生初步尝试使用学习好方法解决自身学习问题，在行动中运用课堂所学，再次促进"乐学善学、勤于反思"素养的达成。

【案例分析】

基于本单元"领跑新学期"为主题的"互联网+"混合式单元学习活动，使学生的学习由被动变为主动，在合作探究、评价交流中学生的自信心得到鼓励，主动探寻学习的好方法，体会学习的乐趣。这样的方法能够培养学生主动探究的精神，提高学生合作互助的素养。

但是学生宅家学习，造成了一定的学习困扰。首先，师生、生生无法面对面对话；其次，学习交流的资源不够直接和便利。线上开展任务驱动式的合作学习是一种适用于宅家学习的教学理论与策略体系。它使传统的课堂中的以教师为中心转向以学生为中心；信息交流方式，从单一的师生传递模式转向多维互动；教学氛围也更加民主、开放。

在重视培养学生学会学习的今天，在"互联网+"与社会生活方方面面高度融合的今天，这种教学更适合社会对智能型、合作型人才培养的需要。小学道德与法治学科充分利用"线上+线下"教学资源，将合作学习能力更深入地应用于单元的综合活动中，充分发挥学生团队学习的力量，促使学生在线上交流中产生深度对话与合作。

合作能力在培养学生综合素质方面有着重要的积极的意义，教师要不断吸取当代先进的教学理论，不断实践与探索，不断发展自我，在教学中体现所有参与者都是主动的合作伙伴的理念，并与学生组成合作学习共同体，一起共同成长。

三、内生素养

在2016年发布的中国学生发展核心素养[①]中，"珍爱生命"作为"健康生

———————————

① 核心素养研究课题组. 中国学生发展核心素养［J］. 中国教育学刊，2016（10）：1-3.

活"素养的基本要点之一，内涵解读为：理解生命意义和人生价值；具有安全意识与自我保护能力；掌握适合自身的运动方法和技能，养成健康文明的行为习惯和生活方式。《义务教育品德与社会课程标准（2011年版》指出，本课程要引导和帮助学生珍爱生命，热爱自然，理解生命的意义，形成珍爱生命的意识，欣赏、体会生命之美。

学生对于自然生命和自我生命的思考与理解，是推动其成长的基点，因为教育的起点是人的生命。18世纪法国教育家、思想家卢梭就曾提出，培养一个人就要懂得保护自己的生命，主张关心、呵护人的生命，在大自然中自然地成长与教育。叶澜教授也曾指出，任何事物真要长大，真要有力量，必须要有内生力。

党的十八大以来，习近平总书记多次通过演讲、座谈、回信等方式与青少年频频互动，对当代中国青少年寄予了殷切期望："少年强、青年强则中国强。"少年强、青年强是多方面的，既包括思想品德、学习成绩、创新能力、动手能力，也包括身体健康、体魄强壮、体育精神。能力的培养、精神的塑造离不开人格形成和发展的内部机制，需要广大青少年发展和提升自身的内生能力。

教育对于学生发展的作用，本质上就是帮助学生实现自身内生力的科学的、持续的培育、发展、优化与提升。学生的内生力就是指存在于学生生命体内的自我发展的内部实力与主观能动性，是推动学生成长、成才的内置动力系统，是学生实现生命持续发展与终身发展的核心力，包括学生的意志、情感、价值观和各种欲愿、潜能。①

【案例呈现】

《试种一粒籽》是二年级道德与法治第二学期第一单元第4课的内容。本课从学科核心能力的角度来看，旨在培养学生通过尝试种植活动，观察植物的萌发成长过程，在体验活动中带来成长与收获，促进对生命美好的欣赏，领悟成长来之不易。

本课对应"中国学生发展核心素养"之"健康生活"素养中"珍爱生命"

---

① 邵山，朱元祥.帮助学生增长"内生力"［J］.教育，2014（22）：52-53.

这一要点，从属于"自主发展"这一方面。案例以"春天里的'成长'"为主题，设计了几项序列性任务，开展亲近自然、乐趣种植的体验活动，个体在与自然的互动中亲身实践、参与，形成珍爱生命、勇于探究、实践创新的意识与能力。

活动一：试种一粒籽

前期，利用学校公众号推出"种植倡议书"，在钉钉平台推送"种子大集合"活动资源，明确收集种子的方法。学生搜集播种的豆类种子，提出问题并主动探寻答案。准备就绪后，试种活动正式拉开序幕。学生运用环保材料动手制作各种创意种植容器，记录种植日记，及时上传平台。具体操作如下：

线上——学生利用平台发布种植过程照片（如播种、发芽、长叶等），积累过程性资料，通过网络平台随时发布自己的种植感受和发现。学生运用小程序共种班级树，浏览光荣榜。

线下——学生准备种植容器、完成种植日记探究单。

种植过程中，学生通过线上互动，及时交流活动的体验和感受。晓东同学观察到同时种植的植物生长速度不同，主动在平台上询问，获得回复后才发现因为自己把植物放在北面阳台温度不够，以致生长缓慢，及时纠正错误的行为，将植物移到房间后很快就发芽了；小云同学发现自己种植的豆子比同期种植的同学晚发芽，当她浏览到小麒同学的提示后，明白要先用水泡发后再移植到土里，于是欣喜地重新实践，并留言感谢同学分享自己的经历。

伴随着活动过程，学生的种植表现以"光荣榜"的形式实时予以公布。每个学生活动的点滴行为都被记录下来，并在各个任务完成的节点进行不同阶段的数据统计。尝试种植过程的信息共享和线上跟进性评价，激发学生积极投入这场生命体验活动的浓厚兴趣，并在生命的成长过程中不断萌发呵护生命成长的意愿，迸发探究大自然的潜能。

活动二：成长进行时

学生借助网络平台浏览他人的种植成果和收获，在线及时点赞或者发表评论。具体操作如下：

线上收获交流平台：学生登录网络展示区，浏览、欣赏他人的种植成果和收获，及时进行交流、点评。

线下植物展园地：学生将自己种植的植物带到学校，美化班级植物角或校园环境。

在线上收获交流平台中，学生借助网络平台选择自己感兴趣的内容进行点赞与回复，互动交流的过程可保存、可回看。学生通过一个个画面分享了种植过程的酸甜苦辣，且交流体验的自由度更高，感受到种植和学习的自由与快乐。在线下的植物展示园地中，学生看到各种生长状态的绿植，回顾种植过程，交流新的体验，随着活动的深度参与，学生不断获得学习自信，发现自我学习的价值，不断产生学习持久力。

【案例分析】

本案例中，学生在线下种植体验和线上分享中，"尝试做事和快乐学习"的内生力逐渐得到培育、发展、优化与提升，形成积极愉快、热爱生命的生活态度。线上的展示、交流互动还帮助学生将个体的经验进一步交互，聚焦大主题下小活动的体悟，形成学习的脉络，深入理解生命探究的意义，切身感受到成长的快乐与变化。利用网络平台共享自己的发言，树立热爱自然的意识，激发勇于尝试的精神品质，促成学生对自然生命的深化理解。此次"互联网+"混合式学习活动有效发展了学生关注生命、珍爱生命的健康生活素养，培养了学生不断探究生命成长，并推动自身学习成长的内生动力。

首先，在尝试中培育创新能力。学生根据平台发布的任务单，针对种植活动的各个阶段进行节点性展示。展示自身成长经历点滴，学习他人的有效经验，改进自己的种植。通过敢于尝试新的方法和路径，掌握、创新种植的方法。

其次，在发展中优化成功体验。在复学返校之后，发挥校园非正式学习空间的学科育人价值，鼓励学生将绿植带到班级绿化角，或放置到校园的公共空间。看到自己的绿植成为美丽校园的一部分，看到生命的张力和生机，学生产生"成人成事"的愉快体验。

此外，在长程行动中提升生命自觉。"希望种子在自己的呵护中发芽，苗壮成长。"是每一个学生在种植活动中内生力的源头所在。在经历了尝试、失败、焦虑、反思、重建、成功等一系列真实、长程的体验后，学生逐渐懂得保护生命、呵护生命的不易，也感受到生命在大自然中自然地成长的神奇和伟大。

第四节　智慧教育视域下教师素养发展趋向与深化

《礼记·学记》有云："虽有嘉肴，弗食，不知其旨也。虽有至道，弗学，不知其善也。是故，学然后知不足，教然后知困。知不足然后能自反也，知困然后自强也。故曰，教学相长也。"学习之后才知道自己的欠缺，教人之后才知道自己哪里理解得不透。教师只有知道自己有困惑之处，然后才能勉励自己奋发上进；知道自己有所欠缺，然后才能刻苦地钻研。教导和学习是相互促进的。①

《国家中长期教育改革和发展规划纲要（2010—2020年）》是我国进入21世纪之后的第一个教育规划，也是过去十年指导全国教育改革和发展的纲领性文件。其中指出，要从数量充足、素质优异入手，提高教师的专业化水平和创新型、复合型、为未来而教的能力。随着"互联网+"、大数据、人工智能等信息技术的迅猛发展，加速了智慧教育时代的步伐。身处信息时代，面对信息化革命，教师如何教？学生如何学？这不仅对教育教学带来诸多挑战，同时也带来教师素养发展的新的机遇。教师素养提升及教师专业发展创新的必要性和迫切性再一次凸显。

道德教育生态环境今非昔比，其发展空间正经受挤压、冲蚀和重构。新的生活方式和学习环境下，道德教育迫切需要尊重科学和人性中焕发的时代光辉，分享时代发展红利，建构移动互联网、教师和学生三位一体的教育生态，如此才能获得教学相长的双赢效果。"互联网+"混合式学习改变了教育的时空、情境、方式、内容，线上教育、云端管理成为非常时期的应对之策，更是

---

① 潘永兴.激励教育论纲［M］.长春：吉林人民出版社，2015.

未来教育趋势的一个清晰信号。小学道德与法治教师是这场教育考验的直接应对者，必须为未来而教，进行积极的探索创新，根据智慧教育的特点利用信息技术创新教育方式，做好对学生的线上教育管理和线下学习指导。

一、"互联网+"时代教师专业发展趋势

"互联网+"时代教师和传统教师相比在师生关系、教学方式、价值取向上有着区别。在知识获取更加便捷的今天，网络给予人们更大的成长和学习的空间与自由度。通过网络学生可以通过多种渠道和方式开展学习，教师不再是唯一的知识传递者。教师应当成为专业的学习助手、心灵导师，是学生成长的桥梁和同行者。

教师要充分把握"互联网+"时代的成长契机，深刻认识教育技术创新的力量，积极学习、运用现代教育技术，补齐能力短板，形成互联网教育思维，有效应对线上线下交融的教育新常态，从而用智慧教育推动自身，带领学生在智能化、泛在化、终身化的学习体系里得到长足的成长与发展。

（一）清晰目标，变职业压力为成长动力

"互联网+"时代的优秀教师，为了培养自我控制、自我引导、自我发展能力，应具备强烈而持久的自我专业发展意识，充分利用并不断寻求促进自身能力提高的机会和资源。

首先，提高自我发展的主体性和积极性。在"互联网+"环境下，学生通过多种网络平台能够较早获取知识，学生和教师的界限不再泾渭分明，教师面临各种学生需求带来的压力。教师的自身定位就要从"学生学习的教练"变成"伙伴和引路人"。同时，校外培训机构开发的"微课程"等，时间短、教学材料小，具有很大的灵活性；课程的设计和学生现实相关，不但方便学生提取知识，更鼓励他们进行更高层次的思考；讲解方面更专业、更有深度、更具吸引力、更有趣、更生动。因此，教师如果仅仅依靠职前教育所习得的知识，已经不够，必须变压力为动力，形成主动学习、自主提高专业能力的积极心态，改变以往一成不变的课堂教学，能力水平随着时代的发展而进步。

其次，提高自主学习的参与性和互动性。每个教师都有一个"金字塔"（如图6-17所示），它包含教师发展的潜力、目标，以及采取怎样的路径来成就自己。如今，"云课堂""微课程"的开发和使用，为教师提供了诸多便

利。教师必须明确自己的发展目标，根据自己的爱好、实际条件，选择不同的学习内容和方式，主动交互。与过去相比，教师可以凭借互联网改变以往出行教研、交流互动、研磨教学的不便。同时，基于网络环境下的自我认知，教师可以通过学习、实践、讨论，培养自身的信息素养，提升智能环境下的学习力和研究力。

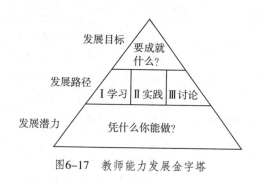

图6-17　教师能力发展金字塔

（二）打通学段，实现思政研一体化

目前，对于教育系统而言，除了教师的个体发展之外，群体的协作与发展显得尤为重要。在智慧教育的形势下，与过去传统条件相比，教师拥有诸多开展合作与学习的机会，如教研室、中央电教馆、上海市教师资源库与十三五培训中的网络培训、教育研究机构、专业化的教育企业等。教师通过这些平台和机构，能够开展专题培训、观摩教学、集体备课等。比如，上海市"空中课堂"的精彩课例、德育精品课例等，这些课例不仅展现了授课教师的素养与才艺，而且凝聚着教研指导团队的智慧与创造，体现了教师的协作能力，也是未来教师的发展趋势。

"大中小学思政课一体化"是小学道德与法治教师专业发展的重要途径。它是一种协同研究，是一个有机整体，贯穿大中小学思政教育全过程，打通年段壁垒和学段划分，体现学段衔接、螺旋上升的特点。在"互联网+"时代，网络教研成为常态。比如，通过"大中小学思政课一体化"的劳动教育及四史教育、宪法教育等主题网络教研，使分布在网络环境中的思政教师打破时空，走出自己的学段、学校，站在大中小学思政课一体化的角度去认识学习、研究学生，进而提升自身的学科专业素养，把教书育人切实装到心里，把立德树人切实落到行动上，在向学生心田撒播知识种子的同时，撒播做人做事的道理。

表6-3　上海市"大中小学思政课一体化"主题教研活动一览表

教育内容	主题	年段与课题
四史教育	"学四史，颂祖国"	● 幼儿园《我是中国人》 ● 小学《屹立在世界的东方》 ● 初中《改革开放》 ● 高中《中国特色社会主义新时代》
劳动教育	"美好生活"	● 小学《垃圾分类从我做起》 ● 初中《崇尚劳动尊重劳动》 ● 高中《劳动实现人生价值》 ● 大学《劳动是财富的源泉，也是幸福的源泉》
宪法教育	"法治精神的教与学"	● 小学《规则意识的培养》 ● 初中《珍视公民权利　承担个人义务》 ● 高中《中国特色社会主义法治道路》
	"宪法与美好生活"	● 小学《宪法与美好生活》 ● 初中《宪法与美好生活》 ● 高中《宪法与美好生活》 ● 大学《宪法与美好生活》

（三）云端教研，开展碎片化教研和非正式培训

"互联网+"时代的教师，要有终身学习的意识，同时具备教学信息技术、信息化教学法的知识。教学信息技术内容很广泛，包含信息技术基本知识和技能、信息能力、独立自主学习的能力等多方面要求。信息化教学法是以现代教育思想和理论为指导，运用现代信息技术，开发教学资源，优化教学过程，以培养和提高教师信息素养为重要目标的一种新的教育方法。[①]教师通过多媒体教学、在线课堂、翻转课堂和慕课等手段提高信息技术教学能力。小学道德与法治学科信息化教学法，强调通过信息技术的应用引领学生走进生活，关注社会发展，具有时代性、生活性和社会性的典型特征。

在信息化教学环境下，教师利用碎片化时间，借助腾讯视频会议开展非正式的云端网络教研、协作备课，从中收获备课方法、模式的同时，掌握备课中

---

① 张韬. 信息化教学在机械制图课程中的应用［J］. 中国科技期刊数据库（文摘版）教育，2017（09）：85.

体现的内在思想和理论价值。教师的思想得以碰撞、经验得以交流，为后续更好地推进"互联网+"混合式学习提供助力。基于上述分析，开展与众不同的协作备课。

核心素养导向细化评分规则

——闵行区智慧教育背景下小学道德与法治单元表现性评价研究混合教研活动案例

一、活动背景

核心素养以"全面发展的人"为根本出发点和最终归宿，是新时期教育的育人目标。[①]小学道德与法治学科作为落实立德树人根本任务的关键课程，其课程表现性评价是以学生发展为中心、以学科核心素养为导向的立体性评价，是培养学生核心素养的关键途径。

在闵行区智能技术平台和评价模型的支撑下，教师通过收集学生在表现性评价活动中关于学习过程、学习结果、学习态度、学习行为等方面的评价数据进行分析判断，根据实证进行评价，形成学生道德与法治学科报告。从而使教师更好地指导学生学习，使教师不断改进自己的教学，实现教、学、评一致性教学，切实提高学生的核心素养。

二、活动意图

（一）活动主题

核心素养导向细化评分规则。

（二）活动目的

（1）以二年级上册第三单元《9　这些是大家的》课例研究为重点，明确核心素养培养的重要性，探讨如何培养学生在体验活动中达成素养目标。

（2）通过学习、探讨、交流、反思，让教师在活动中不断提高，共同进步，为教师搭建成长的平台。

（3）营造学习气氛，加强研究意识，提升教育素养。

---

① 刘月霞，郭华.深度学习：走向核心素养（理论普及读本）［M］，北京：教育科学出版社，2018.

（三）活动形式与内容

（1）利用云录播平台，观摩录像《9　这些是大家的》。

（2）利用腾讯会议，以"核心素养导向细化评分规则"为话题展开讨论。

（四）活动时间

2020.11.12（星期四）下午13：00至15：00。

（五）活动地点

闵行区江川路小学、腾讯会议室。

（六）活动对象

区教研员王玉兰老师和学校全体道德与法治教师。

三、活动过程

（一）智慧课堂观摩

教材为统编小学道德与法治教材二年级上册第三单元第9课《这些是大家的》。

（二）多元评课互动

1.教师观点（设计思路）

教师首先聚焦单元重点核心素养，制定评价核心标准，设计"校园公物大调查"和"大家一起来爱护"等表现活动，学生通过体验互动达成素养目标。

2.教学亮点

（1）教师通过使用3D校园实景和希沃投屏功能等技术，丰富了学生的活动体验，激发了思维和认识的提升。

（2）教师以学生生活为基础，调动学生生活中的经验，使其与课本知识进行有机结合，让学生有话可说、乐于探究、善于表达，深切感受公用设施与我们的生活息息相关。

（3）教师关注评价角度的多元化，不仅在课堂上关注学生的情感态度、价值观，注重学生的感受，而且评价具有激励性，让学生的成长足迹的每一步清晰、踩实，落实本课"社会责任"和"勤于反思"的核心素养。

（三）主题论坛导航

1.教师观点（梳理核心概念）

（1）核心素养导向。

"核心素养导向"是一种全新的教学观念。如今中国基础教育已经迈入核心素养的新时代，教学改革必须以核心素养为导向。这种全新的教学观念又包括三大基本观念："基于立德树人的教学、基于课程意识和学科本质的教学以及基于学生学习的教学"①。

（2）表现性评价目标框架

基于核心素养的课程改革驱动着评价体系的创新，促使教师必须超越传统的客观纸笔测验，采用表现性评价。因为表现性评价不仅评价学生"知道什么"，还评价学生"能做什么"；不仅评价学生行为表现的结果，还评价学生行为表现的过程；不仅是对某个学习领域某方面能力的评价，还评价学生综合运用已有知识进行实作与表现的能力。②

2.教师应厘清的几个关系

（1）借助核心目标导向厘清"核心素养与核心目标"之间的关系。

（2）借助评分规则导航厘清"核心目标与评分规则"之间的关系。

（3）借助表现任务驱动厘清"核心目标与表现任务"之间的关系。

（四）专家点评引领

（1）理念新：主题论坛能结合时下前沿研究热点"智慧教育"展开，将大数据背景下因材施教的本质特征和研究思路、研究路径等剖析清楚。

（2）技术新：教师熟练运用信息技术，恰到好处地匹配课堂核心问题，推动了学生的体验探究和感知。

（3）评价新：教师设计的表现性评价表不仅可以面向学生，测试评估学生的学业水平，还可以面向教师，反思评价教师的课堂教学效果。

四、活动启示

全区教师利用碎片化的教研时间，随时观摩课堂录像，参与线上主题研讨和互动，形成共识。道德与法治学科教师要善于从课标出发，聚焦本学科核心素养，精心研究和开发评价工具，使其更好地为学科教学服务，提升自身专业能力，发展学生的学科核心素养。

---

① 余文森.论核心素养导向的三大教学观［J］.当代教育与文化，2019（02）：62-66.

② 吕纯志.有效教学的认知（上）［M］.北京：北京师范大学出版社，2010.

（四）行走课堂，主动建构混合式德育课程

在"互联网+"时代背景下，教师就要有伴随时代前进的先进理念。目前，以灌输为主的大班讲授方式依然是我国中小学教师培训的主要方式，导致教师被动接受，参与的积极性不高，更达不到提高能力的理想效果。开发以区域场馆资源为基础的实践类课程，激发师生的参与热情和兴趣，使教师从被动接受到主动建构尤为重要。例如，"行走课堂"四史主题教育课程，既是引导学生走向真实生活、加强实践探究的德育课程开发，又是思政教师横向贯通、纵向衔接思政课程的专业培训。

2020年7月1日，闵行区中小学518名小学生开展"学四史"研学实践教育活动。30多位优秀教师承担"四史"教育微课的开设任务，形成了行走的思政课。开发不同的研学路线，制作不同风格的教学微课，开展"线上+线下"的混合式主题活动，在孩子心中埋下"学四史"的种子。在"行走课堂"课程开发过程中，教师利用真实的社会教育资源开展思想政治教育，研读文本、实地采样、课程设计等能力水平得到锻炼和发展。丰富多样的课程促进学生走进历史、走进家乡、走近榜样，进一步坚定教师为党育人的理想和信念。

图6-18 四史主题教育"可爱家乡最美乡村"参观革新村活动

图6-19　四史主题教育"可爱家乡最美乡村"革新村线上探访活动

本案例中，教师专业素养发展是将教研和专业培训变成一种广泛的社会实践的过程。"四史讲堂、行走课堂"主动建构"教学相长"的爱国主义教育，教师通过不断研究社会、学生、课堂，促进学生知行合一的同时，发展自己研读历史、观察社会、开发课程的能力。

（五）get新技能，培育信息化教学智慧

教师对自己教育生涯发展的洞察力和理解力是一种重要的教育智慧的体现，包含着教师所拥有的及所期望发展的教育技术、技能和艺术化教育素养。如何在"互联网+"混合式学习中培育这种教育智慧呢？最近，在民间有一种"get新技能，赶上新潮流"的说法。从退休老奶奶到一两岁的孩童，对智能设备的使用也已经到了一种热衷的程度，更何况教师。在新技术的学习和使用中，教师将能在学科教学中更加快速地融入现代教育理念，发挥学生自主学习的主动性和技术支持下合作学习的优势。

例如，教师在教学小学道德与法治四年级下册第三单元《7　健康看电视》一课中设计、制作、使用"导学微课"开展教学。

首先，教师通过网络自学掌握制作微课的录屏软件及"爱剪辑"等技术。随着技术的不断更新，越来越多的教师通过百度等搜索引擎自学，自学成才，学会使用各种微课制作技术。"隔离电视的一天"导学微课制作中，老师要围绕核心素养和重点、难点，通过微课呈现和驱动大任务、大情境，引发学生真实性的学习和深度学习。其次，教师根据教学需求，进一步提高设计和制作微

课的技能，制作出一个符合课标要求、提升学生核心素养、驱动有效活动的"导学微课"。通过微课，教师将学习要求和步骤通过儿童化的手段清晰地呈现给学生，吸引学生的注意力，激起学生讨论"怎样才能更健康地看电视"的兴趣；将"隔离电视的一天"与班级学生的最近发展区紧密结合，从语速、语音、语言方面，恰到好处地引导学生反思并合理调整自己看电视的习惯，制定看电视的计划与规则，逐步提升自律、自制能力。此外，老师善于运用网络平台技术，对数据进行整合、应用。老师要基于时政开展表现性评价。采用"问卷星"对课后两周内"看电视"的学生开展问卷及相关信息汇总，将课堂内容延伸到课外，从学校延伸到每一个学生家中，对学生在今后的生活中如何合理看电视具有指导意义。

总而言之，信息技术是改变课堂的动力之一，而技术需要通过一定的技能才能发挥作用。当然，光有技能还不行，只是把技术运用得生动活泼，不一定具有艺术性和教育价值。所以，我们要融合技术、技能，设计富有教育艺术的信息化教学活动才能收到预期的效果。

二、"互联网+"时代教研发展途径和策略

"互联网+"时代，每一位教育行业从业者都在思考如何让互联网技术更好地服务于教学，线上教育如何在智慧教育的背景下、教学实践经验的基础上实现转型和发展。在此期间，一些教师通过卓有成效的努力和创新，对传统教师发展做出了"破茧式探索"。

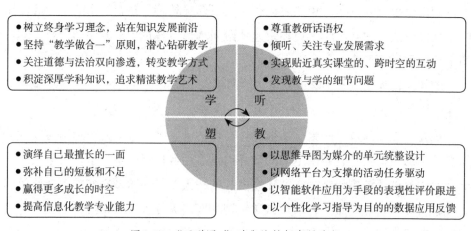

- 树立终身学习理念，站在知识发展前沿
- 坚持"教学做合一"原则，潜心钻研教学
- 关注道德与法治双向渗透，转变教学方式
- 积淀深厚学科知识，追求精湛教学艺术

- 尊重教研话语权
- 倾听、关注专业发展需求
- 实现贴近真实课堂的、跨时空的互动
- 发现教与学的细节问题

学　听
塑　教

- 演绎自己最擅长的一面
- 弥补自己的短板和不足
- 赢得更多成长的时空
- 提高信息化教学专业能力

- 以思维导图为媒介的单元统整设计
- 以网络平台为支撑的活动任务驱动
- 以智能软件应用为手段的表现性评价跟进
- 以个性化学习指导为目的的数据应用反馈

图6-20 "互联网+"时代的教师发展途径

（一）挖掘"学"的动力

习近平总书记指出："教师始终处于学习状态，站在知识发展前沿，刻苦钻研、严谨笃学，不断充实、拓展、提高自己。"[①]在信息快速发展的时代，我们更应牢固树立终身学习理念，站在知识发展前沿，拓宽视野，更新知识，不断提高自身发展的能力，更好地成为学生的引导者。智慧教育背景下，教师可以通过腾讯会议、微信、钉钉等网络平台，展开在线教研集体培训、个性化培训、微培训等学习，推动自身专业素养的发展。

闵行区平南小学的徐老师始终秉持"人的发展"这一育人目标，坚持"教学做合一"原则，潜心钻研教学。他期望通过微培训，进行教学的实践研究，能够探索线上教学有效在线互动模式。在单元教学视野下，他致力于单元整体性知识辅助隐性学习，关注道德与法治双向渗透，转变教学方式，提高教学有效性，更好地落实"立德树人"根本任务。

在线教育作为新兴的获取教育信息与服务的途径，是孩子学习知识、了解世界的重要通道与窗口，未来的发展趋势被普遍看好。在技术发展的今天，教育被搬到了线上，这或许会对当下的教育模式创新产生深远影响。顺应这场教学创新，教师都应不断追求上进，具有深厚的学科知识、精湛的教学艺术，这样才可以使学生信服。

（二）打开"听"的通道

"上帝赐人以两耳两目，但只有一口，欲使其多见，多闻，少言。"佐藤学在"学习共同体"中指出："教师在课堂上要以慎重的、礼貌的、倾听的姿态面对每一个孩子，倾听他们有声和无声的语言。"[②]听是说的前提，教师要通过互联网平台听取各种声音，尊重教研话语权，倾听、关注专业发展需求，实现贴近真实课堂的、跨时空的互动。录音精灵、金舟语音聊天录音软件等技术，能够为教师提供听评课笔记保存、多维查看的便利，从而发现教与学的细节问题。

闵行区江川路小学的周老师分享倾听佐藤学对话"共同体"的感受，她认

---

① 慎海雄.学习进行时：时政评论选［M］.北京：新华出版社，2015.

② 周刚利.加强师生交流沟通的技巧［J］.科学咨询，2017（28）：32.

为，"学习共同体"的展开是以倾听作为核心和媒介的。周老师常常运用录音软件，了解线上听课信息，并在本校教师学习共同体内分享听课记录，通过互相查看，发现不足，进行反思。她也将倾听所得的亮点视频、图片记录下来，运用到课堂教学中，吸引更多的同学认真倾听，使课堂教学更自由、开放、平等。一位善于倾听的教师不仅能听到各种教的声音，也能听到各种学的声音。不管学生发出多么细小的心声，周教师都能够敏锐地捕捉到。

"倾听"不但是提升学生学习品质的重要方式，而且是教师专业成长的必由之路，也是学校内涵发展乃至社会生态创新的路径。教育本身就是雕塑人的心灵的艺术，真正的教育是从心与心的对话开始的，而心与心的对话又是从真诚的倾听开始的。孔子曰："不愤不启，不悱不发。""愤"和"悱"是教师启发学生最好的时机。那么当"愤"和"悱"出现时，教师又能做到多大程度的"启"和"发"呢？小学道德与法治教师要学会倾听，倾听孩子的每一个问题、每一句话，捕捉每一个孩子的思维火花，成为学生成长路上的引路人，成为学生真正的良师益友。

（三）再造"教"的流程

大规模互联网教育实验是特殊时期的一个非常手段，也为我们打开了新思路。学校及教师应正确认识在线教育和传统课堂教学的不同之处，对国家课程内容进行必要的优化设计，避免简单地将各类课程教材内容"按部就班"地一一呈现给学生。[①]未来的教师，不仅要关注学科发展，也要辅之以线上教学，双管齐下，重构教学流程，呈现出"互联网+"混合式学习活动的特征：以思维导图为媒介的单元统整设计，以网络平台为支撑的活动任务驱动，以智能软件应用为手段的表现性评价跟进，以个性化学习指导为目的的数据应用反馈。

区别于传统教学，我市"空中课堂"既是学生学习的优质资源，也是教师教研的优质资源。承担"空中课堂"拍摄任务的闵行区七宝明强小学的陈老师感慨道："在家与学生同步观课的经历是一次宝贵的学习机会。我们通过微信群、钉钉群，及时交流观课体会，发现课堂亮点，学习先进教法，加深学科

---

① 贾建国.学习的视角："线上教学"实施状况的实践审视［J］.现代中小学教育，2020（06）：10-13.

领悟。"日常教学中，陈老师对本学期相关课程整册教材内容特点进行分析梳理、单元整合，提前做出整体布局，将适合和便于在线教育的内容进行遴选、统整和优化设计，这样既可以避免过多地耗费教师的时间和精力，同时又尽可能地提升学生的在线学习效果。①

我市"空中课堂"优质课的录制、播放和使用，是一种教学流程再造的成功案例。各种风格的课扑面而来，开阔教师的学科视野，打开教师的教学思路，让教师仿佛进入了一座精彩纷呈的大花园，也给每位教师的直播互动带来更丰富的资源和更深层次的启发。

（四）重"塑"师的形象

"互联网+"教育，让每一位教师都有成为主播的可能。通过"互联网+"教育形态的调整，将更充分地发挥现代教师的教育力量。网络直播让每一位教师都能演绎出自己最擅长的一面，也会暴露自己的短板和不足；能为每一位教师赢得更多成长的时间和空间，也对技术应用、活动设计、数据处理等信息化教学专业能力提出了更高的要求。

例如，闵行区北桥中心小学的姜老师参与了我市"空中课堂"的录制工作。2月7日，姜老师第一次进行市网课工作组电话会议。4月9日，她进行了第一次的录课工作。回顾录播，她谈到在担任"十八线女主播"时遇到的一系列困境，声音不够甜美，文本层级不够清晰，素材选取不够系统，技术不够娴熟……借助网络，闵行区的教研团队开展"线上+线下"的各种磨课活动。一次次的微信讨论、一次次的视频会议、一遍遍的修改和审核，攻克一个个难关，时常进行到深夜，只求做到精益求精。生活工作不分家成了生活的"新常态"，"十八线主播"的各种困扰在自身的努力和研究团队的协助下被各个击破。

无论是对统编教材的研究，还是在教学方式上的转变，抑或是教师专业素养的发展，姜老师都有了明显的提升。她坚信：在未来的课程研究中，会更加注重在尝试、实践、反思中不断更新教学理念，创新教学手段，钻研育人手

---

① 贾建国.学习的视角："线上教学"实施状况的实践审视［J］.现代中小学教育，2020（06）：
10-13.

段，竭尽所能地挖掘教材与学生生活的连接点，把道德与法治的种子播撒在学生心田。

（五）形成"新"的生态

新时代教师发展的关键在于选拔、培养一批学术水平高、责任心强、教学效果好的优秀教师来担任教学工作，赋予教师较大的教学自主权，给予他们充分的信任，鼓励教学创新和探索。

图6-21 "互联网+"时代的教师发展新生态

小学道德与法治学科团队在这次特殊的战役中，锤炼自己，以全新的姿态投入全新的教学和教研模式。教研组长承担着一所学校学科工作的策划、组织和管理工作；区中心组成员承担着微课开发和制作、学科辐射和引领的任务；优青团队成员通过"微约会"互动平台，满足对教学研究的好奇心和研究兴趣。为了打造区域小学道德与法治学科优秀教师的"孵化器"，培养优秀的学校教研组长、优青教师和学科中心组团队，我们以"智慧教研智慧成长"为口号，在"立德树人、智慧教育"的学科教研实践中设计、实施各级课题研究，通过市级、区级、重点、专项及小课题的研究，促使教师在科研中锤炼自己、塑造自己，在专业成长的花样年华散发别样的芬芳。

总而言之，面对时代变化、危机突变、教育创新等各种形势，每一位教师都应具备较强的创新精神、应变思维和教改行动力。人人都当应时而动，积极发挥主观能动性与创造性，创新开展教育教学工作。"互联网+"混合式学习，蕴藏着面向未来的教育生态。"互联网+"时代，教师依然要保持很强的创新意识，共同破局开新，迎接未来的各种挑战与考验。

三、"互联网+"时代混合式学习专项研究探索

当今形势下，混合式学习已经成为教学新常态，这对所有师生来说是一次挑战，更是一次成长的契机。特殊时期"学习不掉线"，教师的功能更集中体现在如何把信息转化为知识，把智能转化为智慧。教师从教育理念、教学理论的复述者向研究者、实践者转变。结合在线教育与传统教育，创建智慧管理平台，提高自动化管理程度；借助智能教学助手，打造个性化教师，从偏重于关注学科知识积淀向"全人"视角思考自身专业发展；融合专业发展与实际教育教学，打破思维定式，发展智慧教育能力和水平，由教学者向学习者转变。

（一）创建智慧平台创生智慧管理

在"互联网+"混合式学习中，传统的教师教育管理正逐渐向智慧管理方向发展。过去以手工为主的管理操作将转移到以信息技术为基础的智慧管理平台上。在管理过程中，教师借助智慧管理系统，自动处理各种教育数据，并得出相关结论和信息反馈，从而提高自动化管理程度。日常教学中，学科教学的管理自动化全面普及，将精简教学管理流程，节约人力成本。一方面避免了人为因素带来的管理漏洞与疏失；另一方面将教师从繁重的重复性劳动中解放出来，更多地发挥其在管理中的创造力，提升学科教学水平。[①]

首先，搭建教师队伍智慧管理平台。2020年初的特殊时期，提早结束了教师的假期，也提早将我们以被动的方式卷入了人工智能支持的"智慧教育"。为了顺利开展教学工作，闵行区小学道德与法治学科组建各类智慧管理群，其中，"教研组长"QQ群，由区教研员引领，各校的学科带头人、骨干组成，承担区域与学校之间的教学对接工作；"优青教师"微信群，由区教研员牵头，30位参加区教学评比获奖的中青年教师组成，开展泛在学习和主题教研；"中心组"微信群，由教研员主持，10位区级骨干教师围绕区域学科发展重大问题展开针对性研究，提供面向全区基层学校的各类服务和指导。

其次，创建主题教研智慧管理平台。在"宅"家不停课的教学期间，教

---

① 贺祖斌. 2013中国远程高等教育专题研究报告开放大学建设［M］. 南宁：广西人民出版社，2014.

师通过智慧管理平台,开展"空中教研""微信会议""线上互动",忙得不可开交。其间,一篇篇微教案、一个个微视频新鲜出炉,它们凝聚着学科的新活力,闪烁着课程教学的新思路、新方法、新意义。为了进一步推动主题教研的研究成果得到普及应用,区域"道法微约会"公众号应运而生,"名师资源""跨区教研"等突破路径桎梏变得易如反掌,打通学校壁垒、区域壁垒,实现优师资源的流动与共享。教师可以在微信平台上实现对优质课例的学习和研讨,及时了解区域教研动态,掌握最新理念。

此外,开发信息处理智慧管理功能。随着信息化手段的推陈出新,"金山文档""问卷星"等软件被广泛应用于小学道德与法治的日常教学中,通过多层次、多角度的开发和使用,逐渐形成学校、区域的学科自主化管理平台。智慧教育背景下,普及引用各类数据信息处理应用的软件,使用电子的方式进行调查、访问、探究等活动信息和数据的收集,既能突破时空限制,又有助于教师比较全面和客观地了解学生的学习水平、知识掌握情况及课堂实施的效果等,有效地助推课堂教学的开展。

(二)开发智能助手打造个性教师

智能教学助手,是由PC端、WEB端、手机端组成,围绕课程教学闭环,贯串课前、课中、课后,满足日常教学使用的辅助工具。[①]随着智慧教育中教学助手的普及,教师可以借助智能教学助手在伴随教学学习、观课等多种情境中进行问题咨询和需求诊断;教研组可以整合多途径、多情境,整体分析教与学的发展需求,对教师群体进行分组、分类分析,掌握教师梯队发展需求。

在智慧教育中,可以培养个性化发展的学生,也可以打造个性化教师,每一位教师可以形成自己个性化的教学助手,即专业发展成长档案袋。

---

① 庄秋香. 数字化环境下信息技术手段应用的探究 [J]. 考试周刊,2017(39):145.

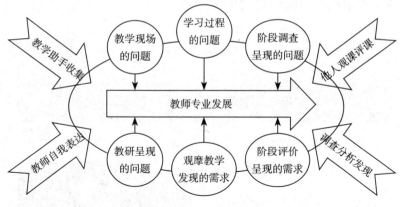

图6-22 教师个人专业发展示意图

为了提升自身的专业发展需求，教师可以借助网络小程序随时记录、提出自己的问题与需求。例如，利用希沃教学助手开展课堂教学时，发现自己的教授内容不能够让全部学生理解，可以直接在教学环节旁进行备注"这一环节内容没有讲解清楚，推荐使用优质讲授参考"。或者在教研活动中，对某一内容并没有很好地理解，也可以通过教学助手进行记录"相关内容无法理解，请推送解释性资源或者案例"。

伴随教学的网络教研活动将更加及时发现、快速解决教师在实际教学中遇到的困惑。随着一段时间的跟踪性收集，更能触及教师专业知识和技术的盲区，诊断出真实的发展需求。当然，随着智能学伴对于学生学习信息的反馈、收集，也能够进入教师教学助手，提示教师在课堂现场未能良好解决的问题及环节。"互联网+"混合式学习中，教师在参加各类教学活动时可以借助教学助手，随时随地地记录，以及进行自我诊断反思："我希望通过专业发展机会带来哪些变化？活动成功的话，会发生什么？我会收获什么？会有什么感受？"这样的日志，能够帮助教师找出切实存在的问题。

在传统教研培训中，往往以个体、割裂的方式进行听评课，通过他人视角的听评课分析缺少跟踪式的记录和分析，也很少整体性地考量教师专业发展特征及取向。智慧教育下的"云录播"平台将改变这一现状，同一个教师上的课一旦走上"云录播"平台，他人可以不受时间和空间限制地观摩分析，能够对同行的分析进行有效存贮和快速读取。随着"云录播"上课、评课数量达到一定程度，围绕教师个体的专业分析，将更客观地进行跟踪式的整合性分析，勾勒教师发展脉络，为打造个性教师提供有力保障。

图6-23　五上第二单元"云录播"听课图

图6-24　五上第二单元"云录播"评课图

（三）打破思维定式，提供智能服务

随着终身教育理念的提出和普及，作为知识型工作者的教师群体重新被定义。"是教学者，也是学习者"的观念已经被越来越多的教师所接受。如前所述，当教师的知识和资源掌握的主体地位被打破，教师更加需要在不同的场域，让专业发展学习与实际教育教学工作紧密交融，并借助智慧教育平台，根据自身发展需求，开展独立的自助式学习，不断提升自己的专业化水平。

首先，是关于教师发展的智能服务。在智慧教育背景下，依然可以凭借传统的问卷调查和访谈，将调查、教学助手、他人评课、自我反思等数据进行整合性的分析。同时，更需要借助信息技术的力量打破固定思维，以可视化的数据和结论要点呈现给教师个人、相关学校领导和专家，为更精准地诊断教师个体发展需求提供智能服务支撑。

其次，是关于学生发展的智能服务。闵行区始终致力于开展表现性评价，为了更直观地了解学生的学业水平，2020年末，创建了区域单元表现性评价平台。该平台坚持信息技术与教育教学深度融合，创新工作模式和运行机制，坚持开放融合、多元共生发展，构建网络化、数字化、智能化、个性化的区域单元表现性评价体系。教师借助评价平台的自动化数据处理功能，对学生的学习过程和学业水平进行智能化分析，掌握学生学习发展的特点，开展差异化教学。这有利于提升教师的课程管理能力、执行力，也为教师优化教学提供随时随地的便捷式服务。

习近平总书记在北京师范大学观摩课堂教学后有感而发道："一个人遇到好老师是人生的幸运，一个民族源源不断涌现出一批又一批好老师则是民族的希望。"[1]他强调全国广大教师要做"有理想信念、有道德情操、有扎实知识、有仁爱之心"的好老师，这也正是教育信息化发展的主旨。智慧教育背景下的教师专业发展是教师发展的生命线。依托网络，借助智能设备和平台，促进教师专业发展是提高现代教育人才培养质量的关键一环，关系到学校的兴衰，更关系到教育事业的成败。

---

① 刘联，蓝云. 困惑与反思：高校教师在立德树人中的作用再思考 [J]. 高教学刊，2020（21）：
157-160.

后 记

本书成稿于2021年2月，是统编教材道德与法治全面推进实施第三年后形成的研究成果。2021年是中国共产党成立100周年，是全面建设社会主义现代化国家新征程开启之年，是"十四五"开局之年，也是道德与法治学科建设开辟新局之年。"互联网+"道德与法治混合式学习已经拉开序幕，智慧教学背景下的学科育人模式创新即将进入深水区。衷心感谢闵行区教育学院，在学院"协力并进、守正出新"的文化倡导下，营造氛围、搭建平台，使我在区域"优质化、信息化、国际化、个性化"的教育愿景中紧跟形势、坚守初心、奋斗进取、实现价值，不断更新自我、超越自我。

回顾道德与法治学科的前进道路，本人和区域学科研究团队敢闯敢试、敢为人先、埋头苦干，争做新时代的拓荒牛，积极投身闵行区电子书包、表现性评价和智慧教育项目的研究。我们不用扬鞭自奋蹄，以不怕苦、能吃苦的牛劲牛力，突破常规，创新发展道德与法治学习方式的新格局，架构"互联网+"混合式学习理论，以实践来验证新时代背景下道德与法治立德树人新方法的假设。

我的点滴进步离不开我的两位导师——闵行区品社教研员张国民老师和华东师范大学沈晓敏教授在专业和人生成长道路上的赏识、点拨、引领和无私的帮助。正是他们以德服人的学术正道、以德为先的学科正道深深影响着、滋养着我，使我在小学道德教育课程教学和研究中耕耘数十年初心不改，从一名语文兼品德与社会小学教师成长为区道德与法治教研员。同时，感谢上海市教委教研室纪明泽书记和关月梅老师，上海市特级教师秦红老师、方培君老师、龙一芝老师、张蔚芹老师，闵行区教育学院朱靖院长、龚耀昌副院长、学科德育发展中心秦书珩主任对我的热情鼓励和专业指导。正是有了他们的鼓励和指导，我才鼓足勇气梳理这几年的课题研究成果，有了书的雏形。此外，本书的研究思路和学科理论是在专家们悉心指导下的一项学习和研究成果。

根的价值在于积聚、输送养分，扎根越深，养分越足，植物开花结果越是丰硕。小学道德与法治课是小学阶段立德树人的主渠道，是帮助学生扣好人生第一粒扣子的根本课程。教研员扎根课堂、扎根基层、扎根一线，是草根研究者。本书是本课程研究的一枚果实，有待在今后的工作中进一步完善。最后，我要感谢闵行区小学道德与法治研究项目实验校、研究团队的学校领导和教师，积极参与课堂教学课例研究，为这本书的完成提供了丰富翔实的案例；感谢闵行小学道德与法治学科中心组和新教师联盟的伙伴们，正是你们的参与和投入，学科建设才有了新鲜的血液和力量，开出鲜艳的花朵。愿我们在新的征程中看到更加美好的风景。

征途漫漫，唯有奋斗。在立德树人的漫漫征程中，我们不仅要争做创新发展的拓荒牛，更要争做为民服务的孺子牛、艰苦奋斗的老黄牛，要勇于战胜各种挑战，坚持实事求是、科学应变、主动求变，要咬定目标、勇往直前，走好新时代的长征路。

对于书中的谬误疏漏，恳请不吝赐教！

王玉兰

2021年1月